シリーズ妖怪文化の民俗地理3

神話の風景

佐々木高弘　著

Folk Geography of Yōkai Culture Series vol. 3

Landscapes of the Myth

: a new voyage of historical geography

Takahiro SASAKI

Kokon Shoin, Co., Ltd.

はしがき

江戸時代の大坂の、様々な出来事を記した『摂陽奇観』に、次のような奇妙な話がある。

文政五（一八二二）年八月十五日頃のことである。

この頃、道頓堀日本橋北詰雨蛤の妻女、ふくろ子を産む。この嚢を切ったところ、中より蛇が三匹出て、床下へ逃げ込み行方知れずとなったという。

ふくろ子とは、胎嚢に包まれたまま生まれた赤子のことで、その嚢を切って赤子を取り出そうとしたところ、中から蛇が三匹飛び出し、あっという間に床下に滑り込み行方知れずとなった、という背筋が凍るような出来事である。どうもこの女房、蛇とまぐはひたようだ。まぐはひ、とは目を合わして愛情を表現すること、そして性交をも意味する。蛙だけでなく女性も蛇に睨まれ、惑わされ性交にいたった、とする伝承が各地にある。そのような前提となる世界観が、この近世大坂の記録を、当時の大都市に住む人々をして、まことしやかに語らしめたのだろう。

まぐはひ、という表現の最も早い用例は、『古事記』のイザナキとイザナミの、国生み神話だったろうか。イザナキは、妹のイザナミに向かって言う。「われとお前と、この天の御柱を行きめぐり、逢ったところで、ミトノマグハヒをなそう」と。ミト、とはすばらしい場所のことで、マグハヒ、とは性交を意味する。こうやって私たちの国土が生み出されていく。

このような神と神、あるいは神と人がまぐはふ神話を、神婚神話と呼ぶ。『古事記』には、もう一つの重要な神婚神話がある。崇神記にある三輪山の神婚神話である。その内容は、おおよそ次のように要約される。「イクタマヨリビメのもとに男が毎夜訪れ、ヒメは妊娠する。怪しんだ父母が尋ねると、娘は姓名も知らぬ男が通うことを告げる。父母は男の素性を知ろうと、赤土を床の前に散らし、紡いだ麻糸を針に通して男の衣の裾に刺せと娘に教える。夜明けに見ると、糸は戸の鉤穴を通り出て三輪神社に至っており、男の正体は三輪の神と知れる。この神婚によって生まれた子どもの裔がオホタタネコである」(大林太良・吉田敦彦監修『日本神話辞典』大和書房)。

この神話、なぜ重要かと言うと、この後、崇神天皇が三輪の神を使って日本を統一し、「初めて国を統べたもうた王」、と称されるからである。東アジアに広く分布する同様の神話は、この神婚によって生まれた神子が、崇神天皇自身であることを指し示している。つまりこの話は、この王家の始祖神話であり、日本の最初の統一王の神話でもあるわけだ。であるなら、この二度のまぐはひによって、私たちの国の基礎が創建されたことになる。そしてこの三輪の神は、オホモノヌシと呼ばれ、その姿は蛇なのであった。私たちの国の基礎を築いた王は、蛇体の神と人間の女性との、まぐはひによって誕生した男だったのだ。

この神話が古代から中世にかけて、各地に拡散し、現在、私たちは伝説や昔話の形で、その痕跡を見いだすことができる。話形を比較的明確に残す昔話では、この伝承を「蛇聟入・苧環型」と呼ぶ。民俗学では、次のような内容であれば、採集された伝承をこの話型に分類する。「①娘のもとに毎晩見知らぬ男が通ってきて明け方に帰っていき、娘はやせおとろえる。②心配した親が娘に糸を通した針を若者の着物の裾に刺させ、翌朝糸をたどると、山奥の洞穴までつづき針の刺さった蛇がいる」（稲田浩二編『日本昔話通観28　昔話タイプインデックス』同朋社）。

この昔話が、さらに社会の変化に応じて変容し世間話、今で言う都市伝説のような形で社会の隅に沈殿し、時折誰かが思い出したかのように拾い上げ、そして語る。それが最初にあげた、近世大坂の記録だったのだろう。

私はこの伝承を求めて全国を訪ね歩いている。するとある地域では、濃厚に神話的色彩を保っている伝承がある一方、別の地域では、大坂の記録のように、単に蛇の子を産んだ女の、奇っ怪な世間話であることに気づく。地域によって、この話への眼差しが一八〇度違っているのだ。なぜなら、一方では地域を支配した、英雄を称える始祖神話でありながら、もう片方では、蛇の子を孕んだ娘の、不名誉なうわさ話となっているからである。

最近訪問した鹿児島県奄美大島にも、数多くの同型の伝承が残っていた。これら伝承には、神話的特性は見いだせなかった。なぜか…。奄美には歴史上、強力な権力は登場しなかった。琉球王国や薩摩の支配下に置かれていたからだ。また稲作が発達せず、交易に終始していたことも関係があるのかも知れない。そういえば近世大坂も、殿様が不在のうえ、天下の台所として流通の一大拠点であった。伝承のあり方を地域性から考えることによって、神話や昔話への眼差しも一八〇度転換できるかも知れない。

本書は、このような時代や地域性によって、変容に変容を重ねた神話の痕跡を発掘し、再びかつての、時代や地域の特性のなかに、その伝承群を置き直し、神話に新しい光を当てよう、そのような冒険の、あるひとつの、ささやかな成果なのだ。

二〇一三年八月

佐々木 高弘

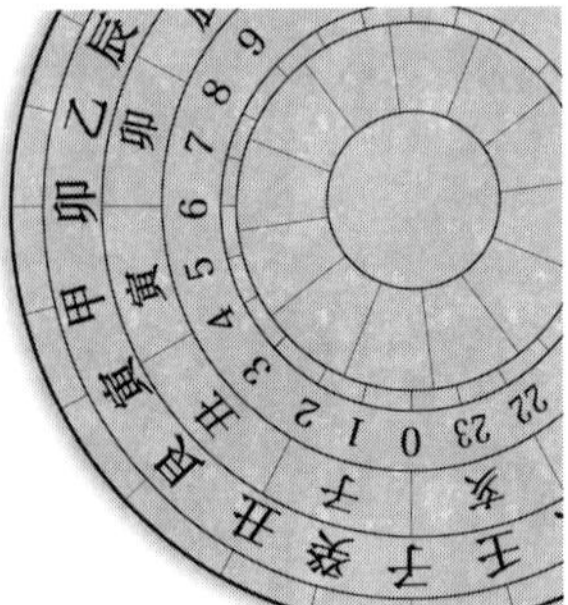

目次

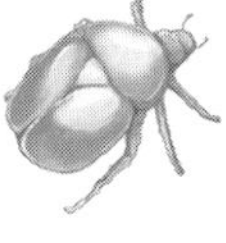

シリーズ　妖怪文化の民俗地理　（全3巻　完結）　佐々木高弘　著

1　**民話の地理学**　2014年8月刊　2003年刊の初版（品切）を復刊してシリーズに収録

2　**怪異の風景学**　2014年9月刊　2009年刊の初版（品切）を重版してシリーズに収録

3　**神話の風景**　2014年9月刊　シリーズ書き下ろしの新作

子

北欧神話の歴史地理
——オーディンの供儀

（1）神話の謎

ギュルヴィ王は、現在スヴィジオーズと呼ばれる国を治めていた。彼については、こう伝えられている。彼はある旅の女に、余興の礼として、四頭の牛が一昼夜かかって鋤くことのできるだけの土地を与えることにした。ところが、この女は、アース神の一人で名はゲヴィウンといった。女は北のヨーツンヘイムから四頭の牛をつれてきた。これは巨人と女の間にできた子どもたちで、これを鋤の前につないだ。それで、鋤は猛烈に深々と掘り進んだので、地面が削られ、牛は地面を西の海にむかって引っぱり、とある海峡でやっととまった。ゲヴィウンは、そこにその土地をおき、名前をつけてゼルンドと呼んだ。そして、地面の削りとられたところには、湖ができた。それは現在、スヴィジオーズでレグル（メーレル湖）と呼ばれているところである。そしてレグルの湖がセルンドの岬とちょうど釣り合っている。こう老詩人ブラギは歌っている。

ゲヴィウンはギュルヴィの国より　黄金を喜び　勢いよく　デンマークを拡げる土地を曳き
ために輓獣は汗に煙れり　鋤きとられし　緑の野の島の　前を歩む牝牛らは　四つの頭と八つの

額の月（眼）をもてり（1）。

スノリの『散文のエッダ』より

世界中の謎めいた、いずれの神話も解釈は難しい。が、この北欧神話は次のように解釈されている。この神話を記述したスノリによると、北欧神話の最高神オーディンは元々はアジアの王で、ロシアをぬけて北ドイツに到り、息子をその地の支配者とし、自身はデンマークのフュン島（Fyn）のオーデンセ（Odense）に住みついた。オーデンセという地名は、オーディン夫婦がこの地を初めて訪れたとき、あまりの美しさに妻が「オーディン、見て！」（ノルド語でオーディン・セ！）と言ったところからくると伝えられている。

オーディンは女神ゲヴィウンを、現在のスウェーデンに派遣し土地を探させたところ、その地のギュルヴィ王が彼女に土地を与えた。ゲヴィウンは、四頭の巨大な牛に鋤をつけて開墾したところ、土地が削られ、南の海にまで引っぱられた。それが現在のシェラン島（Sjælland）で、削られた部分がメーラレン湖（Mälaren）となった。だからメーラレン湖の北部湖岸とシェラン島の北の岬の形が似ているのだと（図1）。

女神がスウェーデンからデンマークへ土地を引っぱってきた話を、オーディン自身の領土拡大としてとらえることもできる。が、後にオーディン自身がメーラレン湖の北のウプサラ（Uppsala）方面に移住したとする伝承からみると、オーディンを神と崇める民族の、スウェーデン開拓史を物語っているのかも知れない。またスノリは『ヘイムスクリングラ』で、女神ゲヴィウンはオーディンの息子スキュルドと結婚し、先のシェラン島のレイレ（Lejre）に住んだともいう（2）。このスキュルドとは、デンマー

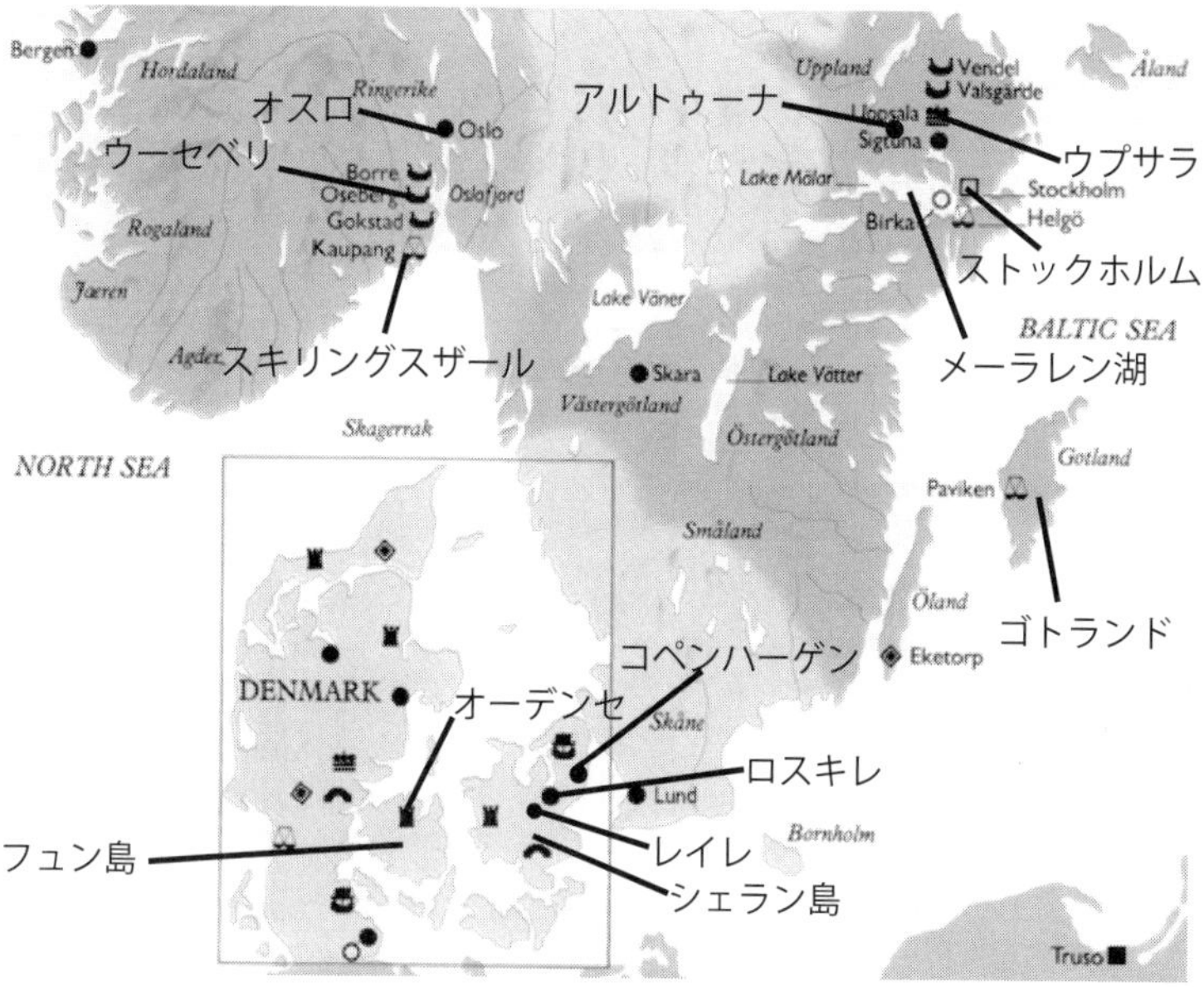

図 1　北欧神話の関係地名

J.G-Campbell, *The Viking World*, Frances Lincoln, 2001, p.11 に筆者加筆.

ク王家の伝承上の創始者の一人ともされている[3]。であるならデンマーク王家のスウェーデンへの領土拡大を意味しているのかも知れない。

先に紹介した北欧神話の解釈の難しさは、内容そのものだけでなく、その資料のあり方にもある。まず神話そのものは、キリスト教化された、後の時代のものがデンマークに一点あるのと、神話の発祥地ではないアイスランドに何点かあるのみである。最初に紹介した『散文のエッダ』は、アイスランドで一二二〇年頃に政治家、農民、歴史家で文学者でもあったスノリ・ストルルソンによって、古い詩形式の教本として書かれたものである。

デンマークの一点とは、一二〇〇年頃にデンマーク人の歴史家、サクソ・グラマティクスによって書かれた『ゲスタ・ダールム』で、内容は伝説的な時代から十二世紀後半までを含む、デンマーク国史である。北欧で最も早くキリスト教化したデンマークのサクソは、スノリと違ってこの異教の神々を、有害なものとして冷淡に扱った(4)。

このような性質の神話資料に、この地域の人たちが、北欧神話の神々に対して、どのような態度をとっていたのか、神々は人々にどのような影響を与えていたのか、を求めることは不可能のように思える。が、これまで北欧神話の研究者たちは、むしろさまざまな形で豊富に存在する、間接的な歴史資料、石碑やタペストリーに刻まれたルーン文字や絵画、考古学的な遺物や遺跡から、神話と地域の人たちの関係を立体的に浮き上がらせてきた。

間接的な歴史資料には、古代ギリシアの地理学者ピュテアスの地誌からはじまって、ローマの歴史家タキトゥスの『ゲルマニア』、フランク王国(『フランク王国年鑑』『フルダ年鑑』『クサンテン年鑑』『ベルティア年鑑』『ヴェダスティ年鑑』)やイングランドの各種年代記(『アングロ・サクソン年代記』)、キリスト教の北欧宣教師の記録(『アンスガール伝』)、イスラム教徒による民俗学的な報告などが知られている。またアイスランドのサガ(語り伝えられた神話的あるいは英雄的なアイスランド開拓物語、『アイスランド書』『国とりの書』『アイスランド物語』『ノルウェー王家の物語』『ヘイムスクリングラ』)やスカルド詩(王に仕えたスカルド詩人たちによる王の事績を賛美する詩)がある。

ルーン文字は、ラテン文字を祖にヴァイキング時代頃まで使用され、北欧においてもいくつかの系統に分かれるが、メッセージの伝達手段だけでなく、呪文の役割を演じたようだ。このように北欧ではラテン語の影響が強く、したがって上記にあげた神話群は、すべてラテン語で書かれている。この

写真 1　石碑に描かれたルーン文字
ウプサラにて佐々木撮影.

写真 2　ゴトランドの8世紀の彫刻
ここにはヴァイキングの船による襲撃の様子とともに，神話の一場面も描かれている．スウェーデン文化交流協会発行『ヴァイキング』1997，より．

ルーン文字は、前ヴァイキング時代から記念碑に刻まれ、デンマークでは約二〇〇、スウェーデンでは約三〇〇〇発見されており、そのうち一〇〇〇以上がオーディンが移り住んだとされるウプサラ周辺にある（写真1）。その内容はヴァイキング征戦の記念だけでなく、商業や人々の仕事、生活にまで及ぶ。

絵刻石は、スウェーデンのゴトランド島（Gotland）で数多く見つけられている（写真2）。五～十一世紀のもので、画題の多くは兵士や船であるが、日常生活や葬式の刻画もある。また神話の神々も刻まれており、神話を解明する重要な手掛かりともなっている。また記述された神話に関連する、考古学的遺跡や遺物も数多く発掘されている。

（2）神話と王権

北欧の神々については、様々な指摘がある(5)が、スノリは『散文のエッダ』のなかで「アース神のなかでも最高の、最年長の神がオーディンなのだ。オーディンはすべてのものを支配される。ほかの神々も力を備えてはおられるが、ちょうど子が父に仕えるように、みなオーディンに仕えているのだ」と記しオーディンを北欧の神々の頂点だとした。

キリスト教と違って、北欧の多神教は系統だった神学大系を持たず、専門的な神職はなく、王や地域の首長が、供犠や儀礼、祭りの管理にあたっていた。神々のうち最も重要視されたのは、オーディン、トール、フレイであった。オーディンは智恵、力、戦争、詩の神で、信仰したのは王や首長、戦士や詩人たちで、デンマークの王家一族は彼の血筋であることを主張している。それに対してトールは、身体的な強靭さ、雷、光、風、雨、天候そして穀物の神で、農民階層に最も人気があった。フレイは富、健康、豊饒の神で、スウェーデンのユングリング王家はフレイの血筋であるとする(6)。

サクソもまた、『ゲスタ・ダールム』のデンマーク王に関する物語のなかで、片目の年老いた男が、ハラルド戦歯王の前に現れ、契約を交わし、王が戦闘に勝利したとする(7)。オーディンが世界樹ユグドラシルの根元にある、洞察力を得ることの出来る泉の水を飲むために片目を失った、とする神話から、この王を訪れた片目の男の正体がほのめかされる。洞察力を得たオーディンは、さらに大きな知識を得るために、今度は世界樹ユグドラシルに九夜、自らの首を吊しルーン文字を得たとされる。イギリスの児童文学者クロスリイ‐ホランドの書いた北欧神話の再話を要約してみよう。

世界の主軸はユグドラシルの樹です。そのトネリコの木は高くそびえ、枝は神々と人間と巨人と小人たちの上に広がっています。それは万物の宿なのです。一つの根はニヴィルヘイムへ、二番目の根はアースガルドに、三番目の根は、霧の巨人のいるヨーツンヘイムの一部にもぐっています。その根の下では、賢いミーミルによって守られている泉があわをたてています。オーディンは、その水をただ一飲みするために、彼の片目をさし出しました。彼はそこから計りしれない知恵を得ましたが、それによって、なおいっそう大きな知恵を渇望するようになったのでした。そこで「恐ろしき者」（オーディンのこと）はただひとり、ユグドラシルの樹に近づいてきました。オーディンは言いました。

「わしは吹きすさぶその樹にかかっていた。九夜の長きにわたり、そこにかかっていた。わしは槍に刺しつらぬかれ、オーディンへの、すなわちわし自身がわし自身へのいけにえであった。その太古の樹の根をかつて誰も知らず、これからも知ることはないだろう。誰もパンを持って来てわしをなぐさめはしなかった。誰も角杯の飲み物を持って来てわしを元気づけはしなかった。わしは世界を眼下にながめて、ルーン文字をつかんだ。泣き叫びつつわしはつかんだ。それから地面に落ちて戻ったのだ(8)」。

図2は『北方古誌』（パーシー司教著・一九世紀）に描かれたユグドラシルである。神話の世界では、このような世界の中心にあって、天界・地上界・地下世界を貫く中心軸を、樹や山、あるいは柱で表現することがある。それを世界軸、世界樹、世界山などと呼ぶ。その樹の根元では、天界や地下世界から

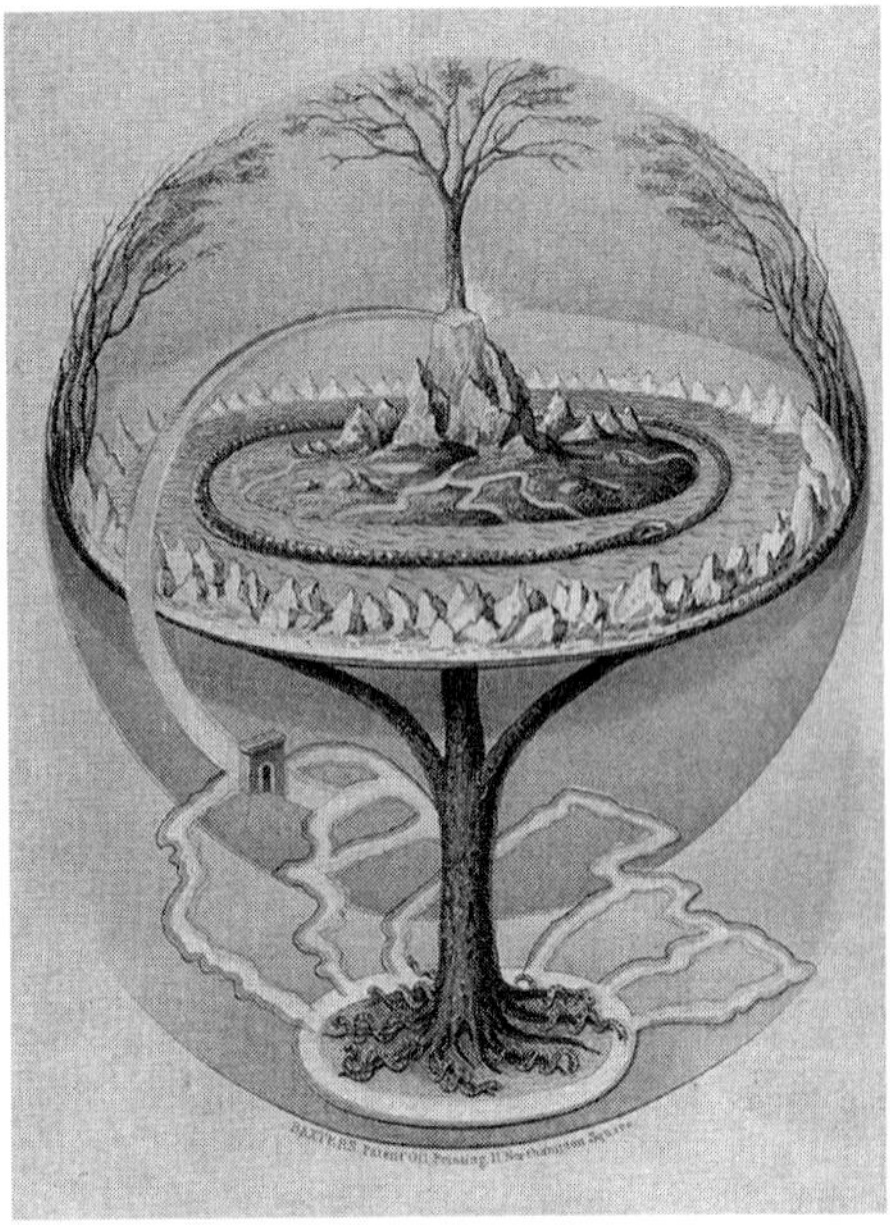

図 2　北欧神話の世界樹木
ユグドラシル
ジョン・ミシェル『地霊』
平凡社，1982，44 頁より．

の様々なメッセージが届くと考えられ、賢者たちは何らかの形で、根元に佇んだ。仏陀が沙羅双樹の木の下で悟りを、アダムとイブはエデンの園の中央の樹の下で神の知恵を得たように、オーディンはユグドラシルの樹の下で計り知れない知恵とルーン文字を得たのであった。

神婚（神と神、あるいは神と人との結婚）による王権の起源を語る神話は、日本にもあり、神話上は現在の天皇家につながるが、デンマークでも同じことが言える。十三世紀中頃に無名の蒐集家が編集したとされる『古エッダ』の「リーグの歌」には、神と人の結婚が語られ、生まれた子どもたちがそれぞれ奴隷、自由農民、そしてデンマーク王家の祖となったとある。そしてルーン文字が神によって与えられたことによる、デンマーク王家の起源が書かれている。そのことから、本エッダが十世紀のデンマークで成立したのではないかとされている(9)。

王あるいは地域の首長が、同時に神官的役割を有していた点も、日本の古代王権と似ている。神話では最高神オーディンが、自らを世界樹に吊して智恵を得たとされるが、これに類似する宗教的な供犠が実際に行われていたとする証言が、キリスト教の北欧宣教師の記録、イスラム教徒による民俗学的な記録に残っている。それによると聖所の近くに巨木があり、その根元に泉があり、そこで異教徒たちは九年ごとに神々に犠牲を供え、人間も含めた各種動物の雄が九体づつ巨木に吊された。そしてその後、遺体を泉に沈めることを習慣としていたようだ。この供犠が実際に行われた場所は、デンマークのレイレ、スウェーデンのウプサラ、ノルウェーのスキリングスザール（Skiringssal）にあったとされ(10)、したがって、これら場所がオーディン信仰の中心地であり、王権の所在地なのであった。

実際、レイレはヴァイキング時代の王権と宗教の中心地であった。一〇一六年頃に書かれたドイツ人の記録によると、九九体の人間、馬、数の特定されない犬、雄鶏の供儀を伴う宗教的な祭りが、九年ごとの一月にレイレで開催されていた。レイレに関連する王の数多くの伝説が、後のデンマークとアイスランドの文献に記録されている。それによると、レイレは半伝説的な八世紀頃のデンマーク王の埋葬地と目されている。発掘の結果、寺院の跡は見つからず、この神は屋外で崇拝されていたと考えられている。八〇メートルの長さの石を船の形に並べた遺跡や、装飾された墓や、工芸技術の痕跡を含めたその他の豊富な考古学的遺物が、ヴァイキング時代のレイレの重要性を示している(11)。が、十一世紀になると、レイレはその役割を、近隣のキリスト教の中心地ロスキレ（Roskilde）に譲ることになる。

この人間を巨木に吊し、水に沈める供犠形態は、考古学的な発掘によっても明らかにされている。

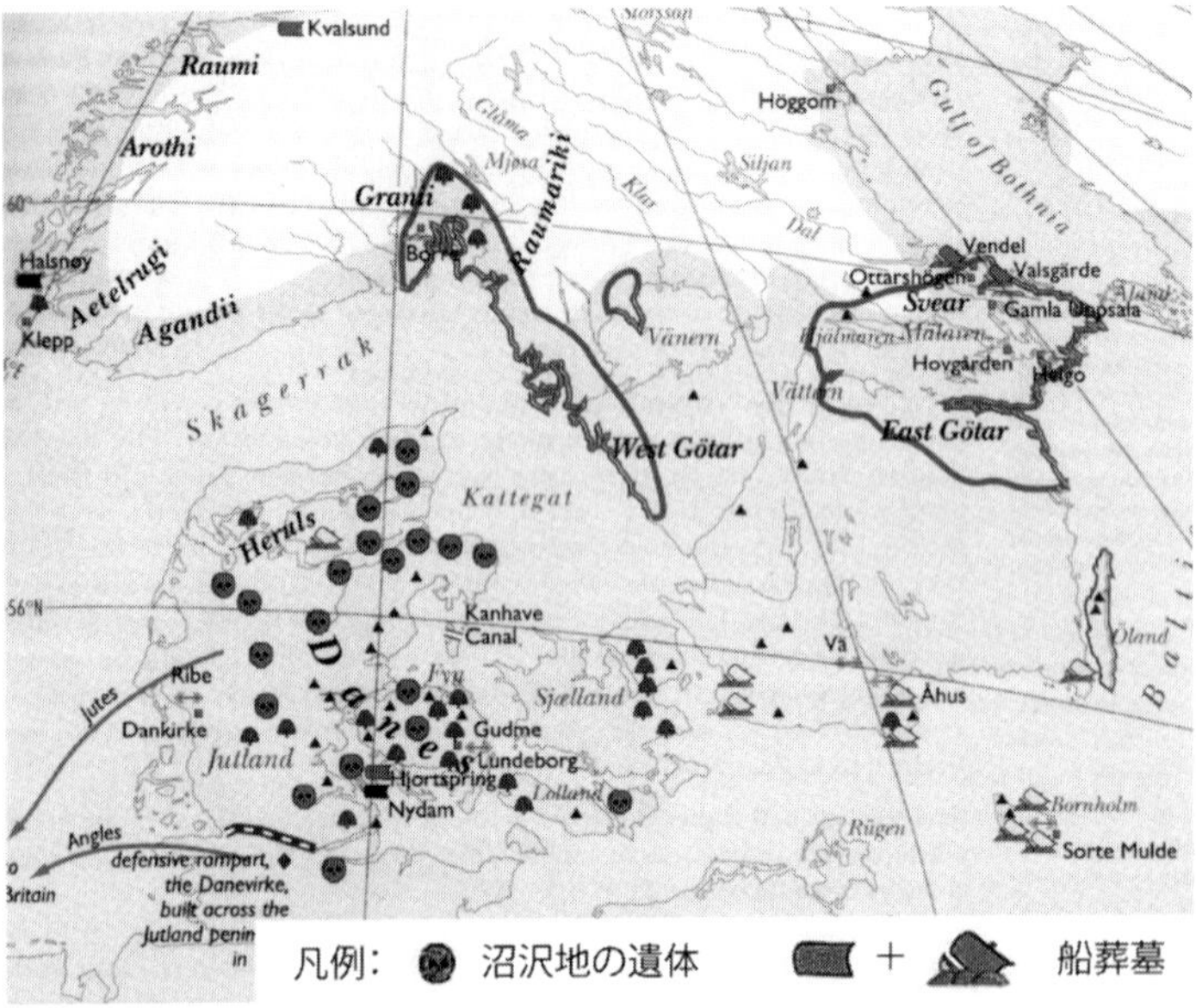

図 **3**　沼沢地の遺体と船葬墓の遺跡地図

Haywood,J.1995, *Historical Atlas of the Vikings*, Penguin Books,p.25 より.

図 **4**　ウーセベリのタペストリーに描かれた人身御供

R. プェルトナー『ヴァイキング・サガ』法政大学出版局，1981，183 頁より.

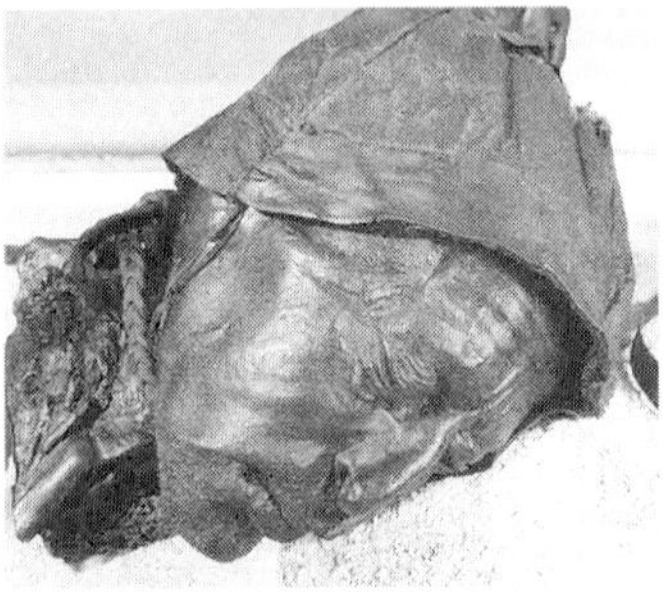

写真 **3**　沼沢地より発掘された男性の頭部

Haywood,J.1995, *Historical Atlas of the Vikings*, Penguin Books,p.19 より.

写真3は、デンマークはユトランド半島の沼沢地で、驚くべき保存状態で発見された、トルンド・マンと呼ばれる男性の頭部だが、ロープが首に巻きついたままであることから、この男性はこの聖なる儀式によって絞殺されたのだと考えられている(12)。このような沼沢地で発見された遺体は、デンマークだけでも男女一六〇体以上にのぼり、鉄器時代（紀元前五〇〇年〜紀元前後）にまで遡る。図3の遺跡分布図（図の頭蓋骨のマークが発掘地）によると、そのほとんどがデンマークに集中しており、オーディン信仰の中心であったことがわかる。また図4のウーセベリ（Oseberg）の船葬墓から出土したタペストリーにも、このおぞましい儀式の図が描かれている。

（3）ヴァイキングの船葬墓と人身御供

ヴァイキングのヨーロッパ各地への襲撃を可能とした要因の一つは、造船と操船の技術の高さにあった(13)。この船の重要性は、神話やその他の資料にも反映されている。たとえば先にあげた北欧神話の三つの神には、それぞれの持ち物がある。オーディンはグングニルという決して的を外さない槍を、トールはミョルニルという最強の斧を、そしてフレイはスキールブラズニルという折り畳める帆船を。この船は『古エッダ』の「グリームニルの歌」によると、最高のものであった。

ヴァイキング時代以前から、彼らの葬儀形態に船葬墓なるものがあるが、これも彼らにとっての船の重要性を示している。神話に記述されたものでは、スノリの『散文のエッダ』のオーディンの息子バルドルの葬儀で描かれている。

アース神たちは、バルドルの死体をかついで海辺へ運んだ。バルドルの船はフリングホルニといって、あらゆる船の中で最も大きかった。これを神々は海に浮かべてバルドルの葬儀をしようと思った。さて、バルドルの死体は船に運ばれた。彼の妻、ネブの娘ナンナがこれをみると、悲しみのあまり心臓がはりさけて死んだ。ナンナは火葬薪の上に運ばれて、荼毘にふされた。そのとき、トールはその場に立っていたが、ミョルニルで薪を潔めた。すると彼の足もとにリトという名の小人が走り出た。トールは足で小人を蹴とばして、火の中にほうり込んだので、焼けて死んだ。この火葬には多くの人々が訪れた。まずオーディンのことをいわねばならぬ。彼と一緒にフリッグとヴァルキューレたちとオーディンの鴉がきた。オーディンは火葬薪の上にドラウプニルという黄金の腕輪をおいた。それは、それ以後、九日目ごとに八つの、同じように重い腕輪が滴り落ちるという性質を帯びるようになった。バルドルの馬は馬具一式とともに火葬薪の上にひき出された(14)。

これも重要と思われる箇所を選んで引用した。まずは最高神オーディンの息子の葬儀であるという点。つまり重要人物であるほど、大きな船で葬儀が行われたということである。先に上げた図4のウーセベリの船葬墓は北欧最大とも言われている（写真4）。それが女性の墓である点が、ヴァイキング時代において、女性の地位が高かったことを暗示している。またバルドルの娘が一緒に荼毘にふされたり、リトという小人が焼かれたりしているのは、単なる偶然ではないだろう。多くの記録が地位のある者の葬儀に人身御供が行われていた点を示している。おそらくこの二人の葬儀に先立つ死は、そのことを意味

写真 4　ウーセベリの船葬墓の発掘現場
Graham-Campbell, J. 2001 *The Viking World*, Frances Lincoln, p.38 より.

しているのだろう。実際、ウーセベリの墓からも墓の主以外の女性の遺骨が発掘されている。人身御供の証拠であろう。この墓からは、その他に馬車や寝台などの生活用品以外にも、十五頭の馬、四匹の犬、一頭の牡牛が出土している。これもバルドルの馬の火葬と類似している。

このように見ると、神話は単なる虚構ではない。考古学的遺物だけでなく、この葬儀形態の目撃証言も数多ある。特にアラビアの使節秘書官イブン・ファドランが九二一年頃にヴォルガ河畔で目撃した北欧人の船葬墓の記録には圧倒される。身分の高い者が死ぬと、奴隷の女性たちに次のような質問がされる。「誰が主人と共に死の国に行こうと欲するか」。すると一人の女奴隷が名のりを上げる。こうして女奴隷の中から、人身御供が選ばれる。そしてその後、彼女は葬儀の日まで厳重に監視されながら、いつわりの喜びの表情と動作を見せつつ、毎日飲み歌う日々を送ったという。その様子を目撃したアラビアの使節秘書官は、次のように記録している。

さていよいよその死者と彼の女奴隷が、火葬に附せられる日の朝がきた時、その船が停泊している川に私は行った。船はすでに岸に曳き寄せられていた。…次に死の使者と呼ばれる老婆が現われた。それは肥えて、見るところ陰惨な感じの巨体の老女であって、その職務は死んだ主人の装束を担当し、選ばれた女奴隷を殺すことであった。…それから六人の男たちは幕屋に入った。…二人の男が彼女の足を、他の二人が両手を捉え、死の使者と呼ばれる老女は両端を節に結んだ一本の輪紐を女奴隷の首に巻きつけ、これを二人の男に手渡して、それを引くように命じた。老女自らは大きな広刃の包丁をもって近寄り、少女の肋骨の間に突き立て、また引き抜いた。二人の男は女が絶命するまで輪紐を引き続けた。つづいて絶息した女奴隷の最近親の男が現われ、木切れを取り、これに火をつけた。それからこの男は後ろざまに、顔を群衆の方に向けたまま船に向かって進んだ。…そして船の下に積み上げられてあった薪に火を移した。…間もなく薪の山は炎々と燃え上がり、次に船体が、次に幕屋が、次に死者と女奴隷の少女、そして船上にあったすべてのものが炎上した。…これが終わると、人々は船のあったその場所に、一つの丸い塚を築き上げた。その頂上に白樺材の一本の大きな柱がたてられ、その上に死者の名とルス族（ヴァイキングのスラブ呼称）の王の名が書きつけられた。そして人々は散って行った(15)。

人身御供とともに船の上で焼かれる首長の葬儀は、実際にあったものである。図3の遺跡地図にも船葬墓の発掘地が記されているが、これらもデンマークを中心に分布している。ちなみにこの時代のデンマークの領土は、オスロ周辺、南スウェーデン、ユトランド半島のドイツ北部を含んでいた。

またルーン石碑や絵刻石、タペストリーにも数多くの船と戦士が描かれている。『古エッダ』やスノリの『散文のエッダ』にもある、トールと世界蛇（ウロボロス）ヨルムンガンドの対決は、トールが船にのって世界蛇を釣り上げる際に、船底を踏み抜いたと書かれている。

さて、トールは櫂を上へあげると、かなり強い釣糸を用意したが、釣針もそれにつれて大きく強いものだった。トールはその先に牛の頭をつけ、舟縁ごしに投げ込み、針は海底に達した。そして、実際、トールが蛇を手で引っ張りあげようとしたときには、ウートガルザ・ロキがトールをからかったのに劣らぬほど、ミズガルズの大蛇を愚弄してやったのだ。ミズガルズの大蛇は牛の頭にパクリと喰いついたので、針が蛇の上顎に刺さった。蛇はそれを知ると、トールの両手の拳が、舟縁にどしんとぶつかるほど猛烈な勢いで引いた。そこでトールは腹を立て、アースの神力をふるって、足を猛烈に突っ張ると、両足が舟板を踏み破って海底に突っ立った。それから蛇を舟縁に引っ張りあげた。トールがどんなに鋭い眼を蛇にむけたか、蛇が下から彼を睨んで毒気を吹きつけたか、わが眼で見た者でなければ、おそろしいものを見たとはいえないだろう(16)。

何度も言うが、この『散文のエッダ』は、北欧から遠く離れたアイスランドで、しかも最も早くデンマークがキリスト教化しはじめた九〇〇年代半ばからだいぶ経った、一二二〇年頃に古い詩形式の教本として書かれたものである。にも関わらず、この神話を描いたと思われるルーン石碑が、スウェーデンとデンマークの両方で発見されている。写真5はスウェーデンのアルトゥーナ（Altuna）の十一世紀のルーン石碑であるが、トールが船の中で、斧を高く上げ、もう一方の手で釣り糸を持っているのがわかる。

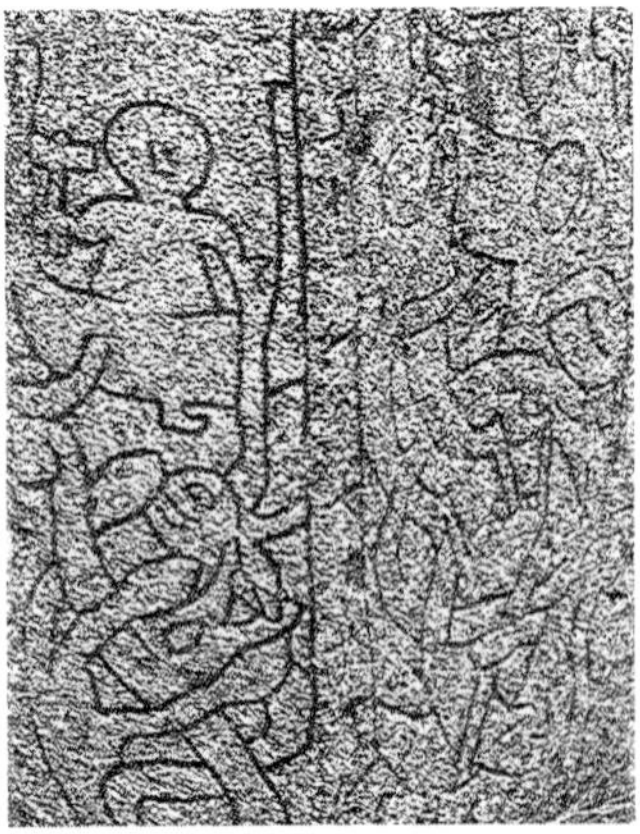

写真 5　ルーン石碑に描かれたトールの神話

Graham-Champell, J. 2001 *The Viking World*, Frances Lincoln, p.181 より.

船の下には餌に食いついた世界蛇が描かれ、確かにトールは船底を踏み抜いている。ちなみにこの世界蛇ヨルムンガンドは、図2の世界樹ユグドラシルを取り囲む海にも描かれている。

このようにいくつかの神話は、後のキリスト教化された時代に、遠く離れたヴァイキングの植民地アイスランドで書かれたにも関わらず、彼らの発祥地にあるデンマークやスウェーデン、ノルウェーの古代遺跡のルーン石碑、あるいは絵刻画に描かれた図像と見事に一致するのである。さらにそれらを地図化することによって、この神話の中心地がデンマークおよびスカンジナビア半島の南部にあったことが明らかになる。そしてこれは神話時代や古代、あるいは中世だけの問題ではない。現在もこれら地域には、スウェーデンの首都であるストックホルム、そしてノルウェーの首都オスロ、デンマークの首都コペンハーゲンが位置しているのだ（図1参照）。

最初の奇妙で意味不明な物語、つまり神話も、様々な資料、それは同時代の目撃談であるが他地域にある資料や、キリスト教化した後の時代の文献、そしてそれらの内容を証拠立てるような考古学の成果を盛り込みながら、現代的意味を睨みつつ地図化することによって、かつてこれら神話が所有していたはずの、その真実味をほのかに灯しながら、私たちの眼前に浮上し始めるのだ。

実は、このような①文献、②考古資料、③伝承といった異なる性質の資料を、分け隔てなく駆使して、私たちの過去を再構築しようとするのが、歴史地理学の特性なのである。藤岡謙二郎はこれらを資料上の違いから、①を扱う場合を文献歴史地理学、②の場合は考古歴史地理学、③は民俗歴史地理学と呼んだ(17)。通常これら資料上の違いは、学問分野の違いに相当する。①は歴史学、②は考古学、③は民俗学と。そしてそれぞれの分野は、他分野の資料に言及しない暗黙の了解がある。そのためこれらを総合して扱おうとはしない。がゆえに、神話のような、資料があいまいで、時代性も心許ない、が関連する考古学の資料があるような素材は、歴史地理学が研究対象とするのに向いているように思えるのだ。

また藤岡は、取り扱う時代の性質の違いから、文献の全く存在しない先史時代を取り扱うのが①先史歴史地理学、文献は存在するが、同時代のものではない、あるいは他地域のものである原史時代を取り扱うのが②原史歴史地理学、同時代の文献が存在する③歴史地理学の三つに区分もしている。この分類もまた神話を研究する場合に留意しておくべき時代区分であろう。なぜなら日本においても『古事記』や『日本書紀』の神話は同時代の記述ではないし、多くの日本人が感心を持つ邪馬台国についても、その記述は中国のものであるからだ。

さらにイギリスの歴史地理学者、プリンス(Prince, H.C)は歴史地理学の研究領域を過去の①現実世界、②想像世界、③抽象世界の三領域に分けた(18)。つまり過去の現実世界の復原作業とともに、神話のような想像世界をも視野に入れ、そしてその背後にある人類に共通するような普遍的世界観、といった抽象世界にまで、探究の歩を進めようというわけだ。これもまた歴史地理学の独自性なのである。このような歴史地理学の方法と目論見から本書は、出来るだけ多くの世界の神話を取り上げ、私たちにとっての神話の意味と、その重要性を解き明かしていこう。

注

（1）V・G・ネッケル他編『エッダ―古代北欧歌謡集』新潮社、一九七三、二三四頁。
（2）スノリ・ストルルソン『ヘイムスクリングラ（1）』プレスポート、二〇〇八、四〇～四一頁。
（3）K・クロスリイ‐ホランド『北欧神話物語』青土社、一九八三、三一三～三一四頁。
（4）Haywood, J. *Encyclopaedia of the Viking Age*, Thames & Hudson., 2000, p.80-81.
（5）尾崎和彦「ゲルマン初期王権の神話的基礎」『古代王権の誕生Ⅳ　ヨーロッパ編』（初期王権研究委員会編）、角川書店、二〇〇三、二二七～二五四頁。
（6）Haywood, J. *Historical Atlas of the Vikings*, Penguin Books, 1995, p.26
（7）H・R・エリス・デイヴィッドソン『北欧神話』青土社、一九九二、五六頁。
（8）注（3）、六〇～六一頁。
（9）注（3）、二八一頁。
（10）R・プェルトナー『ヴァイキング・サガ』法政大学出版局、一九八一、一八二～一八四頁。
（11）注（4）, p.120-121
（12）R・ボワイエ「ゲルマン・スカンジナビアの多神教―犠牲（ブロート）の様態」『世界神話大辞典』大修館書店、二〇〇一、六八〇～六八二頁。
（13）Graham-Campbell, J.*The Viking World*, Frances Lincoln, 2001, p.36-63.
（14）注（1）、二七一～二七二頁。
（15）注（10）、二一五～二一九頁。
（16）注（1）、二六九頁。
（17）藤岡謙二郎編著『講座考古地理学』学生社、一九八二、一一～三三頁。
（18）Prince, H.C, Real, imagined and abstract worlds of the past, *Progress in Geography*3, 1971, p.1-86.

丑

象徴化される生き物
——オシリスの冥界

（1）シンクロニシティとエジプトの「神聖甲虫」

近年人々の注目が、再び神話に集まりつつある。であるなら今の私たちは、神話が持つ、どのような「知」に、どのような関心を寄せているのだろう。その答えを暗示する、次のような興味深い話がある。

ある心理療法家が若い女性の診療にあたっていた。それはなかなか困難な治療となった。ところがある日、患者の女性が夢のなかで「神聖甲虫」を授けられたという。そう語っている最中に診療室の窓がコツコツと音をたてた。見るとそれに似た黄金甲虫が窓に当たって音をたてていたのだ。患者の女性はこの奇妙な偶然の一致に心を動かせ、そしてこのことがきっかけで治療は進み、女性はもとの穏やかな心を取り戻すことが出来たのだった。

時として人は、このような出来事に遭遇し、そして科学的「知」とは別次元の「知」を体験することがある。かつてこのような「知」を、共時性（シンクロニシティ）と呼んだ人がいた。それはこの女性の診療にあたった心理学者ユングであった[1]。ユングはこの共時性という概念を、①非因果的連関の原理として、②別々のできごとに、互いに因果的な関連はないが、そのつながりに意味が感じられる事

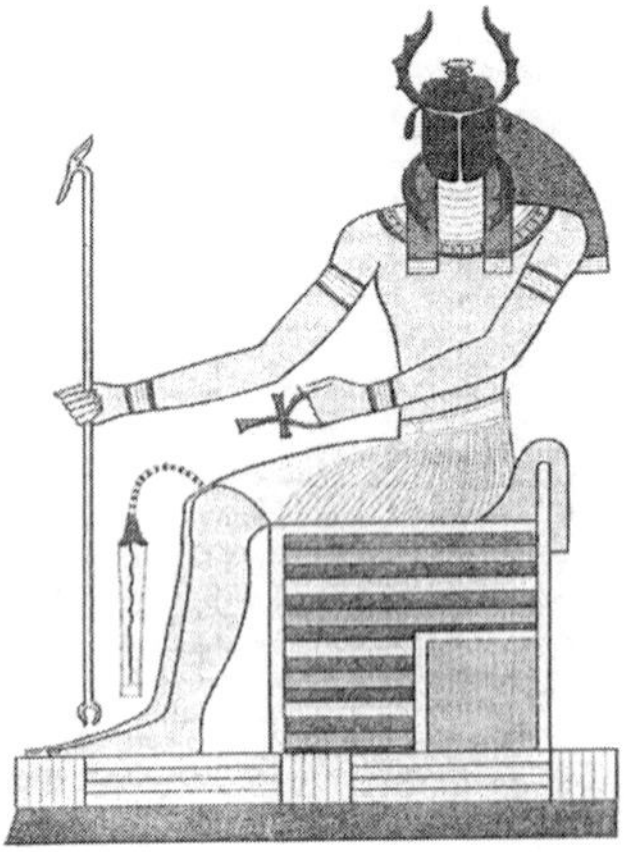

図１　太陽神ケプリ
Ｂ・ウオーカー『神話・伝承事典』
大修館書店，1988，407 頁.

態を示すものとして、③別々のできごとが、時空間的に互いに一致し、しかも意味深い心理的連関がそこに感じられる事態として、④こころの世界と物質の世界をつなぐものとして、使用した(2)。

さてこの患者の女性が夢で見、そして治療の場でも偶然出現した「神聖甲虫」とは、一体何だったのだろう。実はこの甲虫が古代エジプト神話に登場する。この甲虫、エジプト神話においてスカラベと呼ばれ、自己創造のイメージを持っていたことが知られている。というのは古代エジプト人が、甲虫（フンコロガシ）は、自分自身で転がしている糞玉のなかからひとりでに生まれてくる、と考えていたからである。そしてその卵を生み出す糞玉が、朝になると再生し、天空を転がり夕方に消える太陽と類似していると見た。そのように見立てた彼らは、甲虫を太陽神ケプリとみなした。図１は紀元前十三世紀頃のラムセス一世王墓に描かれた、頭が甲虫となったケプリ神である。

図２は、弟であるセトに殺害されたオシリスが再生を待つ場面であるが、その背後に混沌の喩えであるヘビのいるナイル川に、船が浮かんでいるのが見える。この混沌の蛇は、あの北欧神話の海にも棲息していた（子―図２）。その船上にあるのが再生のシンボル「神聖甲虫」なのだ。この出来事を記した最古の文献、一世紀から二世紀頃に成立したギリシア人プルタルコスの『イシスとオシリス』を見てみよう。ただしこの神話は、もっと古くから古代エジプトで語られていたことが、たとえば紀元前二四世

図２　太陽のシンボルとしての「神聖甲虫」スカラベと
再生を待つオシリス，そして混沌を表すヘビの海に浮かぶ船
イヴ・ボンヌフォワ編『世界神話大事典』大修館書店，2001，111 頁より．

紀頃の「ピラミッド・テキスト(3)」や、紀元前十六世紀頃のエジプト「死者の書(4)」などに断片が残っていることから知れる。

オシリスは王位に即くや直ちに、エジプト人を無力で獣のような生活から解放したそうです。つまり栽培して実りを得る道を示し、法を定め、神々を敬うことを教えたのです。のちにエジプト全土をくまなく巡って平定しましたが、身に寸鉄を帯びず、言葉の力、そしてあらゆる種類の歌と音楽によって大勢の人々を惹きつけて従えました。ですからオシリスは、ギリシア人から見るとディオニュソスだということになるのです。オシリスの留守中は、イシスがたいへんよく警戒して目を光らせていましたので、テュポン（セト）は謀反の一つも起こしませんでしたが、戻って参りますと、テュポンは奸計をたくらみました。七二人の男たちを共謀者となし、またアソという名のエチオピアの女王の力を借りました。テュポンはひそかにオシリスの体の寸法を計り、その寸法にぴったりの、美しく、見事に装飾をほどこした箱を造らせると、それを広間の宴席に運び込みました。一同の者がそれを一目見てきれいだと言い、賛嘆措くあたわずという風情でいますと、テュポンはいかにも冗談めかして、どなたでもこの箱の中にお休みになって、お体が箱にぴったり合う方がいらっしゃいましたら、これを進呈いたしましょうと約束しました。そこで人々が代わる代わる試してみましたが、誰もうまく合いませんのでオシリスが箱の中に入って横になりました。すると共謀者どもが駆け寄って乱暴に蓋をかぶせるや、外からボルトを打ち込んで締め、熱く溶かした鉛をその上から注いで河へかついでゆき、その河に運ばせてタニスの河口から海へ流しました。このためこの河は今でも「怨河」だの「忌河」だのと呼ばれています。この事件が起こったのは、オシリスの治世二八年目のアテュルの月の一七日で、太陽が蠍座を通過する時でした(5)。

その後オシリスの妹であり妃でもあるイシスが、オシリスの箱を探す試練の旅に出る。そして箱がフェニキヤのビビュロスに漂着していることを知り、ナイル川のブトに運ぶが、テュポンがそれに気づき、今度はオシリスの遺骸を十四に切り刻んでばらまいた。イシスはその遺骸を探し出し、息子のホルスの協力でオシリスをよみがえらせる。しかしすでにオシリスは冥界の王となっていた。このような神話から、オシリスは死者たちを支配する神ともなり、また再生の神としての信仰も集めた。プルタルコスの言うテュポンとはセトのことである。

先の章でも述べたように、いずれの神話もその解釈は難しい。様々な説が成立しているが、このオシリスとセトの神話は、エジプトの自然環境と深い関わりがあるようだ。オシリスは豊穣の神として王権を有していた。その覇権に嫉妬した乾燥の神セトが、オシリスを騙して箱に閉じ込め、ナイル川に流し溺死させる。プルタルコス自身はオシリスを箱に閉じ込めたことを、ナイル川の水を隠して無くしてしまうことを意味すると解釈している(6)。が別の解釈では、この出来事は肥沃な大地がナイルの洪水によって水没したことを意味するとしている(7)。いずれにしても、このナイル川周辺地域の繰り返される洪水と乾燥は、結果として大地に豊穣をもたらすことにもなる。このナイル川周辺の乾燥と洪水による死と再生を擬人化し神話としたのが、オシリスとセトを巡る物語なのだった。そしてその再生はこの「神聖甲虫」によって後押しされる。

この神話には他にも謎が隠されている。神話の最後にある、太陽が蠍座を通過するときとは、ナイル川の水位が下がってしまう季節であるとか、二八年目の二八とは月の輝く日数、一七日の一七とは満月が欠け始めるのがはっきりとわかる日であるとのことから、オシリスは月の象徴とも理解されている。エジプトにおいては太陽は乾燥をもたらし、つまり死をも意味する。それに対して月はその明かりで豊穣をもたらすと考えられていたようだ。星に関して言えば、シリウス星がイシスと見られていた。古代エジプト人たちは天体観測を行い、このシリウス星がおおよそ七〇日間姿を消した後、太陽が昇る直前に再び姿を現すことを知った。そしてその時、ナイル川が増水し始めることも。そして太陽が獅子座に入ったとき洪水が始まる(8)。

またエジプト語でスカラベは「になる」、「起こる」の意味を持つ別の単語と同音でもある。そして死者たちを支配する神であるオシリスに対して、エジプトの王たちは、死後の審判に際して不利とならないよう、スカラベを死者の心臓の上にのせ護符としたり、墳墓にスカラベを描いた(図3)。したがってスカラベは復活の象徴でもあった。

先の心に障害を持った女性は「神聖甲虫」の夢を見、そして現実に心理療法の場で甲虫に遭遇し、心

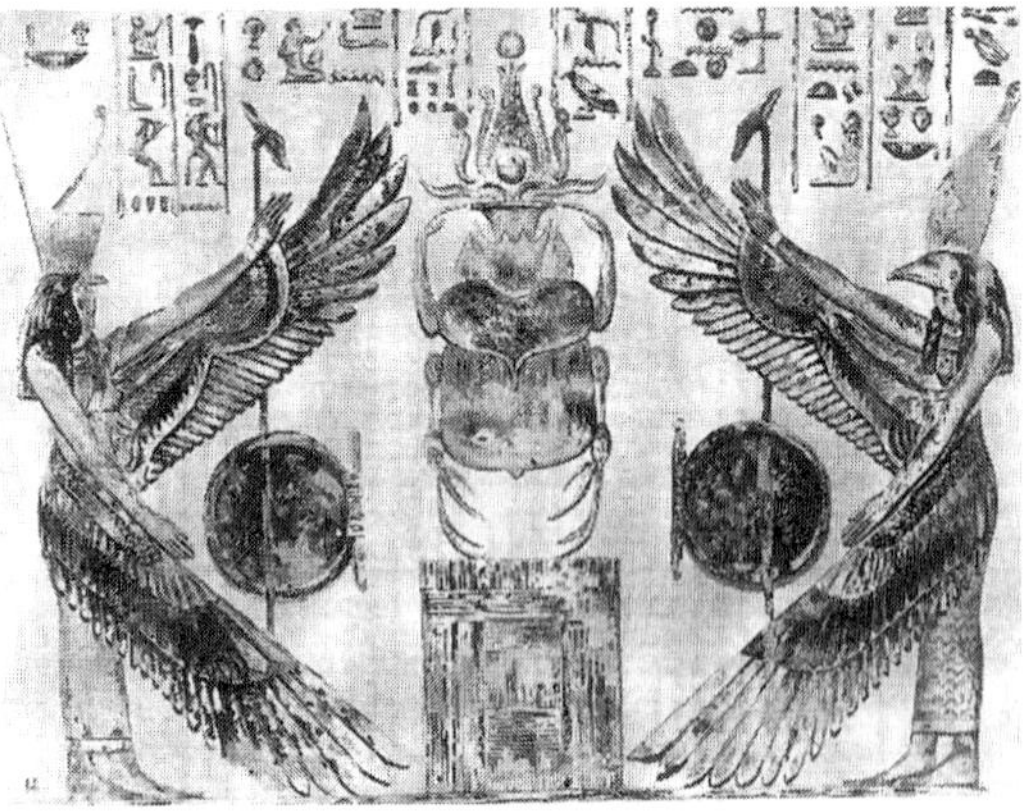

図 3　ペトシリスの墳墓にある礼拝堂の壁画に描かれた神聖甲虫
イヴ・ボンヌフォワ編『世界神話大事典』大修館書店，2001，131 頁より．

が再生していった。そしてエジプト神話においては、自己創造、つまり毎朝戻ってくる太陽のように再生する死者の生命と考えられていた。ここにも奇妙な偶然の一致、シンクロニシティを見出すことが出きる。

（2）心とシンクロするギリシアの蝶と物語

甲虫は虫である。その虫がどうも古代・現代を通して、私たちの魂や心と関わりがあるようだ。そういえば、私たちの日常会話においても、「本の虫」「虫が知らせる」「浮気の虫が起こる」「泣き虫」「虫の居所が悪い」「虫が好かない」などの表現を使うが、これらを総合するとどうも虫は、私たちの心の動きと同調しているように思える。

心と言えば、それを研究対象とするのが心理学であるが、英語の psychology はギリシア語のプシケ（psyche）つまり「こころ・魂」を由来とする。このプシケはギリシア・ローマ神話の「エロスとプシケ」で知られる、蝶の羽をつけた美しい不死の女神である。その神話（9）を要約すると次のようになる。

図 4　プシケとエロス
フランソワ・ジェラール，1798.

昔ある王と妃に三人の美しい娘がいたが、一番下のプシケはとても人とは思えぬほど美しい姫であった。そして国内外の人たちから崇められ、美の神であるアプロディーテ（ヴィーナス）の信仰を凌ぐほどであった。そのため自分の祭壇が人間の女のためになおざりにされているのを見、そして嫉妬したアプロディーテは、このプシケを罰するために息子エロス（キューピッド）に命じて、プシケが最悪の男と恋愛させるよう仕向けた。ところがエロスは母を裏切ってこの美しい娘に恋をしてしまう。一方このようにプシケは美しかったのだが、あまりの美しさのため結婚を申し出る者がいなかった。二人の姉は結婚していたが、プシケは処女のままで、わが身の孤独を嘆いていた。そこで父王は心配してアポロンに神託の伺いを立てた。すると次のような神託が下った。娘を山の頂に連れて行き、死の婚礼を執り行い、人間ではなく、翼を持った獰猛な怪物を待て、と。涙にくれた人々はプシケの婚礼を用意し、まるで葬列のように定められた山の頂まで行進し、そして娘をうち捨てた。ところが、娘はやさしい西風にのせられ、壮大な宮殿へと運ばれる。そこでプシケは何不自由のない生活を送るのだが、夜にだけ現れる夫は、その姿を決して見せない。一人で不安に暮らすプシケは、せめて二人の姉に会いたいと、まだ見ぬ夫に頼み込む。すると夫は、プシケが姉たちのそそのかしにのって、決して私の姿を見ないように、との約束の下、再会を許す。やはり山の頂から西の風に運ばれてやってきた姉たちは、はじめは同情するが、豪華な暮らしを見て、やがて嫉妬しはじめ、夫の素性や姿形を聞き出そうとする。最初は夫との約束を守っていたが、やがて姉たちの説得にのってしまう。それはプシケの夫は恐ろしい大蛇で、いずれ呑み込まれる前に、ランプを用意し、寝ている間にカミソリで首を切断してしまえ、との謀略であった。無邪気なプシケは言われたとおり、夫の寝姿をランプの灯りで見てしまう。するとその姿は怪物ではなく、世界で最も美しいエロスであった。もっと近くで見ようとしたプシケは、ランプの油を裸の夫の肩に落としてしまう。目を覚ました夫はプシケが約束を守らなかったことを叱責し、消え去ってしまったのであった。

その後、プシケは夫であるエロス神を探す旅に出、様々な試練を経て再会し、ゼウスの許しを得て不死の力を得、神となりエロスとの結婚式をオリュンポス山で行う(10)。そしてプシケは化身して蝶となったと伝えられる。それは古代ギリシア人が、人間の霊魂は一つの生命から他の生命へ移るとき、飛ぶ虫の身体を借りる、と信じていたからであった(11)。

先の心を病んでいた女性が夢で見たのが、「神聖甲虫」であった。それは古代エジプトにおいては、毎朝再生する太陽に喩えられ、それは病んだ心の再生とシンクロしたのであった。また古代エジプトのオシリスとイシスの神話においても、死んだオシリスの再生を「神聖甲虫」が後押ししていた。そしてオシリスの再生はまたもや別の、つまりナイル川の再生とも奇妙な一致を見たのであった。実はまだ、奇妙な一致がここに見いだせる。それはこのプシケとイシスの、夫を探す試練の旅の類似性である。

この夫を探す女性の試練の旅とは何を意味しているのだろう。ユング派の心理学者、エリック・ノイマンは、このプシケとエロスの神話を女性がいかに生きるか、いかに自立するかを描いているのだと分析する(12)。女性の自立にとって、特に重要なのが男性との恋愛である。異性との恋愛は、父母との楽園的生活からの自立とともに追放をも意味する。それはまさに葬儀に喩えられる。そこに蛇が介在するのも、楽園エデンの園からの追放に似ている。

女性だけでなく男性も同じだが、特定の相手との恋愛は端から見ていると奇妙に写るものだ。ユング派はそれを、女性のなかの男性像の、男性のなかの女性像の無意識の働きだと解釈する。この神話でいえば、プシケのなかのエロスということになる。それは父母、姉妹たちから見れば、怪物との結婚としか写らない。プシケのなかのエロスを見ているのではなく、自身の内なる男性像エロスを見ているのであった。つまりプシケは実体としてのエロスはプシケの前に姿を現さない。イシスの場合、それが兄であるオシリスなのであるから、その内面性はより強いわけだ。つまり女性は知らず知らずのうちに、理想の男性像を父や兄に投影していることが多々あるからだ。それは男性にも言えることだ。したがって次に女性を待ち受けるのが、この果てしない試練なのであった。女性はこのような試練を経て自立していくのであった。このような心理学的解釈もまた、神話の一つの解読法ということになろう。

このようにユング派の深層心理学によると、虫というシンボルだけでなく、物語自体も私たちの心とシンクロしていることになる。特にユング派は、病んだ人たちの妄想や夢の内容と、神話の内容との類似性に注目し、神話が単にはるか昔の荒唐無稽な物語だとは考えず、現代の私たちの心にとって、重要な「知」を提供しうる点を指摘したのであった。

（3）ケルトの聖地と王権の誕生

このように生き物たちを象徴化することに、どのような意味があったのだろう。ジョーゼフ・キャンベルは『神話の力』のなかで次のように述べている。

「人は聖地を創り出すことによって、また、動物を神話化することによって、その土地を自分のものにします。土地に霊的な力を与えるのです。そこは一種の寺院、瞑想の場になります。たとえばナバホ族は、みごとに動物を神話化しています。ナバホの砂絵を見ると、小動物たちがそれぞれ独自の価値を持つものとして表されています。その動物たちは、ありのままの形で描かれているのではありません。様式化されています。そしてこの様式化は、動物たちの単に物理的な特性ではなく、霊的な特性を示す手段です。たとえば大きなハエがいます。そのハエは、あなたが砂漠を歩いているとき、ときどき飛んできては肩にとまります。ナバホの神話では、そのハエは〈大きなハエ〉とも〈小さな風〉とも呼ばれています。試練を課せられた幼い英雄の耳元で、父親の出した難問の答えをそっと教えてくれるのがこのハエです。〈大きいハエ〉は、隠れた知恵を明かしてくれる聖なる霊の声なのです[13]」。

ここでも虫（ハエ）が試練を課された者に寄り添う。このハエも「心・魂」なのであれば、その声は試練を得た幼い英雄自身の心の、魂の声ということになる。この試練を背負う者たちとは何物なのだろう。

アイルランドのケルト神話に、やはり蝶（場合によってはハエ）の伝承がある。要約して示そう。

ミディールは地下の神で、マン島に王宮を持っていた。妻のファームナッハと暮らしていたが、新しい花嫁のエーディンをもらうことになった。嫉妬した妻は魔法の杖でエーディンを水たまりに変えてしまった。すると水たまりは毛虫に変わり、やがて紫の蝶となって、美しい羽を広げて飛び去った。紫の蝶がいつもミディールのまわりを飛ぶので、エーディンだと分かる。そのことを知った妻のファームナッハが、再び魔法の杖を振りあげると、蝶は王宮から追い出され、七年の間、荒涼とした岩野や海の上をさ迷わなければならなかった。その後、風に乗ってミディールの養子のオィングスの王宮に避難し、二人は恋に落ちた。しかしまたファームナッハは魔法で嵐を起こすと、エーディンはアルスターのエタアという王の広間に吹き入れられた。そしてエタアの妻が飲もうとしていた杯の中に落ち、酒と一緒に飲み込まれてしまった。飲み込まれた蝶はエタアの妻の子宮に落ち、エタアの娘エーディンとして、人間になって生まれ変わった。その間すでに一〇一二年の歳月が流れていた。そしてエーディンは、祖先のダーナ神族のことも、昔の身分も何も知らずに、人間の娘として成長していった。そのころアイルランドの王に、エオホズ・アイレヴがなっていたが、エーディンの美しさにうたれ、結婚することに決め、ターラの王宮へと連れて帰った。しかしエオホズ王が留守の間、元の夫であるミディールが現れ、よりを戻そうとし、二羽の白鳥となって飛び去っていた。その後再度エオホズ王がエーディンを取り戻し、二人の間には再びエーディンが生まれた(14)。

また二人の間に生まれた子がアイルランドの伝説上の有名な王の一人、コナーラ・モル王となった、との伝承もある(15)。ここで気づくのは、これら甲虫、蝶、あるいはハエが関わる神話は、男女の恋愛の試練が描かれ、そして生まれた子がそれぞれの国あるいは地域の最初の王となった、という点であろう。

古代エジプトのオシリスとイシスの神話では、殺害された夫であり兄であるオシリスを、イシスが探す試練の旅に出、何とか再生したオシリスとの間に生まれた子どもホルスが、エジプト建国の王となる。古代ギリシアのプシケとエロスの神話では、やはりプシケが夫エロスを探す試練の旅に出る。そして最後はオリュンポスの神々の王朝のもとで結婚し、子どもを生む。ここでは王の誕生は明確には語られないが、オリュンポスは聖地であり、王権の権威と関わる。このアイルランドの神話でも、女性が何度も再生し、それを男の王が探す試練の旅に出る。そして二人の間に生まれた子どもは、アイルランド王となる。

先にキャンベルの、生き物を神話化することは、聖地を創り出し、土地を自分のものにする、との見解を紹介したが、これら神話も同様のことが言えるだろう。オシリスの切り刻まれた遺骸は、発見された各地でオシリスの神殿となり、ナイル川流域に点在する。それは再生のシンボルとなり、流域の農作物の豊穣の神とも、また王や貴族、あるいは人々の死後の再生の神ともなった。そしてこの神が有効な地域が王権の所在地でもあったわけだ。それはオリュンポスの神々に守護されたギリシアでも同じであろう。これも奇妙な一致、つまりシンクロニシティとすることが出来るだろう。

その他にも世界の神話には、この奇妙な一致が数多く見られるようだ。同じくケルト神話では、ハエにも似たような役割が与えられている。ケルト神話の英雄クーフリンは、コノール王の妹デヒテラが飲んだ飲み物のなかにハエとして入り、体のなかに侵入する。そしてデヒテラは、夢のなかで現れた太陽神ルーに、その虫は私の子で、いずれ私の子どもを生むことを告げられる。そして生まれたクーフリンはアルスターの王権の守護者となる。ここでもクーフリンの死と再生が語られ、太陽神に結びつく。そしてクーフリンはやはり妻を娶るための試練の旅へと赴くのであった。

この神話はシリアの古代神バアルゼブブ（ハエの王:図5）にも通じる。なぜならこの神の名は、「死の神」「霊魂を導くもの」を意味するからだ。そしてこのシリアの神バアルもエジプトのオシリスと同様に元々は豊穣の神で、神話「バアルとアナト」においてモートという死の神と戦う話は、干魃やイナゴの被害との戦いを意味していた(16)。ところが後に新約聖書のなかで「悪魔のかしら」とされサターンやデーモンと同一視されるようになる。

類似の形態を有するその他の虫にも同様の性格が賦与されている。ミツバチはギリシアにおいて魂の象徴、穀物の女神デメテルと同一視され、キリスト教世界では復活の象徴であった。イスラム世界でも太陽神ラー（＝国王）が流した涙からミツバチが生まれたとされる。またセミは、ギリシアの太陽神アポロンに捧げられているし、日本においてトンボは秋津島・蜻蛉洲で日本そのものを、あるいは大和の枕詞となり、ホタルはヴェトナムで不滅の英雄の霊魂を意味する。このように私たち人類は、天空を浮遊する虫に、復活する魂、心、太陽神などとの類似性を共通して見出していたようだ。

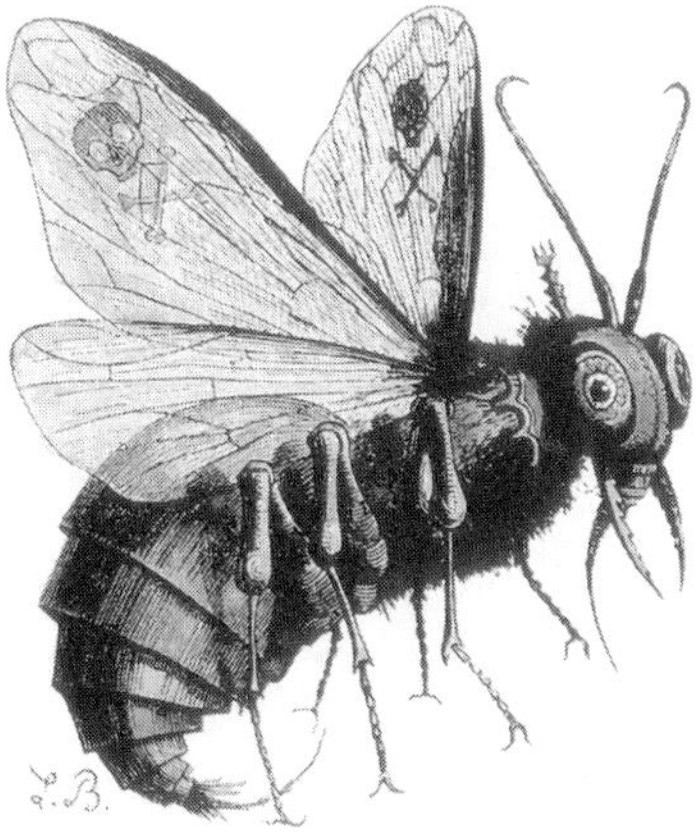

図5　バアルゼブブ
F・ゲティングス『悪魔の事典』青土社，1992より．

では地を這う虫はどうだろう。北欧神話の『エッダ』によると、ウジ虫は天地創造に際し、巨人ユミルの死体のなかから這い出し、神々の呪文で人間の姿と智恵を得る。私たちの『古事記』でも、黄泉の国でイザナミの身体からウジ虫がわき出てきたことがきっかけで、地上界と冥界が分けられる。アフリカのルワンダでは、王が死んで最初に死体から這い出たウジ虫が、王の魂として天に帰るとされる。

蟻はアフリカの天地創造神話において、重要な役割を演じる。天と地の聖婚において大地の蟻塚が性器となり、最終段階ではこの蟻塚が口となり、言葉、食料、織物、技術を人間に伝えたとされる。先のギリシア神話「エロスとプシケ」でも蟻は重要な役割を演じる。数種類の山と積まれた穀物の分類を、アプロディーテに命じられたプシケを助けたのが蟻だったのだ。

これら世界の神話に見る、驚くべき奇妙な偶然の一致に思いを馳せたとき、思い出すのが、先のギリシアのプシケと、『日本書紀』のヤマトトビモモソヒメである。夜にしか現れぬ、まだ見ぬ夫を持つ二人は、夫の顔を見たことによって、夫に去られてしまう。その夫はギリシア神話ではエロス、日本神話ではオホモノヌシ（大物主神）で、両者とも妻の許から飛び去ってしまう。エロス（ローマ神話ではキューピッド）に羽があるのはよく知られているが、オホモノヌシにも羽があったのだろうか。そもそもオホモノヌシは蛇体であるが、興味深いことにプシケの姉たちがエロスの正体を蛇だと告げる。オホモノヌシが飛び去った場所が三輪山で、プシケが最後にエロスと結婚式を挙げたのがオリュンポス山である点も類似している。

さて地を這い空へもかけ昇る虫がいる。蜘蛛である。蜘蛛は糸を出すことから糸紡ぎと機織りの女神と見なされる。ギリシア神話では、糸紡ぎの女神でもあるアテナが、アラクネーと織物争いで敗北し、その腹いせにアラクネーを蜘蛛に変え、永久に自身の身体から糸を紡ぐ罰を与えた。ギリシア神話の運命の女神モイラたちは、「紡ぐ者」、「測る者」、「切る者」の三相一体の神であるが、ヒンドゥーの神話では三相一体の女神の処女の相マーヤが蜘蛛の姿をとった。そして蜘蛛の巣は運命の車輪になぞらえら

図 **6**　スウェーデンのゴトランドの **8** 世紀の絵刻石に描かれた八本の足を持つオーディンの馬スレイプニル
J.G-Campbell, *The Viking World,* Frances Lincoln, 2001. p.179 より.

れた。また北欧神話の最高神オーディンの馬スレイプニルが八本足であることから蜘蛛との類似性が指摘されている（図6）。オーディンが吊された絞首台（ユグドラシル）を「オーディンの馬」とも言うことからオーディンの運命を表しているともされる。

日本の神話にも蜘蛛は登場する。それは『古事記』『日本書紀』『風土記』を通じて登場する土蜘蛛である。神武東征の際に抵抗する先住民として描かれるが、土着のシャーマンとする指摘もある[17]。とするなら、私たちの国の、先住民の神話に登場する神だったのかもしれない。なぜならカメルーンでは、蜘蛛は王者の蛇と王位を争うからである。つまり蛇体のオホモノヌシとの争いが想起されるのだ。

先に『日本書紀』の三輪山神話を紹介したが、『古事記』では顔を見せぬ夫が通う相手は処女イクタマヨリビメで、夫の正体を知るために糸を紡ぎ、そして彼女自身の運命を知ることになる。その運命とは神の子を生み、この国の最初の王の母となることであったろう。私はその子が、ミマキイリヒコであったのではないかと想像するが、果たして父は蛇体の神であったのか、それとも蜘蛛の神であったのか。

いずれにしても実の父ではなく、王権シンボルの問題なのだが。

ここまで神話に描かれた虫たちを見てきたが、死者の魂と再生、そして太陽神に見立てられた虫たちは、天地創造にも関わり、したがって王権のシンボルともなってきた。ところがどこかでその地位を他の動物たちに奪われてしまったのではないか。私には『新約聖書』で「悪魔のかしら」とされた中東の古代神バアルゼブブと土蜘蛛が重なって見えてしまう。日本においても土蜘蛛がその後、妖怪として名を馳せる運命にある。

最初の疑問にもどろう。今の私たちが感心を寄せる神話の「知」にである。それが近代科学の「知」と異なることは明らかである。近代科学の機械的でクールな「知」が近年さまざまな歪みを、私たちの周辺にまき散らしているように思えてならない。その歪みとは、自然とだけでなく、人と人、人とモノ、人と場所との密接で奥深いつながりの喪失だと私は考えている。そのことにシンクロした私たちが、別次元の依り所を求めて、神話の「知」に関心を寄せているのであれば、それは私たちにとっての、採るべき第三の道となるのかも知れない。これら関係性を喪失させた、近代の自然科学的思考法を批判する、宗教学者のD・L・ミラーは言う。「思考の中に感情を取り戻す一つの方法は、思考を再神話化し、神々を用いてそれを再人間化することである[18]」。神話の「知」とは、私たちの内界と外界とをつなぐ、魂の内から湧き出てくる思考法なのだ。

注

（1）河合隼雄『宗教と科学の接点』岩波書店、一九八六、三八〜三九頁。

（2）A・サミュエルズ他『ユング心理学辞典』創元社、一九九三、三六〜三七頁。

(3)『古代オリエント集（筑摩世界文学大系1）』筑摩書房、一九九八、五七九〜五九四頁。
(4)村田笙子・片岸直美・仁田三夫『図説エジプト「死者の書」（新装版）』河出書房新社、二〇一二、二〇〜二三頁。
(5)プルタルコス『エジプト神イシスとオシリスの伝説について』岩波書店、一九九六、三二〜三四頁。
(6)同、七六頁。
(7)マンフレート・ルルカー『エジプト神話シンボル事典』大修館書店、一九九六、一〇四〜一〇五頁。
(8)ステファヌ・ロッシーニ、リュト・シュマン＝アンテルム『図説エジプトの神々事典（新装版）』河出書房新社、二〇〇七、九四〜九五頁。
(9)代表的なものに、アプレイウス『黄金のロバ（上巻）』岩波書店、一九五六、一二五〜一八二頁。
(10)フェリックス・ギラン『ギリシア神話（新装版）』青土社、一九九一、一四六頁。
(11)バーバラ・ウォーカー『神話・伝承事典』大修館書店、一九八八、六五六頁。
(12)エリック・ノイマン『アモールとプシケー―女性の自己実現』紀伊國屋書店、一九七三。
(13)ジョーゼフ・キャンベル、ビル・モイヤーズ『神話の力』早川書房、一九九二、一七四頁。
(14)井村君江『ケルトの神話』筑摩書房、一九九〇、一一六〜一二三頁。
(15)プロインシャス・マッカーナ『ケルト神話』青土社、一九九一、一七八頁。
(16)注（3）、二七五〜三一二頁。
(17)瀧音能之「土蜘蛛の原義について」『象徴図像研究―動物と象徴』言叢社、二〇〇六、七九〜一〇〇頁。
(18)D・L・ミラー『甦る神々』春秋社、一九九一、二五二頁。

寅

土蜘蛛と蛇
――オホクニヌシの苦悩

（1）オシリスとオホクニヌシ

日本の神話にも目を向けてみよう。初めて国を作った神、オホクニヌシ（大国主神）の神話もまた、ここまで紹介してきた、世界の神話とどこか似ている。あらすじを追ってみよう。

オホクニヌシはスサノオの子孫である。その神話は兄弟である八十神との、因幡（稲羽）のヤガミヒメをめぐる対立から始まる。ここで挿入されるのが因幡の白ウサギの話である。オホクニヌシに助けられた白ウサギは、ヤガミヒメが夫に選ぶのはオホクニヌシだと予言する。その通り八十神がヤガミヒメに妻問いすると、私はオホクニヌシの妻になると答える。嫉妬した八十神はオホクニヌシを罠にはめ殺害する。ところが母神が高天原へ昇りカムムスヒに願いオホクニヌシを再生させる。この殺害と再生が二度繰り返され、オホクニヌシはスサノオの根の堅州の国へと逃れ、スサノオの娘スセリビメと恋に落ちる。蛇の室、百足と蜂の室、焼け野からの脱出等の試練を乗り越え、宝物である生太刀・生弓矢・天の詔琴を持って、スセリビメと根の堅州の国から脱出する。黄泉の国と地上世界の境にある、黄泉つ平坂まで来るとスサノオが追いかけてきて、次のようにオホクニヌシに呼びかけた。

その、お前の持っている生太刀と生弓矢とをもって、そなたの腹違いの兄どもや弟どもを、坂の尾根まで追いつめ、また、河の瀬までも追い払い、おのれが葦原の中つ国を統べ治めてオホクニヌシとなり、また、ウツシクニタマとなりて、そこにいるわが娘スセリビメを正妻として、宇迦の山のふもとに、土深く掘りさげて底の磐根に届くまで宮柱を太々と突き立て、高天の原に届くまでに屋の上のヒギを高々と聳やかして住まうのだ、この奴め(1)。

オホクニヌシは言われたとおり八十神を追い払い、葦原の中つ国を統治し、はじめて国を作ることに成功した。その後、因幡のヤガミヒメと結婚するが、スセリビメの嫉妬を恐れ二人の間に生まれた子を因幡に帰す。オホクニヌシはさらに高志（越）の国のヌナカハヒメと結婚する。またもやスセリビメの嫉妬にあったオホクニヌシは、大和国へ逃れようとするが、スセリビメと仲直りする。このようにオホクニヌシの国作りは進展していた。その頃、出雲の美保の岬に船に乗って、海上から蛾の皮を被ったスクナビコナが現れ、共に国作りを推進することになるが、突然スクナビコナが常世の国に旅立ってしまう。一人で途方に暮れていると、海を輝き渡ってくる神があった。その神は私を祀れば国作りに協力しよう、と言った。オホクニヌシがどのようにあなたを祀ればいいのか、と聞くと、大和の青垣の東の山の上に祀ればよい、と答えた。それで今の三輪山にこの神を祀った。そしてオホクニヌシの国作りが完成する。

さてこの神話、これまで紹介した世界の神話と、どのような点で類似しているのだろう。まずはエジプトのオシリスを思い起こしてみよう。オシリスは弟のセトの嫉妬によって、罠にかけられ殺害された。

図**1**　三輪山の３**D**地形図

そして妹であり妻であるイシスによって死体が探し出され再生され、生み出した子どもホルスがエジプトを建国する。オホクニヌシは兄弟神八十神に殺害され、母神によって再生し、同じスサノオの子スセリヒメと結婚し、日本を建国した。このように両神話には、兄弟による殺害と再生、姉妹との結婚と建国という共通項が見いだせる。

次にプシケの神話とはどうだろう。プシケは夫であるエロスを探す旅に出、エロスの母神であるアプロディーテから様々な試練を受け、最後はオリュンポスで幸福な結婚が執り行われる。性は逆転するがオホクニヌシは、妻スセリビメを得るために、父神スサノオの出す数々の試練を乗り越え、根の堅州の国を脱出し二人は結婚する。似ている。さらに興味深いのは国作りの最終段階で、海を光りながら渡ってきた神を、三輪山に祀る場面である。プシケがエロスと結婚したギリシアのオリュンポスは、日本の三輪山（図１）に相当する神の山である。『古事記』では、この神の正体が明かされないが、『日本書紀』においては次のように明かされる。

「いまこの国を作ったのは私一人である。私と一緒にこの天下を作ることのできる者がいるだろうか」と仰せられた。するとそのとき、神々しい光が海を照らし、やがてその中から忽然と浮かび上がってくる神がある。その神が、「もし私がいなかったら、どうしておまえひとりでこの国を平定することができただろうか。私がいたからこそ、おまえはその国を平定するという大功をあげることができたのだ」と仰せられた。そこで大己貴神はたずねられた。「では、そういうおまえは何者だ」。その神は答えて、「私はおまえの幸魂奇魂（瑞祥と神霊の魂）である」と仰せられた。そこで大己貴神は、「たしかにそのとおりだ。たしかにおまえは私の幸魂奇魂である。いまどこに住みたいか」と尋ねられた。その神は答えて、「私は日本国（ヤマト）の三諸山に住みたいと思っている」と仰せられた。そこで大己貴神は神宮を三諸に造営して、住まわせられた。これが大三輪の神である(2)。

ここでの大己貴神とはオホクニヌシのことである。そして海を光り輝きながら渡り来た神は、オホクニヌシ自身の魂だと名のったのであった。ギリシア語で魂はプシケである。そしてこのオホクニヌシの魂が三輪山に祀られたのであった。

類似点はまだある。この三輪山の神の名はオホモノヌシ（大物主神）で、『日本書紀』ではオオクニヌシのもう一つの名、とある。ちなみにオホクニヌシには、大己貴神の他にも、スサノオがウツシクニタマとも呼んだように、最も多くの名を持つ神である。それはたとえばエロスがローマではキューピッド、アプロディーテがヴィーナスと呼ばれるのと同じで、神話が語られていた時代の、権力のあり方や地域支配の、あるいは様々な民族や氏族の混合の複雑さを想起させる。

さてプシケとの類似点とは、神の山、三輪山に祀られたオホクニヌシの魂の名、オホモノヌシの結婚にまつわる次のような神話である。

その後、倭迹迹日百襲姫命は、大物主神の妻となった。しかし、その神は、いつも昼には現れないで、夜だけやって来た。倭迹迹姫命は、夫に語って、「あなたはいつも昼間来られないので、はっきりとあなたの顔を見ることができません。どうぞしばらくのあいだ留まっていてください。明朝に、謹んで美しい容姿を見てさしあげたいと思います」と言った。大神は、それに答えて、「道理はよくわかった。私は、明朝に、あなたの櫛笥に入っていよう。どうか私の姿に驚かないでくれよ」と言われた。そこで倭迹迹姫命は、心の中でひそかに疑われた。朝になるのを待って櫛笥を見たら、実に美しい小さな蛇が入っていた。その長さや太さは衣紐のようであった。すなわち倭迹迹姫命は驚いて叫んだ。そのとき、大神は恥辱を感じて、たちまち人の形になられた。そして妻に語って、「あなたは我慢できないで私に恥をかかせた。私は報復としてあなたに恥辱を加えるだろう」と言われた。そうして大空を舞って、御諸山に登られた。こうして倭迹迹姫命は、御諸山を仰ぎ見て、後悔しながら急居（急にすわる）した。そのとき、箸が陰部に撞きささって薨じらえた。そこで大市に葬った。だから、時の人は、その墓を名づけて、箸墓というのである(3)。

御諸山、三諸山、三輪山は同じである。オホモノヌシ（大物主神）の妻であるヤマトトビモモソヒメ（倭迹迹日百襲姫命）は、いつも夜にだけ現れる夫の顔姿を、まだ見たことがなかった。そこで夫に願ってその姿を見せてもらった。蛇だった。驚いて声を上げてしまったことで、夫との約束を破ってしまったために、夫は三輪山へと飛び去ってしまう。あのプシケの神話と、いかにも似ている。

（2）女神プシケとヤマトトビモモソヒメ・イクタマヨリビメ

それにしても神話には、奇妙な一致が次々と見いだせる。あのエロスも、おそらくは神々の住まいであるオリュンポスに飛んでいったのであろう。エロスのもう一つの名であるキューピッドに、羽が生えているのはよく知られている（図2）。そしてプシケも蝶であった。そして魂でもあった。であるなら、オホモノヌシにも、蝶やハエのように羽が生えていたのだろうか。

図2　イタリアのキューピッド
アーサー・コッテル『世界神話辞典』柏書房，1993，218 頁．

蝶やハエは、アイルランドのケルト神話にもあった。エーディンの神話も、オホクニヌシの神話と類似している。なぜならエーディンはミディールの二番目の妻となったとき、一番目の妻の嫉妬を受け、魔法で蝶に変えられ、他国に飛ばされてしまうからである。オホクニヌシの神話でいえば、因幡のヤガミヒメや越のヌナカハヒメに似ている。エーディンはその後、アイルランドの北部に位置するアルスター州の王の妻に飲み込まれ、王の娘エーディンとして再生する。そしてその後アイルランド王と結婚し王子を生む。エーディンの神話もアイルランドの北部に位置する地域の王から、国を統一する王へと、つまり地域の王が、国を平定する過程を示しているように思える。オホクニヌシの神話も、出雲地方の王が大和へと進出し、国を平定する過程を語っているのだろう。ここにも類似点がある。その王が虫を象徴としている。それは王権の魂の象徴なのだろうか。王権の復活のシンボルなのだろうか。

大和に進出し日本国を平定したオホクニヌシは、三輪山に鎮座してオホモノヌシとなった。この神は、確かにオホクニヌシの魂であった。これら世界の神話に共通するのは、神々の婚姻と試練、そして王権の成立である。このオホモノヌシには、もう一つの結婚に関する神話が、『古事記』にある。

先に名をあげたイクタマヨリビメは、その姿かたちがきらぎらしいお方じゃった。ここにまた、ひとりの男がおった。その男の姿かたちや振る舞いは、ほかに比べることもできんほどじゃった。その男がの、夜中になるとどこからともなくおとめのもとに来るのじゃ。それで、おたがいに引かれてしもうて、夜の間だけ床をともにして住んでおるうちに、まだそれほどの時も経てはいなかったのじゃが、そのおとめは身ごもってしもうた。それで、おとめの父と母は、娘が孕んだのを怪しんでの、「お前は、わたしたちの知らないうちに孕んでしもうた。夫もいないのにどうして孕んだのだ」と、わが娘に問うたのじゃ。すると娘は、「うるわしい殿方がいらして、その姓や名も聞いてはいないのですが、その方が、いつも夜になるといらっしゃり、心引かれてともに住んでおりましたところ、知らないうちに身ごもってしまったのです」と答えたのじゃった。それで、おとめの父と母とは、その男を知ろうと思うての、わが娘に教えて、「赤土を床の前に撒き散らし、糸巻に巻いた紡いだ麻糸の端に針を付けておき、殿方の衣の裾にこっそりと刺しておきなさい」と言うのじゃった。それで、おとめは教えられたとおりにして、明け方になって見てみるとの、針を付けた麻糸はおとめの寝屋の板の戸の鉤の穴から通り抜けて外に出ておっての、枕元の糸巻に残った糸は三巻きばかりじゃった。それで、糸が鉤の穴から外に出ているさまから、父と母は、すぐにただの男ではないということを見破っての、抜け出た糸をたどって尋ねて行くと、三輪山に到り、その神の社に行き着いたのじゃった。そこで、イクタマヨリビメの腹の中の子は、神の子であるということを知ったのじゃった。それでの、糸巻きに糸が三巻きだけ残っておったので、その地を名付けて三輪と言うことになったのじゃ(4)。

イクタマヨリビメのもとに、やはり夜だけ現れる男がいるが、その正体がわからない。そこでイクタマヨリビメは糸を紡ぎ、その糸の先に針をつけ、通う男の裾に縫い付ける。明け方、その糸を追っていくと、糸は三輪山の神の社に行き着いたのであった。つまりこの男はオホモノヌシだった、ということになる。

ここではオホモノヌシではなく、この糸を紡ぐ女性、イクタマヨリビメに注目したい。神話で糸を紡ぐ女性は運命の女神として知られる。ギリシア・ローマ神話では、運命の女神は三人で、クロトと、ラケシスとアトポロスと呼ばれた。彼女たちの役割は人間の運命の糸を紡ぐことであったが、大きなハサミを持っていて、時と場合によって運命の糸を断ち切った。ギリシア神話では、糸紡ぎの女神でもあるアテナが、アラクネーと織物争いで敗北し、その腹いせにアラクネーを蜘蛛に変え、永久に自身の身体から糸を紡ぐ罰を与えた。

その出来栄えもいかにも見事で、アテナ女神も、また、たとえ嫉妬の神自身でさえも、ほとんど難のうちようのないくらいだった。しかし金髪の女神は、それだけにひとしお胸の怒りを抑え切れずに、この刺繍された布をまず二つに断ち切ってしまわれた。そして手に持ったブナの木の枝でもって、三たびイドモーンの娘アラクネーの頭の上を、うち叩かれた。みじめな少女は、それを忍び切れずに、われからと縄をくくって首を吊った。その姿を見て女神は、さすがに憐れを催し、高みに吊し上げてこう言われた。「生命は助けてあげよう、でも、そのまま吊さがっといで、悪い娘だもの。お前のような、神々たちをないがしろにする者どもは、みな同じ運命をうけるのだよ」。こう言って出かけながら、振りかえりざまに、女神はアラクネーへ、ヘカテーの魔法の草の汁をそそぎかけられた。すると見るまに彼女の髪はすくんで消え、頭も縮んでゆけば、体全体も小さくなり、手足の指は八本の足と変わり、残りの部分はみな塊って、大きな腹になった。今でも彼女は細い糸を口から吐いて、きれいな露の模様を毎朝に織り出している。彼女はつまり蜘蛛（ギリシア語ではアラクネー）になって、女神からなお許された昔の技のあわれな名残を繰り返しているのだった(5)。

糸を紡ぐイクタマヨリビメとは、何かの罰を受けて蜘蛛となったのかも知れない。いずれにしても、彼女は糸を紡ぎ自らの運命を知るのであった。それは神の子を生むという運命であった。そしてその神の子は、おそらくは日本国を建国することになる。

では日本神話において蜘蛛とは何を意味するのだろう。実は日本の神話にも蜘蛛は登場する。それは『古事記』『日本書紀』『風土記』を通じて登場する土蜘蛛である。神武東征などの際に抵抗する先住民として描かれるが、土着のシャーマンとする指摘もある(6)。とするなら、私たちの国の、先住民の神話に登場する神だったのかもしれない。ここでも解釈は難しい。つまりオホクニヌシが、大和の蜘蛛を神と崇める先住民を平定したとみるのか、あるいはオホクニヌシたちが蜘蛛をトーテムとし、大和に定着し、その後の国譲り、神武東征などで滅ぼされたのか。

（3）土蜘蛛を追え

オホクニヌシの魂であるオホモノヌシが、三輪山へ飛翔した点に注目するのであれば、この神自身が蜘蛛だったのかも知れない。なぜなら蜘蛛は地を這うことも、糸を吐き出し天へ昇ることもできるからだ。アフリカのザンビアのロジ族の神話では、もともと地上に住んでいた神が、天に昇るため蜘蛛に命じて、天まで届く糸を紡がせている(7)。しかしこのオホモノヌシは『日本書紀』においては、蛇体の神とされている。ただし『古事記』にはない。蜘蛛だったのか、蛇だったのか。ここでは少し、その後の土蜘蛛の伝承を追いかけてみよう。

まずは、神武東征の過程を見てみよう。図3は神武天皇が日向から大和に至るまでの、東征ルートを示したものだが、このルート上のいくつかの箇所で土蜘蛛は抵抗している。特に激しい抵抗をみたのが難波の草香で、ここで神武は兄を失っている。やむなく神武は迂回し熊野から吉野を通り、大和盆地に侵入し、今の桜井市近辺で土蜘蛛を退治する。それは土蜘蛛一族を招待し、御馳走を出し、だまし討ちするというものであった。

これら東征ルートと、それぞれの場所で抵抗する土蜘蛛の関係を、神武の侵略と土蜘蛛、つまり先住民の後退と見ることもできる。

さて大和の桜井で退治された土蜘蛛は、その後どこに出没したと伝えられているのだろう。その場所

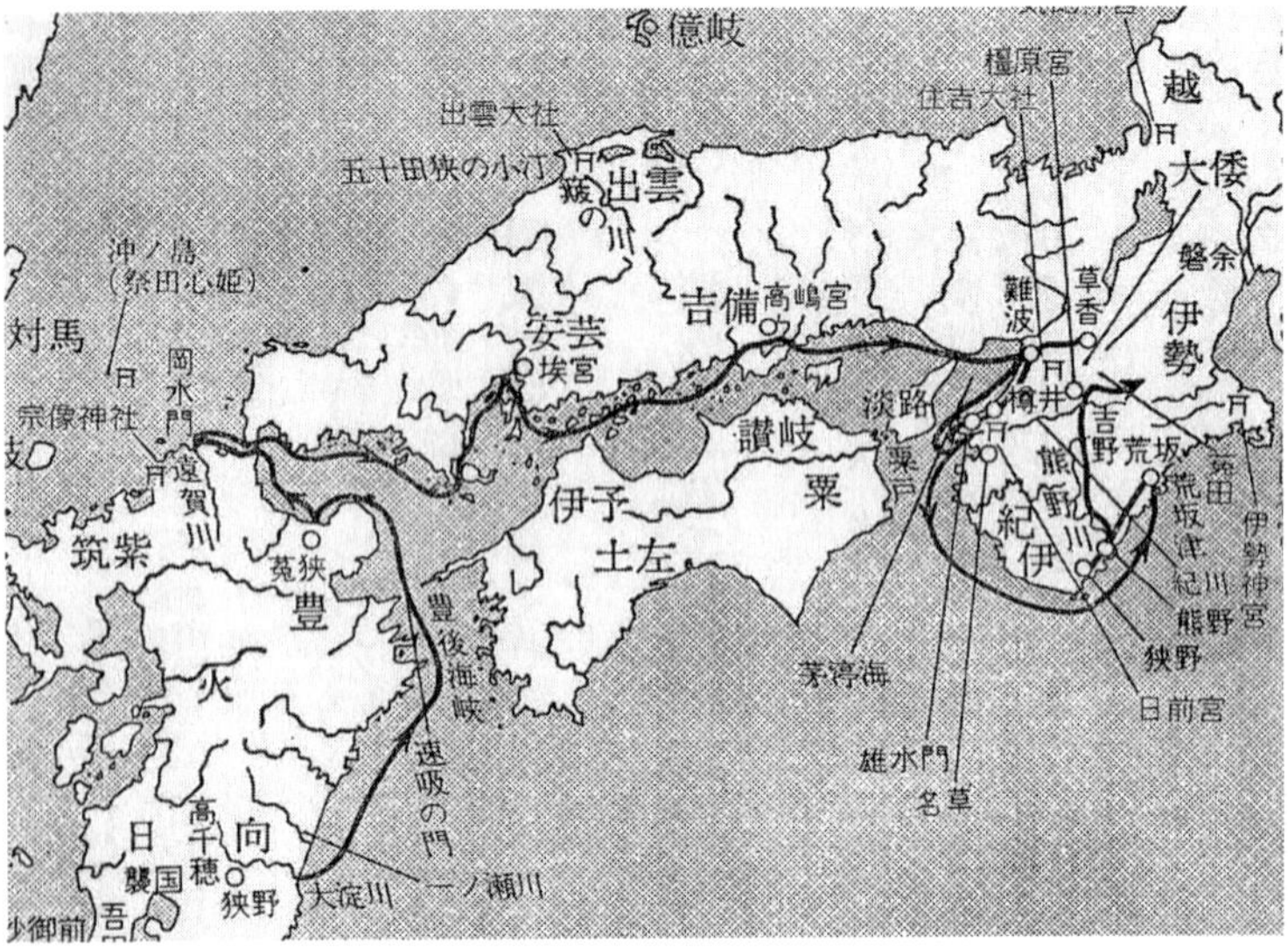

図 3　神武東征ルート

井上光貞監訳『日本書紀・上』中央公論社, 1987, 177 頁より.

を追うと、興味深い道筋が浮かび上がってくる。それはそのまま大和王朝の、遷都の道筋なのである。大和と河内の境にある葛城山に、次のような伝承が残っている。

> 一言主神社の境内に、土蜘蛛塚というのがある。昔、神武天皇が、カツラで網を作って土蜘蛛を取り、これを頭と胴と脚との三部分に切断し、別々に今の神社の境内に埋め、その上に巨石をすえておかれた。そのあとである。なお、この時、土蜘蛛を取るのに、カツラの網を用いられたから、この地方がカツラキといわれるようになったという[8]。

　この葛城の地名伝承は『日本書紀』にもある。このようにここでも、土蜘蛛は神武天皇に討ち取られている。神武東征が、日向から大和の桜井までの、先住民支配の過程を伝えているのだとしたら、この伝承は、その後大和の権力が河内に向かったことを示している。実際、大和側から葛城山を越えた地域に、巨大古墳群が存在している。また都も大和の飛鳥宮から摂津の難波宮へと、六四五年に移されているのも、この葛城山を越えて河内、そして摂津へと出るルートを支持している。都はその後、主に大和の藤原京・平城京から山城国の長岡京・平安京へと北上していく（辰―図4参照）。それは王権の北上を意味している。そしてその途上で、追いやられたであろう土蜘蛛は、やはり平安京にも登場する。『平家物語』の「剣巻」に、次のような話がある。

また頼光、そのころ瘧病わづらはる。なかばさめたるをりふしに、空より変化のものくだり、頼光を網にて巻かんとす。枕なる膝丸抜きあはせ、「切る」と思はれしかば、血こぼれて、北野の塚穴のうちへぞつなぎける。掘りてみれは、蜘蛛にてあり。鉄の串にさしておさされける。それより膝丸を「蜘蛛切」とぞ申しける(9)。

謡曲の「土蜘蛛」では、頼光たちが土蜘蛛の棲むこの北野の塚穴を崩しはじめたとき、土蜘蛛はその姿を現し、次のように言ったとする。

汝知らずやわれ昔。葛城山に年を経し。土蜘蛛の精魂なり。なほ君が代に障りをなさんと。頼光に近づき奉れば。却って命を。断たんとや(10)。

つまり先に葛城山で討たれた土蜘蛛が、精魂となり平安京に出没したことになる。その姿は、人では

図 4　『土蜘蛛草紙絵巻』に描かれた土蜘蛛
小松茂美編『土蜘蛛草紙・天狗草紙・大江山絵詞』中央公論社，1993，10 頁.

なく物の怪であった。図4は、次に紹介する『土蜘蛛草紙絵巻』に描かれた、その姿である。そして天皇家に祟ろうと、頼光に近づいたのであった。なぜなら頼光は、平安京における天皇の守護者であったからだ。したがって土蜘蛛は、まず頼光に襲いかかる必要があったのだろう。ここで注目すべきは、天皇自身ではなく、天皇の守護者の登場である。そういえばアイルランドの神話におけるクーフリンも、エジプトのオシリスも王の守護者であった。ギリシアの神々もそうであろう。しかし源頼光は神話的存在ではない。しかし後の時代から見れば、源頼光は武門源氏の最初期の一人、サムライの神話的存在であった。

もう一つは、鎌倉時代後期、十四世紀前半の絵巻『土蜘蛛草紙』にある。要約すると次のようになる。

源頼光が郎党の渡辺綱と蓮台野を歩いていると、髑髏が空を飛んでいるのを目撃する。あとを追うと、神楽岡の廃屋に入っていった。するとその廃屋に様々な物の怪が現れる。が二人は動じない。明け方美女が現れ、鞠ほどの白雲のごときものを頼光に投げつけてきた。頼光はとっさに刀で切りつけると、白い血が流れ出た。その血の跡を辿っていくと、西の山を分け入ったところの洞穴に至った。山蜘蛛がいたので退治すると、傷口から沢山の死人の首が出てきた。さらに無数の小蜘蛛も出てきたので穴を掘って埋葬した。この武勇譚が帝に聞こえ、頼光は摂津守に、綱は丹波守に叙せられた(11)。

このように平安京に出没した土蜘蛛は、天皇ではなく武士最初期の一人、源頼光によって退治されているのだ。

さて、その土蜘蛛の出没場所に注目してみよう。『平家物語』では、まず頼光宅に出没し、流れる血を辿っていくと、北野の塚穴まで続いていたとある。そこが土蜘蛛の棲家だったのだ。北野の塚穴とはどこを指すのだろう。江戸時代の名所案内『拾遺都名所図会』に、「蜘蛛塚」の記載がある。その場所は、「七本松通一条の北西側の畑のなかの塚のことで、昔ここに大きな土蜘蛛が住んでいた(12)」とある。もう一つは「頼光塚」と呼ばれ、同じく『拾遺都名所図会』に「船岡山の南西(13)」とある。この「船岡山の南西」の「頼光塚」とは『新撰京都名所図会』によると、「明治初年までは塔頭宝泉院背後（鞍馬口通千本西入紫野郷之町）(14)」にあったが、昭和七年頃に現在の上品蓮台寺に移動したとある。いずれにしてもこれら場所は、平安京の北西部に位置している。

『土蜘蛛草紙絵巻』はどうであろう。この絵巻に出てくる場所は、蓮台野・神楽岡・西の山の洞穴である。蓮台野・西の山は『平家物語』と同じく平安京の北西部であるが、神楽岡のみ東部に位置している。これも逃走経路という視点から見るのであれば、長岡京から平安京への遷都は、北東方向への侵攻であるから、土蜘蛛が追いやられる場所としては、平安京の東の神楽岡（図5）で納得がいくだろう。ところが興味深いのは、その後の方向転換である。どうも土蜘蛛たちは一旦、東へ逃走したのだが、その後北西へと転じていることが、これら場所から読み取れるのだ。この北西方向への転換とは、何を意味しているのだろう。

それはおそらく山城国の北西方向の延長線上に出雲国があるからだろう。オホクニヌシの子孫たちは大和王朝に追われ、出雲へと帰ろうとしたのではないか。山城国の北西に隣接するのが丹波国である。その丹波の綾部に次のような伝承が残っている。

図 **5** 「寛保元年（**1741**）増補再板京大絵図乾」に描かれた神楽岡

綾部市の井倉のＯ家は代々美人の筋であったが、これに目をつけた高津の蜘蛛が毎夜々々、美男の武士に化けて通った。そのうちにみごもった娘は、ある夜、男の足に針をさした。男が帰った後、そのしたたる血痕をつけて行ったら、位田の高城という山の峰で蜘蛛が死んでいた。まもなく女は多くの蜘蛛の子を生んだ。その美女の墓は今、井倉のコージン藪にある(15)。

平安京の北野から山陰道を逃走すれば丹波国綾部に至る。そしてそのすぐ北にあの酒呑童子の大江山がある。酒呑童子の正体は土蜘蛛だったのかも知れない。天皇の守護者である頼光は、ここまで追いかけたのである。この綾部市の伝承も頼光の話同様に、流れた血を追い土蜘蛛を発見するという類似性をほのめかす。が実は、それ以上に重要なある話型を隠し持っているのだ。それは神武東征の終着地とも言える、あの三輪山のオホモノヌシとイクタマヨリビメの神話との類似性である。

この神話の解釈も多様であるが、『古事記』の崇神記にあることから、ここにも神武東征との相似が見いだせる。なぜなら記紀を通じて最初の王とされるのが、神武と崇神のみだからだ。しかも崇神の倭名がミマキイリヒコ、つまり「三巻：三輪＋イリヒコ：入彦」＝「三輪に侵入してきた男」と解釈出きるからである。神武が神話の王であるなら、崇神こそが現実の初代王ということになるわけだ。『古事記』におけるこの神話の前後の記事も、このことを頷かせる。崇神の御代に大和が疫病で混乱していた。夢占いをすると崇神の元にオホモノヌシが現れ、オホタタネコを連れてきて私を祀れば疫病はおさまると予言した。そこで崇神がオホタタネコを探し出し、その生まれを問いただしたところ、先のイクタマヨリビメの神話を語りだしたのであった。そこで崇神はオホモノヌシを三輪山に祀り大和の国は安寧を取

写真１　綾部市「位田の高城」
佐々木撮影.

り戻した。したがってこの話も天皇家に障りをなす妖怪退治譚ともとれるのだ。そしてその後、崇神は日本を統一したとされる。であるならオホモノヌシは妖怪化しつつある土蜘蛛だったことになりはしないか。つまり先住民の神だったと。

綾部市の伝承は、この神話と同型と思える。糸を追わずに血を追うところが違っているだけで、場所の状況も酷似する。なぜ糸を紡ぐ女性が登場しなくなったのだろう。それはおそらくこの女性が、イクタマヨリビメのように土蜘蛛を神と崇める一族ではなくなったからだ。むしろ妖怪化した男性の方が糸を紡ぐ蜘蛛となったのだ。この地を訪ねてみると、蜘蛛がいた位田の高城は三輪山そっくりの円錐型のきれいな孤立山である（写真１と図１を参照）。そして神楽岡も似ている。つまりこの丹波国の伝承は、三輪山のオホモノヌシ系統の話型とともに、同じ聖なる山という景観をも持ち合わせた、由緒正しい伝承なのだ。

このように神話は、文献だけでなく、地域に伝わる伝承にもその痕跡を残している。実はあのオホクニヌシが最初に兄弟である八十神と争った、因幡のヤガミヒメに関する次のような伝承が、鳥取県の河原町に伝えられている。

八上媛を祭神とする売沼神社の鎮ります村曳田に、鳥越長者が住んでいました。この長者に美しい一人娘がいましたが、この娘のもとにどこからともなく雄々しい男が夜な夜な通って立ち去っていくのでした。けれど肝心のどこの誰だということについては、この若者はいくら聞かれてもただ笑うばかりで答えようとはしませんでした。困り果てた長者の家では、乳母の知恵により娘に言い聞かせて、ある夜帰るときこっそり男の袴の裾に「うみそ」の糸を針で縫いつけさせました。そして明くる日になってみると、その糸は娘の部屋を出て戸の鉤穴を通りグングンと延びて用瀬町の美成の上の岩の間を越えて金屋の上を通り、ついには洗足の岩屋の中に入っていきました。その「うみそ」の糸は、合計七桶半にもなり朝露を含んで弓なりになったところに、太陽の光が当たってキラキラ、キラキラ、銀の糸のように光っていたと云われています。こうして相手の男が洗足山の「三面鬼」であることが分かりました。皆はおどろきもし、恐れもしました。けれども、次の日、何時ものように若者が鳥越長者の家に通って来た所を、入れ知恵された娘が用意していた毒酒をしかけて殺害しました。そしてその「三面鬼」の死骸を焼いた所、その灰が高く舞い上がって四方に飛び散り、夏、人の肌を刺すブヨになりました(16)。

この伝承では、通ってくる男は蜘蛛ではなく鬼である。土蜘蛛の酒呑童子への変容を思い起こさせる。また酒で退治される点も、酒呑童子を思わせる。ここでは先住民はもはや、鬼と表現されるようになっていたのだろう。しかし単なる妖怪伝承ではない。なぜならオホクニヌシの神話的痕跡が残されているからである。たとえばこの伝承では、ヤガミヒメ（八上媛）を祭る売沼神社が鎮座する、曳田村の鳥越長者の一人娘のもとへ、男が通うとあるが、別の伝承では、ヤガミヒメ自身のもとに、洗足山の鬼が美男と化し現れると伝える。そしてここではヤガミヒメ、あるいは長者の娘は、しっかりと糸を紡いでいる。それは出雲の蜘蛛族の系統を指し示しているのかも知れない。この鬼がオホクニヌシ、つまり出雲系の神のなれの果てであったのなら、ヤガミヒメに当然恋をすることになろう。

そして何よりも話型が三輪山のオホモノヌシとイクタマヨリビメの神話と同一である点が、もとは神話であったことを明かしてくれている。さらに興味深いのは、この退治された鬼の死骸が焼かれた後の出来事である。その灰はブヨになったと伝えている。おそらくこの虫は、この鬼の魂であると同時に、昆虫をトーテムとする種族の痕跡であったのではないか。そういえば、あのオホクニヌシの国作りを手伝いに、海を渡り美保の岬にやってきたスクナビコナも、蛾の皮を纏っていたではないか。そしてすぐに常世に旅立ってしまった点も、やはり国譲りに通じる。蜘蛛（虫）をトーテムとした出雲のオホクニヌシ一族が、蛇をトーテムとする神武一族に敗れたのである。カメルーンには、蜘蛛が王者の蛇と王位を争う神話が残っている(17)。

ここまで神話に描かれた虫たちを見てきたが、死者の魂と再生、そして太陽神に見立てられた虫たちは、天地創造にも関わり、したがって王権のシンボルともなってきた。ところがどこかでその地位を他の動物たちに奪われてしまったのではないか。私には『新約聖書』で「悪魔のかしら」とされた中東の古代神バアルゼブブと土蜘蛛が重なって見えてしまう。日本においても土蜘蛛がその後、妖怪として名を馳せる運命にあるからである。

注

（1）三浦佑之訳・注釈『口語訳古事記』文藝春秋、二〇〇二、六四〜六五頁。
（2）井上光貞監訳『日本書紀　上』中央公論社、一九八七、一二五〜一二六頁。
（3）同、二二〇〜二二一頁。
（4）注（1）、一五九〜一六一頁。
（5）呉茂一『ギリシア神話（上巻）』新潮社、一九五六、八八〜八九頁。
（6）瀧音能之「土蜘蛛の原義について」『象徴図像研究―動物と象徴』言叢社、二〇〇六、七九〜一〇〇頁。
（7）ジェフリー・パリンダー『アフリカ神話』青土社、一九九一、八三頁。
（8）渡辺昭五編『日本伝説大系（九）』みずうみ書房、一九八四、三一頁。
（9）水原一校注『平家物語（下）』（新潮日本古典集成第四七回）新潮社、一九八一、二七九頁。
（10）佐成謙太郎『謡曲大鑑（三）』明治書院、一九三一、二〇五五〜二〇六八頁。
（11）小松茂美編『土蜘蛛草紙・天狗草紙・大江山絵詞』（続日本の絵巻26）中央公論社、一九九三、二〜一一頁。
（12）秋里籬島『拾遺都名所図会』（新修京都叢書七）臨川書店、一九六七、四四〜四五頁。
（13）同、三七八頁。
（14）竹村俊則『新撰京都名所図会（三）』白川書院、一九六一、三八頁。
（15）礒貝勇『丹波の話』東書房、一九五六、九八〜九九頁。
（16）蓮佛金吾「三輪山伝説」『鳥取民俗懇話会会報』一、一九九四、三〇〜三一頁。
（17）ジャン・シュヴァリエ、アラン・ゲールブラン『世界シンボル大事典』大修館書店、一九九六、三五三頁。

卯 星座の神話の風景
——世界を守護する北極星

（1）ユングのコンステレーション

コンステレーション（constellation）とは、星座のことをいう。コン（con-）は「共に」、ステラ（stellar）は「星」を意味する。つまりいくつかの星が集まって、共に何かの姿を映し出す…。たとえば、プレアデス星団とヒアデス星団、恒星アルデバランなどが、共同して角のある牛の姿をとり、「牡牛座」となるわけだ（図1）。

しかし本来、これら星座を構成する星々は、それぞれが地球から何万光年も離れており、その距離もそれぞれまちまちである。つまり地球から等距離で並んで位置しているわけではないのだ。それが私たちから見れば、たまたま平面上に並んで見えているに過ぎない。つまり、私たち人間が勝手に牡牛と認識したのである。

時として私たちは、外的に実在するいくつかの、本来は無関係な事物を、関連していると認識する癖を持っているようだ。なぜなら古来から世界中で、似たような星座の存在が伝えられているからである。そこでユング心理学では、星座だけでなく、このような私たちの世界認識のあり方をも、コンステレーションと呼んだ（1）。そしてこれら事物群を、因果関係だけで結びつけようとする、近代科学的なものの見方と相対する、私たちの古層、あるいは深層にあるとでも言うべきものの見方、と考え、現代人特有の心の問題を解決する糸口として、あえて注視した。

それだけではない。さらに私たちは、これら星々を結びつけて形象化し、地上の諸事象に当てはめただけでなく、そこに天界を想像し、神々を住まわせ、物語を紡いだ。そして星々を観察することによって、暦を作成し、一日や一年という概念をも生んだ。またそれぞれの星座の動きから、未来の出来事を予言したり、とるべき行動の指針や意思決定の参考ともした。

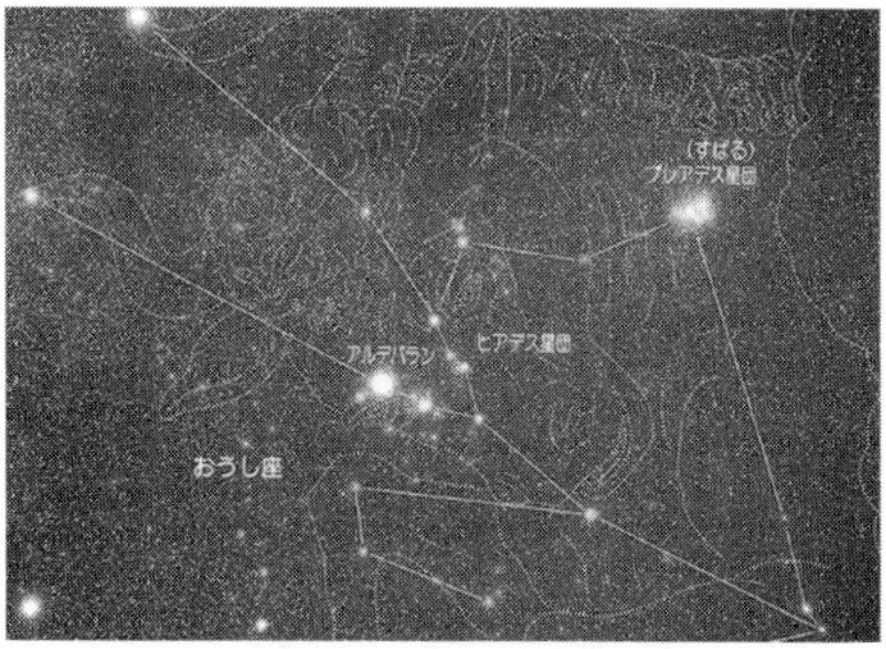

図 1　牡牛座
藤井 旭『星の神話・伝説図鑑』ポプラ社, 2004, 122 頁より.

近代科学的合理主義に浸りきった、現在の私たちでさえ、これら星座と自身の運勢を結びつけて考えることがある。占星術においては、星が共同するのはこれだけでない。人の性質、身体、季節や方角、色、時や場所とも結びつく。たとえば牡牛座（四月二一～五月二一日）生まれの人は、根気強く、粘り強く、徹底している…。声はいいが、咽喉炎や甲状腺機能不全、その他、首に障害が出やすいのだと（2）。

私たちの人生や性格、身体は、星とはなんら因果関係を持ちはしない。にも関わらず、人類は古来、これらを結びつけて解釈してきたのであった。つまり私たち人類は、外的諸存在をこのように関連づけ意味づけし、「認識する癖」、のようなものを、今だ捨てずに持っているということなのだ。

たとえば、写真に写った、いくつかの光や影を結びつけて、亡くなった人の顔だと認識したり、奇妙な形の岩や木などの自然物を、動物に見立てたり、あるいは「茶柱が立つといいことがある」とか、「鼻緒が切れたら縁起が悪い」などと予感する。これらも、この種の性癖なのだろう。

その意味では、これまで上げてきたシンクロニシティも、これに類する私たちの世界認識のあり方、だと言えよう。これまで述べてきたシンクロニシティが、現象の奇妙な一致、つまり女性の夢の甲虫と、その話をしている最中に窓に打ち当たった甲虫、そして女性の再生と古代エジプトにおける再生のシンボルとしての甲虫、という現象面の奇妙な一致であった。それに対してこのコンステレーションは、現象面の奇妙な一致ではなく、人間の側が諸事象を一方的に結びつけ、その他のものと一致させる認識のあり方にある。しかし近代科学的に見れば、無関係な諸事物や諸現象に意味を見いだすのであるから、極めて類似した、ある種の概念と言えるだろう。そしてそれらが、どうも現代社会を苦悩する私たちに、必要とされている、という点においても。

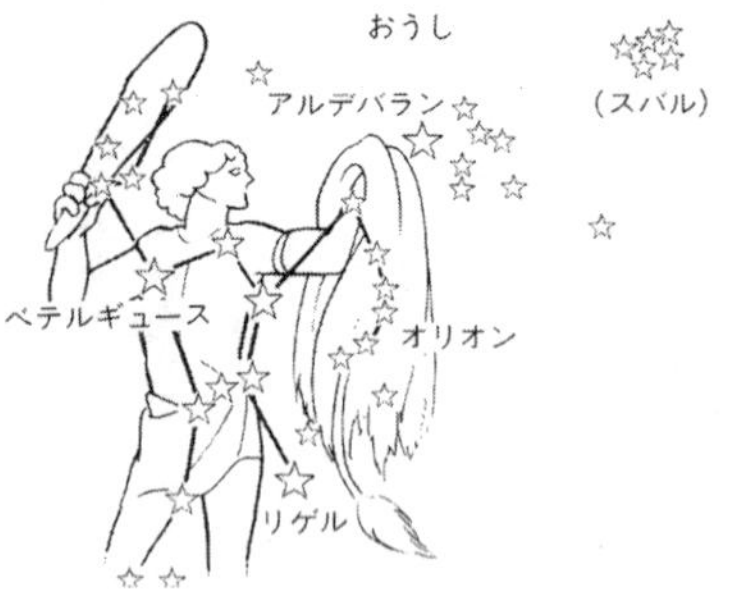

図 2　オリオン座
野尻抱影『星の神話・伝説』講談社, 1977, 229 頁より.

神話には、このような人類の古層・深層に属すると思われる物語が満ちあふれている。たとえばギリシア神話は、この牡牛座の一画を担うプレアデス星団を、女神アルテミスに仕える美しい七人姉妹と解釈した。この七人の娘は、アトラスとオケアノスの娘プレイオネの間に生まれた。この七人の娘が星となった理由は、オリオンがプレアデスたちをしつこく追い回すので、ゼウスが憐れんで、共に天界に移したと言う。それで今でも、プレアデス星団の後を追うように、オリオン座が夜空を移動しているのだと（図2）。天体の動きをうまくとらえた話だ。

そしてこれらは農事暦とも共同した。紀元前八世紀頃のヘーシオドスの『仕事と日』に、プレアデスが農事暦と関連して次のように述べられている。

アトラスの姫御子、プレアデス（昴星）の昇る頃に、刈り入れ、その沈む頃に耕耘を始めよ。この星は四十夜、四十日の間姿を隠し、一年の廻るがままに、やがて鎌を研ぎにかかる頃、ふたたびその姿を現す。これぞ野の掟であり、海近く住む者にも、また山峡に、波騒ぐ海原を遠く離れて、豊穣の沃野に住む者も、等しく守るべきものじゃ(3)。

プレアデスの昇る頃とは、太陽の昇る直前に出現することで、沈む頃とは同じ頃に沈む時期のことで、前者が春、後者が秋頃となる。この昴が沈む頃に、麦の種まきをする農事暦は、日本でも「すばるの山入り麦蒔きのしゅん(4)」などと伝えられている。オリオンについても、次のようにある。

逞しきオリオンが初めて姿を現したならば、下僕どもを督励し、風の通る場所に設けた平らな打穀場で、デーメーテールの聖なる賜―麦の脱穀をさせよ。…オリオンとシリウスが中天に達し、指薔薇色の曙がアルクトゥーロスの姿を見る時、ペルセースよ、葡萄の房を残らず摘み取って家に持ち帰れ。夜昼合わせて十日間陽に曝し、五日の間陰干しにして、六日目になって陽気なディオニューソスの賜を、甕に汲み入れよ。だがプレアデスとヒアデスと、逞しきオリオンが沈む頃ともなれば、時を違えず田を鋤き種を蒔くことを、心して忘れるなよ。かくして、願わくば地下の種子が、恙なくあらんことを(5)。

このように古代ギリシアにおいては、星が神格化され、その動きに物語が追従し、農事暦が共同していたのである。古代エジプトにおいても、神話の神々の魂が星となって空に輝いていると考えた。たとえばイシスはシリウスに、ホルスがオリオンとされている。

世界中の神話でも、このプレアデス星団を七人の女性と見て重要視していたようだ。古代エジプト神話は、この星座を魔術を持つ七人の巫女とし、オーストラリアのアボリジニは七人の聖少女、北欧のラップ人は一群の処女、メキシコやインドは七人の母、あるいは巫女、アラビアは七人の賢者とみなした。また、この星団の中心にあるアルシオーネ星は、バビロニアでは礎石、アラブでは中心、ヒンズーでは母と呼ばれ、銀河系の中心的な星として認識された。そして農業との関わりでは、やはり古代ギリシア神話ではこの星を、種を蒔く季節に好天をもたらす「鳥」と見なし、農耕の守護神としている。またペルー、ポリネシアでも農業の守護神、インカでも農業歴と関連した、収穫の守護神であったようだ(6)。

(2) 都市の守護星 ――ベルン・テーベ・長安

このプレアデス星団のもう一人の女性「エレクトラ」は、古代都市トロイの始祖ダルダノスの母であった。この始祖の名はダーダネルス海峡に引き継がれる。

ギリシアでプレアデスが仕えたとされるアルテミスもまた、もう一組の七つの星、北斗七星であった。

このアルテミスは「大熊座」の背中から尻尾にかけての位置を占めている（図3）。この大熊座を語る次のような神話がある。要約してみよう。

女神アルテミスの狩りの供に、カリストという妖精がいた。彼女は着飾ることもせず、もっぱらアルテミスの狩りに従い、アルカディアの山野を駆け巡っていた。ある日、天上よりゼウスが彼女を見て強い恋心を抱いた。ゼウスはオリュンポスの峰を降り、アルテミスに変身して彼女に近づいた。何も知らぬカリストは、ゼウスに抱かれてしまった。九ヶ月がたって、ある日、アルテミスと妖精たちが小川で水浴びをした時のことである。裸になったため、カリストが妊娠しているのが発覚してしまう。アルテミスによって、汚れた体で聖なる水につかることを禁じられたカリストは、乙女たちの仲間から追放されてしまう。十月経ち美しい男の子を産んだカリストに、嫉妬深いゼウスの妹であり妃でもあるヘーラーは、彼女を激しく罵った上に、その姿を熊に変えてしまった。熊となったカリストはなすすべもなく、息子と別れて森でさ迷う

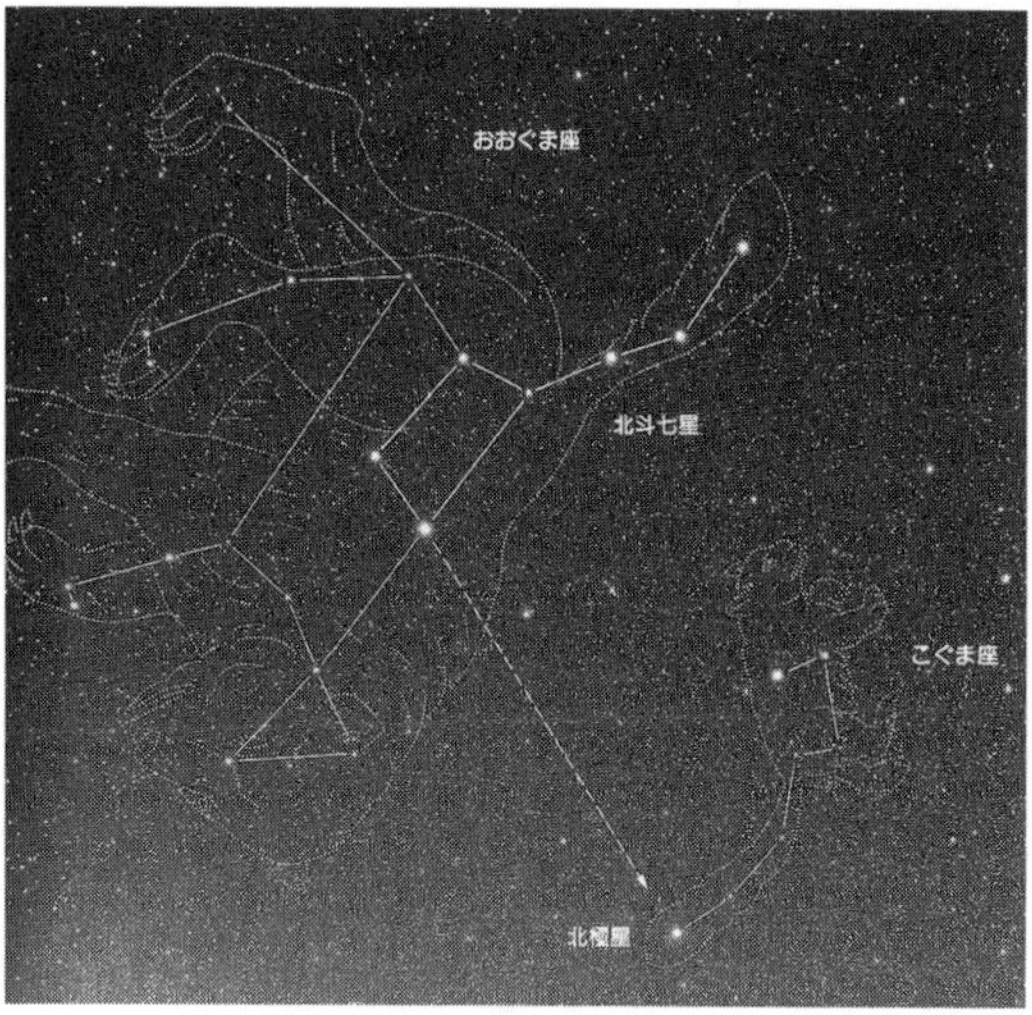

図3　おおぐま座
藤井 旭『星の神話伝説図鑑』ポプラ社, 2004, 11頁より.

しかなかった。一方、母親の身の上も知らず、元気よく育ったアルカスは、母親同様に狩りが好きだった。そのアルカスが十五歳になった時、マイナロスの山で狩りをしていると、偶然母親である熊に出くわしてしまった。カリストはすぐ自分の息子であることが分かった。自分が熊であることを忘れて、息子に近づいていってしまったカリストを、アルカスは母とは知らず、手にした槍で彼女の心臓を突き刺そうとする。その瞬間、天から見ていたゼウスは、素早く手を下ろして二人を天上へ押し上げ、夜空に輝く星座とした。カリストは大熊座に、息子のアルカスは小熊座となったのであった。ヘーラーの憎しみはそれでもおさまらず、海神オケアノスに頼んで、この両星座が海中に没することを拒絶させた。それでこの二つの星座は今でも、海に没することなく常に天界を廻っているのだ(7)。

ローマ神話では、ゼウスがユピテル、アルテミスがディアナ、ヘーラーはユノーと名前を変える。しかしカリストとアルカスの名は変わらない(8)。

この北極星を巡るアルテミスは、奇しくも都市の成立と関連づけられた。スイスの首都ベルンの紋章は雌グマである(写真1)。これはベルン近郊に住んでいたヘルヴェチア人がアルテミスを雌グマとして崇拝したためである。またアルテミスはアプロディーテとともに「知恵の七柱」とされ、七つの門をもつテーベと関連づけられた。またこのアプロディーテはあのプシケに試練を与えたが、ローマではヴィーナスと呼ばれた。このヴィーナスがベネティ人の生みの親となり、彼らの都がヴィーナスにちなんでベネチアとなる。

このように北極星の周りを廻るアルテミスが崇拝される理由は、月や季節がこのアルテミス(大熊座)

写真1　ベルンの紋章の雌グマ
佐々木撮影.

の回転によって決定されたからである。この大熊座の尻尾の部分が日暮れに東に向くと、春の、南を指すと夏の、西を指すと秋の、北を指すと冬の到来を予告した。

このアルテミスを私たちは北斗七星と呼ぶ。北斗七星は北極星の周りを廻るため、星々を統治する世界軸として、世界中で崇拝された。夜空で唯一動かない、と見なされたその北極星は、それゆえ道教における至高神で世界軸と考えられ、玉座ともされた。そしてこの世界軸としての北極星は、私たちの住む地上界では、具体的な社会的地位や場所、世界山や世界樹として実在する風景に見立てられることになる。

たとえば中国では、北極星は北辰とも呼ばれ、『論語』には「政を為すに徳を以てせば、譬えば北辰のその所に居て、衆星のこれを共うが如し(9)」とある。天子の位にたとえられているのだ。そして天子の位だけでなく、天子の居住する都とも共同した。あの中国の古代都市「長安」は、この北極星や北斗七星を模写したとされ、紀元前二世紀頃の漢の長安城は、天の南斗と北斗を象徴としたため「斗城」とも呼ばれていたとされる(10)。そして一説には、漢の皇宮の形態が方形ではなく、いびつな形（図4）となっているのは、この北斗七星を模したからだとされる(11)。そしてこの天界を模写した都市プランニングは皇宮だけでなく、秦の始皇帝においては、都城域全体をも、その構想に含んでいた。『史記』の「始皇本紀第六」には次のように記されている。

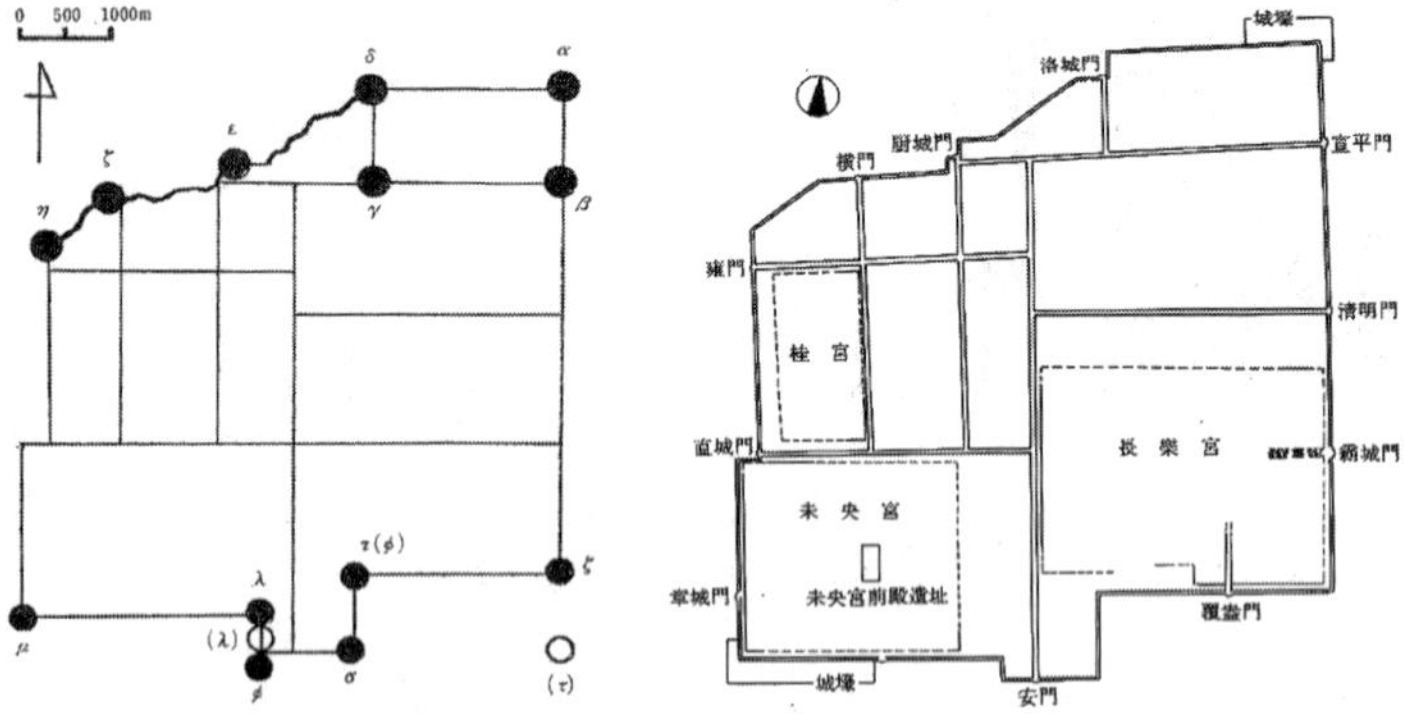

図 4　漢の長安城と北斗七星
右図が発掘調査で明らかにされた漢の皇宮（『中国　都市と建築の歴史』68 頁）．左図が北斗七星（北端部分）と南斗六星（南端部分）との対応図（『仙界とポルノグラフィー』117 頁）．

三十五年、道を除い、九原（陝西・楡林の北）から雲陽（陝西・淳化）まで、山をきり谷をうずめて、道路を直通した。この時、始皇は、「咸陽は人が多いのに、宮廷が小さい。周の文公は豊に都し、武王は鄗を都としたと聞いているが、豊・鄗こそ帝王の都の地である」として、朝宮を渭水の南の上林苑の中に営もうとし、まず前殿の阿房宮を作った。東西五百歩、南北五十丈、二階建で上は万人を坐らすことができ、下は五丈の旗を建てることができた。めぐりめぐった閣道をつくり、それで宮殿から南山に行くことができた。南山の頂上には闕門を立てた。また複道をつくり、阿房宮から渭水を渡って、これを咸陽宮に連結した。これは天極星（天の紫宮にある十七の星）が閣道によって天の川を横ぎり、営室星に至る形にかたどったのである[12]。

このように始皇帝は長安城の北にある渭水をまたいで、咸陽宮と阿房宮を結ぶ壮大な都市を構想し、それは天極、つまり北極星をはじめとする星座群を模写するものだったのである。その際、長安城が小熊座、渭

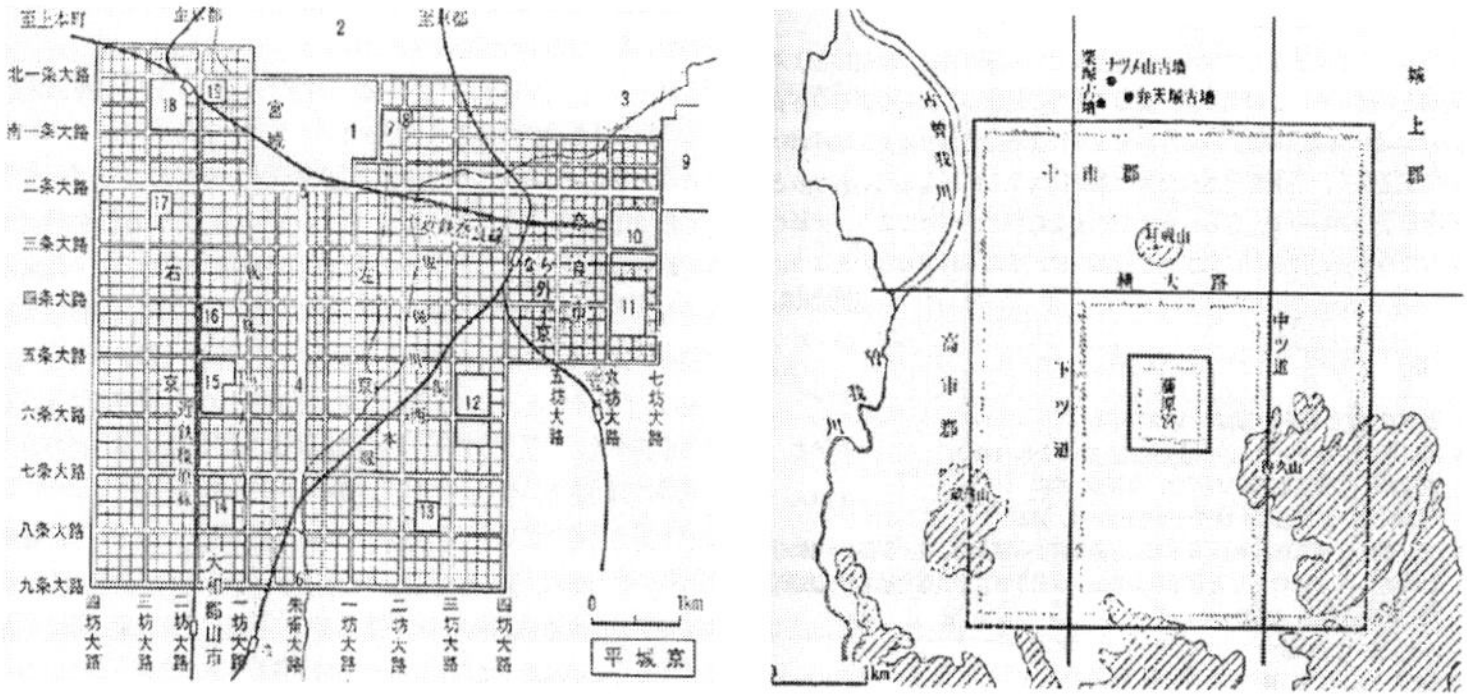

図5　藤原京と平城京

右図の藤原京の宮の位置が中央にあるのに対して，左図の平城京は北に位置しているのがわかる．藤岡謙二郎編『講座考古地理学　第2巻　古代都市』学生社，1983，55～57頁．

水が天の河、この渭水を挟んで、長安城の北に置かれる咸陽宮がペガスス座、この宮と長安城を結ぶ閣道がカシオペア座と対応した。

また『史記』の「天官書」は、「天の中官（中央官）は天極星（中央の星座の総称。北極星を中心として、天帝のいる所。以下単に星というのも星座の意味）で、そのなか最も明るいのは太一（泰一・太乙とも書き、天帝の別名）の常居である。そのかたわらの三星は三公ともいい、また太一の子の属ともいわれる。うしろのまがった四つの星のうち、最も端の大きな星は正妃であり、その他の三星は後宮である。これらの星の外側をめぐって、内をただし外を護る十二の星は藩屏の臣で、総称して紫宮という[13]」として、天帝を取り囲む星々を総称して紫宮と呼ぶが、天皇の居住する館を紫宸殿と呼んだり、中国の王宮を紫禁城と呼ぶのはこれら星座を模しているからである。

古代日本において、藤原京にあっては中央にあった天皇の座す宮が、平城京から都城の北に移動（図5）するのは、太陽信仰からこの北極星信仰への変容を示している。また平安京においても大極殿、あるいは都の四方に大将軍社が配置されているのは、『論語』にあったごとく、天皇の居する大極殿を北極星と見なし、その周囲を北斗七星などが取り囲み守護していることを意味しているのである。

大将軍社とは火星、水星、金星、木星などの精が地に降りて神として祀られた陰陽道の社である。またこの大将軍神は牛頭天王の王子で、春夏秋冬などの神でもあり、またスサノオとイナダヒメとの間に生まれた八人の王ともされている。この大将軍社は、北は大徳寺の門前、南は藤森社内、東は元南禅寺の前、西は紙屋川の東に祀られた。現在この紙屋川の東に祀られた社を大将軍八社と呼んでいる。

このように星座のことをコンステレーションと呼ぶが、心理学は星々の連関だけでなく、神々や私たちの人生や農業、あるいは都市のプランニングや守護神とも共同させる、私たちの認識をも、そう呼んだのであった。

（3）地域の守護星――妙見信仰と大内氏

さて、このような星との共同は、国の王のみが利用したのだろうか。それとも名もなき私たちの祖先も活用していたのだろうか。次のような話が山口県周防大島に伝承されている。

大島郡屋代に伝わる霊異譚がある。それは推古天皇の御代のことであったという。ある日のこと、紫の雲が屋代の地に舞いさがり、えもいわれぬ香りがあたり一面に漂ったかと思うと、天から八人の目もくらむばかりにまばゆく美しい人達が志度石の峰に降ってきたのであった。その七人までは黄金の衣をまとって天の七星をかたどり、一人は赤色の衣をきて北極星をかたどるかのようであったという。この八人の天人が天降ってからは、その周辺は輝きわたって、昼は黄気が万丈の柱となって高く天をつらぬき、夜ともなると光明さんぜんとしてあたりを照し、その美しさはいわんかたもなかった。この奇瑞を遠くながめた島の住民たちは、世にも不思議なことと、うちつれだって様子を窺いに集まってきた。しかし、あたりには千古の大木が茂りあっていてそこを通りぬけることは容易なわざではなかった。それでも人びとは不思議なものみたさに、なんぎしてかいくぐり、やっとのことで志度石の峰近くまできてみると、前のように八人の天人の降臨がみられたのであった。その天人の一人が、「この地には、人なく家なく清浄であるから、かたじけなくも北辰妙見尊が降臨し給うたのである。これを祀るなら幸いたちどころにも来たらん。汝らゆめゆめうたごうことなかれ—」と、告げられたという。集まった島の人びとはこのお告げをおそれうやまい、早速、あたりの大木を伐り倒し、石をとりのぞいて土地をひらくことになった。その作業に必要な鍬や鎌などは、ほしいと思うと知らぬ間にできてきたので、仕事は神業のようにはかどったという。これらの道具ができたところを「鍛冶屋敷」と今にいい伝えている。こうして広い地域がまたたくまに開墾されると、八人の天人はさも満足したかのように、天高く舞い上がっていってしまわれたという。島の人びとは、この天人をしたい、かつはおそれ、また敬って、ここに一つの社をつくって祀り、これを「八社客人大明神」と称したが、これが後の妙見社—今の志度石神社となったのである。そして、地名もこれによって「ややしろ村」といったのが、いつのほどにか「やしろ」となり「八代」と書いたが、後には現在の「屋代」になったということである(14)。

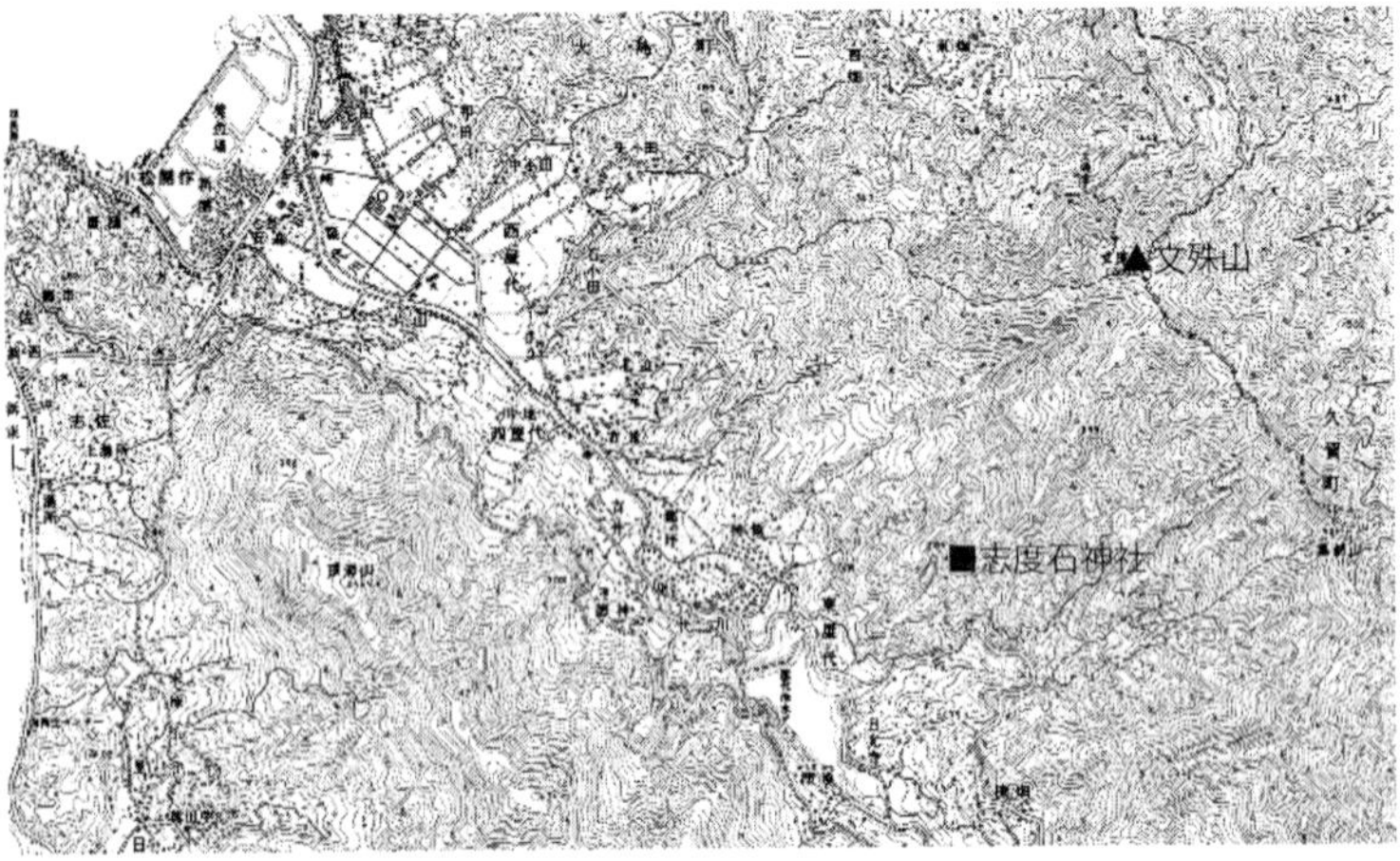

図 **6**　周防大島の文殊山と志度石神社と北西方向の開拓地

写真 **2**　八人の天人が天降った山
佐々木撮影.

現在の山口県周防大島の文殊山（写真２）の中腹に志度石神社がある。この神社はかつて「八社客人大明神」と呼ばれ、この山に降臨した八人の天人を祀った由来を持つ。彼らのうちの一人が北極星で、あとの七人が北斗七星だと伝えている。そして山の麓が北西方向に開拓される（図６）。いわゆる地域の開拓に関わる神話伝承と言っていいだろう。このように星座が人格化されたと同時に、世界軸、ここでは世界山として実在の風景に見立てられたのである。さらに興味を惹かれるのは開拓に必要な鍬や鎌が思うがままに生み出せたという点、そしてその場所を「鍛冶屋敷」と呼んでいることである。どうも天人は鉄器をもこの地域の人びとにもたらしたようだ。このように星座の神話は、強大な王権だけでなく、小さな地域の開拓伝承にも利用されたようだ。

ところがこの伝承の崇拝者、徐々に強大化していく。そして彼らは、さらに北西方向へと勢力を拡大するのだ。その北西方向に次のような伝承が残っている。

そのむかし、都濃郡鷲頭庄青柳浦の松の大木に大きな星が降り、七日七夜にわたって輝いたので、里の人たちは怪しんでいたところ、この星の精が現れて、三年後に百済国の王が日本に来朝するので、その守護のため北辰星が降臨したことを告げたもので、早速、その星を妙見尊星王大菩薩と呼んで祀り、社を建立し、浦の名を降松（今の下松）と改めたという。一方、そのころ、百済国の王子琳聖太子の夢枕に、日ごろ信仰する北辰妙見が現れて、東の海中に日本というすぐれた国のあることを物語ったので、太子は日本に強いあこがれをいだくようになったという。そうしたところに、たまたま日本から百済国に来た人が、周防国青柳浦というところに北辰星が降臨したことを話したので、太子は大いに喜び、直ちに船を造り、多くの従者を引きつれて船出し、推古天皇の五年（六〇七年）に周防国の佐波郡多々良浜（今の防府市）に到着したのであった。周防国の国造はこのことを直ちに都に知らせたので、勅使として秦の川勝が下向し、吉敷郡問田郷に仮の御殿を造って太子を迎えることになった。こうして太子は問田郷に一応落着くと、早速、青柳浦（降松）の桂木山の峰に百済国から持参した妙見菩薩像を祀って星供養をされたのである。これが日本においての星の祀りの始めといわれている(15)。

この北辰星が降臨したとされる松（写真３）のある下松市は、周防大島の志度石神社から、北西約二五キロのところにある（図７）。ここでは北辰星のみが降臨したとある。しかしながらその後、百済王子の琳聖太子が従者を連れてこの北辰に付き従ったのであった。『論語』で言うところの「北辰のその所に居て、衆星のこれを共うが如し」ということになろう。

これら二つの伝承には、北辰が降臨するという話の内容の類似点、そして両伝承地の距離的な近さ以

写真３　北辰が天降ったとされる金輪神社の復原された松
佐々木撮影.

図７　山口県の北辰降臨伝承の分布図

上に、まだいくつか類似する点がある。一つは両伝承とも北辰が降臨した時期を、推古天皇の御代と名指ししている点である。もう一点は鉄器製造に関わる点である。前者は先にも述べたように、開拓に際して自由に鍬や鎌が生み出せ、その場所を「鍛冶屋敷」と呼ぶという地名伝承が挿入されている点、後者の伝承では直接鉄器に関わる物語はないが、百済王子が上陸したのが多々良浜だとする、やはり地名伝承の挿入がある点である。多々良《たたら》とは製鉄を行う鞴や炉や建物、あるいは場所を意味する。また下松市の伝承地のすぐ北には、今でも鍛冶谷という地名を見いだすことができる。

さらにこの伝承は北西へと約二五キロ移動する。現在の山口市である。現在の山口市は一三六〇年頃の大内氏の山口移住によって開かれたとされる。この大内氏は『大内多々良氏譜牒』において、自身の出自を次のように記した。私たちの祖先は百済国の聖明王の第三子琳聖太子で、推古一九年に周防国佐波郡多々良浜に着し、摂津国荒陵で聖徳太子に謁見し、周防国大内県を与えられ、多々良姓を賜り本拠とした、と(16)。

山口市街のすぐ南に位置する現在の大内御堀には氷上山興隆寺があり、推古天皇の時代に琳聖太子が創建したとされる。その境内には妙見宮があるが、この宮は大内氏が平安時代の末に、下松の鷲頭山の妙見宮をこの氷上山に勧請し氏神としたと。この妙見宮の例祭「二月会」では、異国風の童八人が舞う風流が見物であったという。この八人とは大将軍八社や八社客人大明神の八人、つまり北極星と北斗七星の天人八人を思わせる。

この北辰あるいは北斗七星の伝承を利用したと思われる大内氏は、その後、周防・長門を平定し守護となり、南北朝争乱においては南朝と北朝との和睦を成立させ、領国は中国・九州にまでおよんだ。この星座の信奉者は、中世日本における屈指の勢力を構築することになるのだ。このようにこの伝承群を見ていると、最初は小さな地域の開拓神話であったものが、徐々に北西へと勢力を拡大することによって、伝承も海外の権威を取り込みつつ、壮大化し、その伝承母体が強大な権力者へと成長していった過程が読み取れるのである。であるなら、この星座の神話は、世界の様々な神話伝承と同様に、地域支配を実現させた、心理学的に言えばコンステレートしていた、と言えるのだ。

注

(1) A・サミュエルズ他『ユング心理学辞典』創元社、一九九三、五七〜五八頁。
(2) ジェームズ・R・ルイス『占星術百科』原書房、二〇〇〇、八九〜九一頁。
(3) ヘーシオドス『仕事と日』岩波書店、一九八六、五七頁。
(4) 勝俣隆『星座で読み解く日本神話』大修館書店、二〇〇〇、三〜四頁。
(5) 注(3)、八〇〜八二頁。
(6) ジャン・シュヴァリエ、アラン・ゲールブラン『世界シンボル大事典』大修館書店、一九九六、八六二頁。
(7) 呉茂一『ギリシア神話(上巻)』新潮社、一九五六、一一九〜一二一頁。
(8) オウィディウス『変身物語(上)』岩波書店、一九八一、七〇〜七七頁。
(9) 金谷治訳注『論語』岩波書店、一九六三、二六〜二七頁。
(10) 張在元編著『中国　都市と建築の歴史』鹿島出版会、一九九四、六九頁。
(11) 中野美代子『仙界とポルノグラフィー』青土社、一九八九、九三〜一二〇頁。
(12) 司馬遷『史記Ⅰ　本紀』筑摩書房、一九九五、一五七〜一五八頁。
(13) 司馬遷『史記2　書・表』筑摩書房、一九九五、一〇六頁。
(14) 松岡利夫編著『周防長門の伝説』(ふるさと叢書Ⅱ)山口県教育会、一九七六、八四〜八五頁。
(15) 同、八三〜八四頁。
(16) 松岡久人『大内義弘』(中世武士選書14)戎光祥出版、二〇一三、七頁。

辰

星座の伝承と古代都市
——天界の模写と構築

（1）星座の擬人化と天人 ——風土記の神話

星座の擬人化は、日本の、いわゆる神話にもあったのだろうか。『丹後国風土記』に、次のような話が残っている[1]。あの浦島伝説である。要約してみよう。

丹後半島の筒川村（現在の伊根町）に嶋子という秀麗な漁師がいた。雄略天皇の御代、ひとり海に出たが三日三晩何も釣れない。得たのは五色の亀だけだった。仕方なく船の中に置いた。寝ているといつのまにか、見目麗しい娘となった。嶋子が「どこから来たのか?」と問うと、「天上の仙（ひじり）の家の者です」と答えた。嶋子は、この娘が神女であると思った。唐突に、その娘は嶋子に結婚を申し込んだ。嶋子は承諾した。そして二人は娘の住む神仙郷へと赴く。海中に島があり、上陸すると、そこには高く聳える城門のある御殿があった。二人は手を携えて、一つの大きな家の門前へと到着した。乙女は「しばらくここで待っていてください」と言った。そして彼女は門を開いて家の中に入っていった。しばらくすると七人の子どもがやって来て、「これは亀姫の夫だ」と言った。そのあとまた八人の子どもがやって来て、「これは亀姫の夫だ」と言った。どうやら娘の名が亀姫なのだと嶋子は察した。亀姫が家から出てきたので、嶋子は子どもたちが語ったことを告げると、亀姫は次のように答えた。「七人の子どもは昴星です。八人の子どもは畢星です」、と。

この後の話の展開は、よく知られている通りである。さて、この『丹後国風土記』の浦島伝説は、亀姫と神仙郷に到着した嶋子を目撃した七人の童子を昴星、そして八人の童子を畢星として擬人化した。昴星とはプレアデス星団、畢星とはヒアデス星団。あの牡牛座を構成する星々である（卯―図1参照）。童子と喩えたあたりは、あの山口市妙見宮の、例祭で舞う八人の童子を思わせる。それにしてもなぜ海中の神仙郷に星々がいるのだろう。神仙思想は陰陽道とも習合しているので、大将軍八社の星信仰とも関連があるのだろう。あるいは海の果てまで行くと、天界につながる、そう古代の人びとが考えていたのかも知れない。なぜなら、海岸にいる私たちから見れば、何もない青い空と海は、その果てにおいて一体化しているように見えるからだ。

さて、これに習って、より想像力をたくましくするのであれば、『近江国風土記』にある羽衣伝説（「伊香小江」）も、プレアデスと解釈できる。八人の天女が白鳥となって余呉湖に降臨する。それを見ていた男が羽衣を一つ盗む。七人の天女は飛び立てたが、一人は地上に残り、この男と結婚し子どもを産む、そしてその子らが伊香連の祖となる…。よく知られた話だ。つまり天界に帰還した七人の天女が、プレアデスというわけだ。ギリシア神話では、プレアデスの七人の姉妹は七羽のハトとなって天に飛び立ち、星となる。

この羽衣伝説、いわゆる天人女房の伝承は各地にある。その多くが地方都市の権力者の始祖伝承だ。また、農業や酒造りなど、様々な技術を地上の人間に教えた。このプレアデス星団を、私たちは昴と呼んで古くから認識し、農業と関連づけてきた。この羽衣伝説も、広い意味で同様の趣旨の伝承なのだ。ところが、残った一人の天女がいることを忘れてはならない。八人と言えばあの周防大島の天人を思い出す。そこでは八人は一人と七人に区別され、一人は北極星、そして七人が北斗七星であった。ここでも八人は、一人と七人に区別されているように思える。であるなら天に戻った七人が北斗七星で、この残された天女が北極星ということになる。その北極星との間に生まれた子どもが伊香連の祖となり、余呉湖周辺を開拓し、地域を治める長となるのであるから、やはり連の祖、つまり彼らの中心、ようするに北極星であった、と解釈した方がよい。そうなると周防大島に降り立った八人も、天女であったのだろうか。次のような伝承が、昔話、というかたちで、周防大島の中央部、東和地区に残っている。

昔ある所に一人のおじいさんがおった。いつものように山に行き、池のそばに来て見ると、沢山の天人が水を浴びておる。おじいさんは一枚の羽衣をとった。すると天人が上がって来て自分の羽衣を着て見ると、一人のがない。するとおじいさんが持っているので、天人は「その羽衣を返して下さい。それがなければ天に帰る事が出来ません」という。おじいさんは「いやいやおれが拾ったものだから、もらって帰って家の宝にする」といいました。そこで天人も仕方がないから、おじいさんの家で厄介になる事になった。おじいさんは羽衣を奥の方にしまっておいて、山から帰って来ては見るのを楽しみにしていました。そうして幾日か過ぎたある日、山から帰って何時もの所に行って見ると、羽衣も無く、天人もおらぬので、びっくりして探していると、近所の人が「その人なら『羽衣のある所が分かったので、もらって天に帰ります。それから今迄御世話になった御礼にエンドウの種を一つやるからそれを植えておくと天まで伸びるから、天にとどいたらそれを登って遊びに来る様に』とことづけがありました」。これを聞いたおじいさんは大変喜んで、早速それを植えました。ところがズンズン伸びて、とうとう天にとどきました。そこでおじいさんは仕度をして天に上りました。そして天人の住家をたずねて行くと、一匹のハチがクモの巣にかかって苦しんでいるので助けてやりました。そして又行くと、今度は一匹のキツネがおさえられているので、かわいそうに思って助けてやりました。それから今度は一羽のカラスが子どもに捕らえられているので、これも助けてやりました。するとカラスがわけを聞くので、天子様の所へ行こうと思うが道がさっぱり分からないで困っているというと、それでは私の後について来なさいというので、後について行くと、とうとう天子様のところに行くことが出来ました。そして天人に事情を話すと、考えておったが、「それでは私のいう事をする事が出来たら、家内の内に入れてやろう。ここに沢山の豆の種があるからこれを一日の内にまいて来い」というので、仕方なくそれをもらって畑に行った。そうして思案にくれていると、沢山のキツネが出て来て「おじいさん、何を心配しているのです」というので、事情を話すと「それはわけはありません。手伝ってやる」といって一日でまいてしまいました。ところがあくる日又、天人が「お前は昨日の豆をみんな拾って来い」といわれるので、又畑に行って思案にくれていると、又キツネが来て手伝ってくれたので、此の難題も無事にすみました。天人の王様はすっかり感心して「それではここに三人の娘がいるから、どれでもすきなのをやるから、盃をさすように」というので、おじいさんは大変喜んで、さてどの方にさそうかと考えている時、何処からともなくハチが一匹飛んで来て、真中の天人にとまりましたので、おじいさんは盃をその方にさしました。そしたら三人の中でもその天人が一番よいお方であったそうです。おじいさんはその天人をもらって余生を面白く楽しく送ったとさ(2)。

昔話、というかたちは、神話や伝説と違って、人物や時代、そして場所を特定しない。つまり「むかしむかし、あるところに、おじいさんが…」と話を切り出すわけだ。神話が信仰を失い、伝説が真実性を失った時、物語は昔話へと純化する、と考えられる。つまり特定の様々な要素が取り除かれ、物語それ自身で自立する、といっていいのかも知れない。

さて、この昔話の場合、今までの天人伝承と違って、主人公は天界を訪問することになる。むしろ神仙郷を訪問する浦島に似ているのかも知れない。エンドウ豆が天界に届くのはあの「ジャックと豆の木」を思い出す。主人公は天界で天人の家を探すことになる。その過程で助けたハチ、キツネ、カラスは、その後の援助者となる。カラスに導かれて目的地に達した主人公に難題が与えられる。この難題はオホクニヌシが根の堅州の国を訪れ、妻を得ようとした時、スサノオに与えられた難題と、あるいはプシケがエロスを得ようと、オリュンポスを訪れ、アプロディーテに与えられた難題と、いかにも似ている。そして昆虫の登場である。鳥（カラス）も重要な役割を演じている。そしてあのプシケが苦労したアプロディーテに命じられた、数種類の穀物の分類と、この伝承の畑にばらまかれた豆の種の回収と、それを手伝う蟻とキツネの類似を思わざるを得ない。その後の嫁選びの際の、ハチの援助も合わせて考える必要があるだろう。これらも奇妙な一致、シンクロニシティと言えよう。関敬吾の『日本昔話大成』によると、この昔話は国際的には「失踪した女房を探す男」（AT400）に分類され、ほとんど全世界に分布していることから、歴史的に最古の昔話の一つとされている(3)。神話と同様に、世界中で、しかも最も古くから、このような奇妙な一致が見られるわけだ。

(2) 大阪交野ヶ原の天の川

この昔話、天人女房にはいくつかの話型がある。羽衣を探し出した女房が天に帰る「離別型」、そして夫が何かの種を植え天界に昇り再び会う「再会型」、天女の父親が出す難題を解決する「再会難題型」、などである。これらは先の周防大島の昔話に、すべて語り込まれている。が、もう一つ、この昔話では語られなかった型がある。それは「七夕結合型」と分類される物語である。室町時代の御伽草子『天稚彦草子』を見てみよう。

昔、長者に三人の美しい娘があった。そこに大蛇があらわれ娘一人を嫁に要求した。長者が三人娘に話すと、上の二人は拒否し、末娘がしぶしぶ承諾した。大蛇の指示通り古池の前に家を造り、末娘一人が住む。すると大蛇が出現し、指示されたとおり爪切りで大蛇の頭を切ると、天稚彦という美男子となった。二人は何不自由なく唐櫃の中で暮らしていたが、ある時、天稚彦に用事があって、天上に行くことになる。天稚彦は、もし戻ってこなかったら、西の京に行って、一夜ひさごに乗って天に昇って私を訪ねよ、と娘に告げる。天稚彦の留守中、上の二人の姉が訪ねてきて、その暮らしぶりに嫉妬し、天稚彦が絶対に開けてはならないといっていた唐櫃を開けてしまう。すると中にあった物はすべて消えてしまい、天稚彦も帰ってこなくなる。娘は天稚彦に言われたとおり

図１　『天稚彦草子』に描かれた人格化された昴・プレアデス星団
島田修二郎編『天神縁起絵巻・八幡縁起・天稚彦草子他』（新修日本絵巻物全集　別巻２）角川書店, 1981, 37頁.

天界を訪問する。娘は天で、夕星（金星）・帚星（彗星）・昴星・明けの明星（金星）を訪ね夫を探す。やっと二人は再会するが、父である鬼に結婚を反対され、連れ去られる。鬼父は娘に数千頭の牛を昼には野に放ち、夜には牛小屋に入れろと命じる。娘は天稚彦の援助でなんとか切り抜ける。次に鬼父は千石の米を別の倉に移せと命じる。すると無数の蟻が運んでくれる。さらに大ムカデの無数にいる倉や、蛇のいる城に閉じ込められたが、いずれも天稚彦の援助で切り抜ける。鬼父はついにあきらめ結婚をゆるす。会うのは月に一度と言ったが、娘が年に一度と聞き違える。鬼父は二人の間に瓜をとって投げると、それが天の川となり、二人の間を隔てた。そして年に一度、七月七日だけ逢えるようになる。

つまりこの「七夕結合型」とは、あの牽牛星と織女星が、天の川を渡って年に一度、七月七日に会う七夕伝承に結合した話型ということである。興味深いのは、ここでも金星、彗星、昴星などが擬人化されている点である。この御伽草子は絵巻が残っており、その姿を見ることもできる（図１）。ここでも昴星は童子として描かれている。

また今まで紹介してきた神話との類似を言うのであれば、やはりプシケ、そしてオホクニヌシの婚姻譚であろう。似たような難題が提示され、様々な援助によって解決され、二人はめでたく結婚することになる。特にプシケがアプロ

図 2　『天稚彦草子』の鬼の難題を解決する蟻

島田修二郎編『天神縁起絵巻・八幡縁起・天稚彦草子他』（新修日本絵巻物全集　別巻 2）角川書店，1981，49 頁.

ディーテに要求された、数種類の山と積まれた穀物の分類を、手伝ってくれたのが蟻であったことを思い出さざるを得ない。ここでも鬼父に出された似たような難題を、蟻が解決してくれたのであった（図2）。また嫉妬深い二人の姉が、夫のタブーを破るのもプシケの場合と同じである。そしてプシケでは、蛇だと噂された夫が、実は美男子であった点も。またもや奇妙なシンクロが、ここでも見ることが出来る。

　シンクロニシティは現象面の偶然の一致と言っていいだろう。それに対して、無関係な物を因果律ではないところで、結びつける、私たちの認識方法がコンステレーションであった。この伝承にコンステレートする事象があるのだろうか。興味深いことにこの天の川という川が実在し、七夕伝承、天人女房がともに伝えられている地域がある。大阪府交野市・枚方市である。

　古代、人びとはこの地を、交野ヶ原と呼んだ。この地に次のような、天から降った神の伝承が『先代旧事本紀』の巻三「天神本紀」に伝えられている。

　　饒速日尊、天祖御祖の詔をうけ、天の磐船に乗って、天降り、河内の国の河上の哮る峰に座す（4）。

ニギハヤヒ（饒速日尊）が、天祖、つまりアマテラスの詔をうけて、天の磐船に乗って、交野ヶ原にある哮が峰に降り立った、との、いわゆる天降り神話の伝承である。

天降り神話とは、天孫降臨以前、つまり古代天皇王権成立以前に、天より降った神々の神話のことである。その神とはアメノホヒ、アメノワカヒコ、タケミカヅチなどがあげられる。これら神々はあのオホクニヌシの完成させた葦原中つ国を、アマテラスが国譲りさせる場面で、天降る神々である。アメノホヒとアメノワカヒコは、アマテラスに従わず、オホクニヌシの国に定住しようとする。特にアメノワカヒコは弓矢を天に向かって撃つという、反抗的な態度に出る。そのためアメノワカヒコは天の神によって殺害されてしまう。天上にもどされたアメノワカヒコの棺の許に集まった神々が悲しんでいると、親友のアヂシキタカヒコネがやってきて号泣する。この神があまりにもアメノワカヒコと似ていたため、妻子は生き返ったものと勘違いしてしまう。死者と間違われたアヂシキタカヒコネは怒りのあまり、喪屋を剣で切り裂いてしまう。その時のアヂシキタカヒコネの姿が光り輝いていたので、喪にあつまっていた神々は次のような歌を歌った。「天に輝く織女星の、首飾りの昴星の美しい穴玉よ、そのように谷を二つもまたがって飛びゆく、美しく輝くアヂシキタカヒコネよ」と(5)。

さて、ここでも七夕伝承を思わせる記述が登場する。しかもあのアメノワカヒコ（天稚彦）の葬儀の場面である。このようにアメノワカヒコの葬儀の場面で、瓜二つのアヂシキタカヒコネが登場することから、この神がアメノワカヒコの再生した姿とも解釈することができる。

そして先のニギハヤヒは、『日本書紀』においては、神武東征がはじまる前に、天降ったとある。したがってこれも、天降り神話とすることができるのである。

この交野ヶ原の、ニギハヤヒが天降ったとされる哮が峰の近くに、この神を祀った磐船神社があり、この天の磐船が祀られている(写真1)。そして、この磐船神社のある谷を流れる川が、天野川なのであっ

写真1　哮が峰の磐船神社の天の磐船
佐々木撮影.

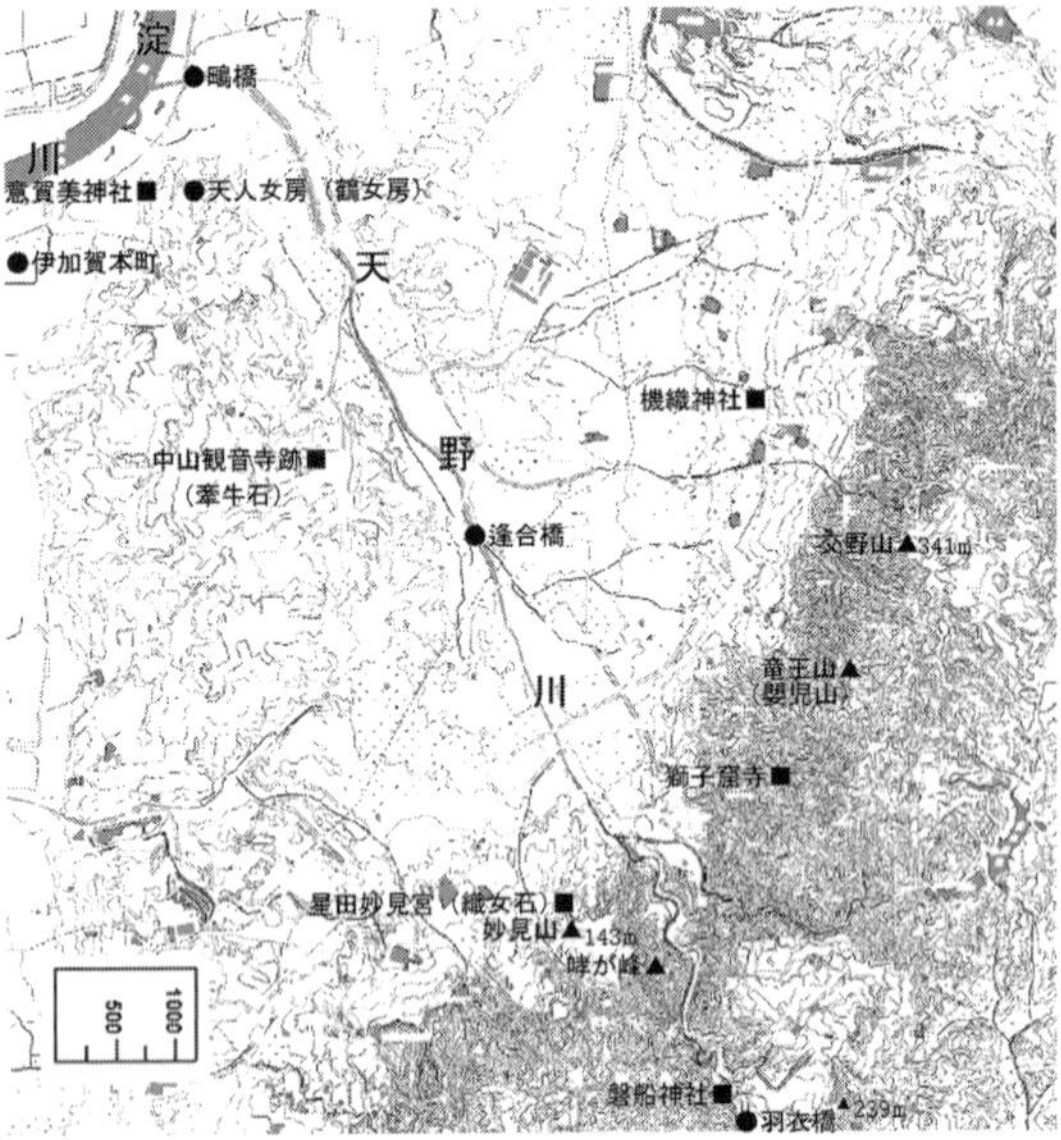

図3　交野ヶ原の星伝承関係地の分布図

た（図3）。これまでの神話伝承が、地上の様々な事物と、次々とコンステレートしていく。

次は、交野ヶ原の天野川の由来として語られる次のような天人女房の伝承である。

> むかし仙女あり。この渓水に浴して逍遙し、その羽衣を少年に匿さる。女困りて留まり、少年と夫婦となり、年をへて天に還る故に天の川と号す(6)。

そしてこの天野川流域には、羽衣橋や逢合橋、鵲橋など、天人女房にまつわる橋が存在している（図3）。さらに天野川流域の枚方市茄子作にある中山観音寺跡の岩石を「牽牛石」と呼び、交野市星田の妙見山の麓にある星田妙見宮のご神体は「織女石（妙見石）」と呼ばれる。貞観一七（八七五）年頃に書かれたこの神社の『妙見山影向石略縁起』には、星降り伝承が残っている。

嵯峨天皇弘仁年間（八一〇～八二四）に弘法大師が獅子窟寺の山中の吉祥院にある獅子の岩屋に入って修行をしているとき七曜星が三カ所に降ってきた。それが星田妙見宮と光林寺境内、もう一つが高岡山の南の星の森である。この石は影向石とされ、その位置関係はほぼ正三角形でそれぞれの距離が八丁あるとされていることから八丁石、八丁三所と呼ばれている(7)。

この星田妙見宮の天野川対岸には、交野市倉治の織機神社がある（図3）。この社は「天棚機比売大神」「栲機千々比売大神」をご神体としている。この天棚機比売大神とは、七夕伝承にちなむ織姫の神名である。また天野川と淀川の合流地点付近に別子山と呼ばれる丘があり、次のような天人女房（鶴女房）が残っている。

推古天皇の時、別子山の麓に鈴見という男が住んでいた。年老いた母のため孝行をしていたが貧しく、交野の里へ出稼ぎに出なければならなかった。ある日、出稼ぎの帰りに川原で数人の男が傷ついた一羽の鶴を殺そうとしていた。鈴見は鶴をかわいそうに思い助けてやった。それから十日ばかり過ぎて一人の女がどこからともなく訪ねてきて母の看病をしてくれた。だが、母は死に、霊夢のお告げによって女と夫婦となり、一人の男の子をもうけた。子どもが五歳になったとき夫の留守中に女は子どもを連れて別子山に登り、母はもと天上界に住む天女であるが、鶴と化して飛んでいる時、運悪く弓に当たって殺されようとしている時、父に助けられ、夫婦となってお前を生んだのだといって鶴の姿に戻り、飛んでいった。その後、この丘を別子山または鈴見ヶ岡と呼ぶようになった(8)。

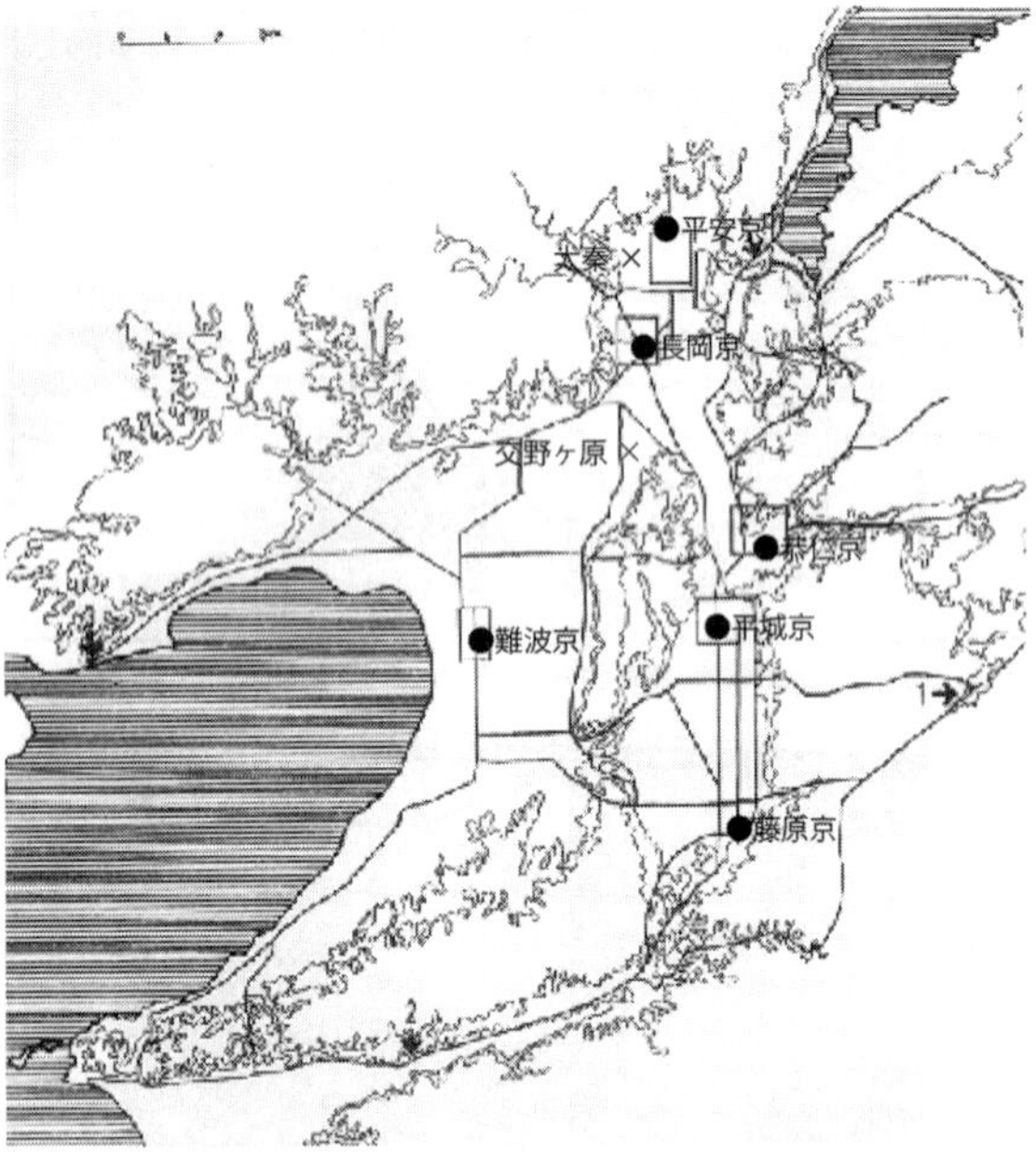

図 4　古代の都と交野ヶ原の位置
佐々木作図.

（3）星座と長岡京とのコンステレーション、そして冬至

これら伝承群を地図化したのが先の図3である。どうしてこの交野ヶ原に星に関する伝承が集中しているのだろう。どうも渡来系の集団が、この地域に居を構えていたことと関係があるようだ。彼らは日

本に様々な技術を伝えた。と同時に天体や星に関する神話的伝承も伝えたのだろうか。

この交野ヶ原は古代において非常に重要な場所に位置していた。日本古代の都は、おおよそ大和の藤原京から摂津の難波京、再び大和の平城京、そして山城の長岡京、平安京と徐々に北上してゆく。これら都群を並べて地図化してみた時、その中央に位置するのがこの交野ヶ原なのだ（図4）。特に、はじめて山城国に都が置かれる長岡京にとって、交野ヶ原は重要だった。なぜなら、その北上ルートにあって、長岡京が予定された平野を眺め見つめる視点を、この地が有していたからだ。

その長岡京を造営したのは、桓武天皇である。桓武天皇は、渡来系と密接な関係を持っていた。その一人が太秦に本拠を置く秦河勝であった。太秦の地名は交野ヶ原にもあり、また桓武も何度も交野ヶ原を訪ねている。

さて、長岡京と交野ヶ原の関係を見てみよう。地図上で長岡京の中軸線、朱雀大路を南に延ばすと、交野の竜王山に到達する（図5の▲2）。この竜王山は嬰児山とも呼ばれ、その名は秦河勝の次のような誕生神話を連想させる。


　日本国に於いては、欽明天皇御宇に、大和国泊瀬の河に洪水の折節、河上より、一の壺流れ下る。三輪の鳥居の杉のほとりにて、雲客壺を取る。なかにみどり子あり。かたち柔和にして、玉の如し。是降人なるが故に、内裏に奏聞す。其夜、御門の御夢にみどり子の云、我はこれ、大国秦始皇帝の再誕なり。日域に機縁ありて今現存すと云う。御門奇特に思しめし、殿上に召さる。成人に従ひて、才智人に越えば、年十五にて大臣の位に上り、秦の姓を下さるる。秦といふ文字はだなるがゆへに秦河勝是也（9）。

河勝は三輪山に流れ着いた壺に入っていた「みどり子」だった。「みどり子」とは「嬰児」とも書き、生まれたての赤子のことをさす。河勝が流れてついた三輪山は、これまで述べてきたようにオホクニヌシの魂である、オホモノヌシの座す、古代における神の山である。したがってこの交野ヶ原の嬰児山も、

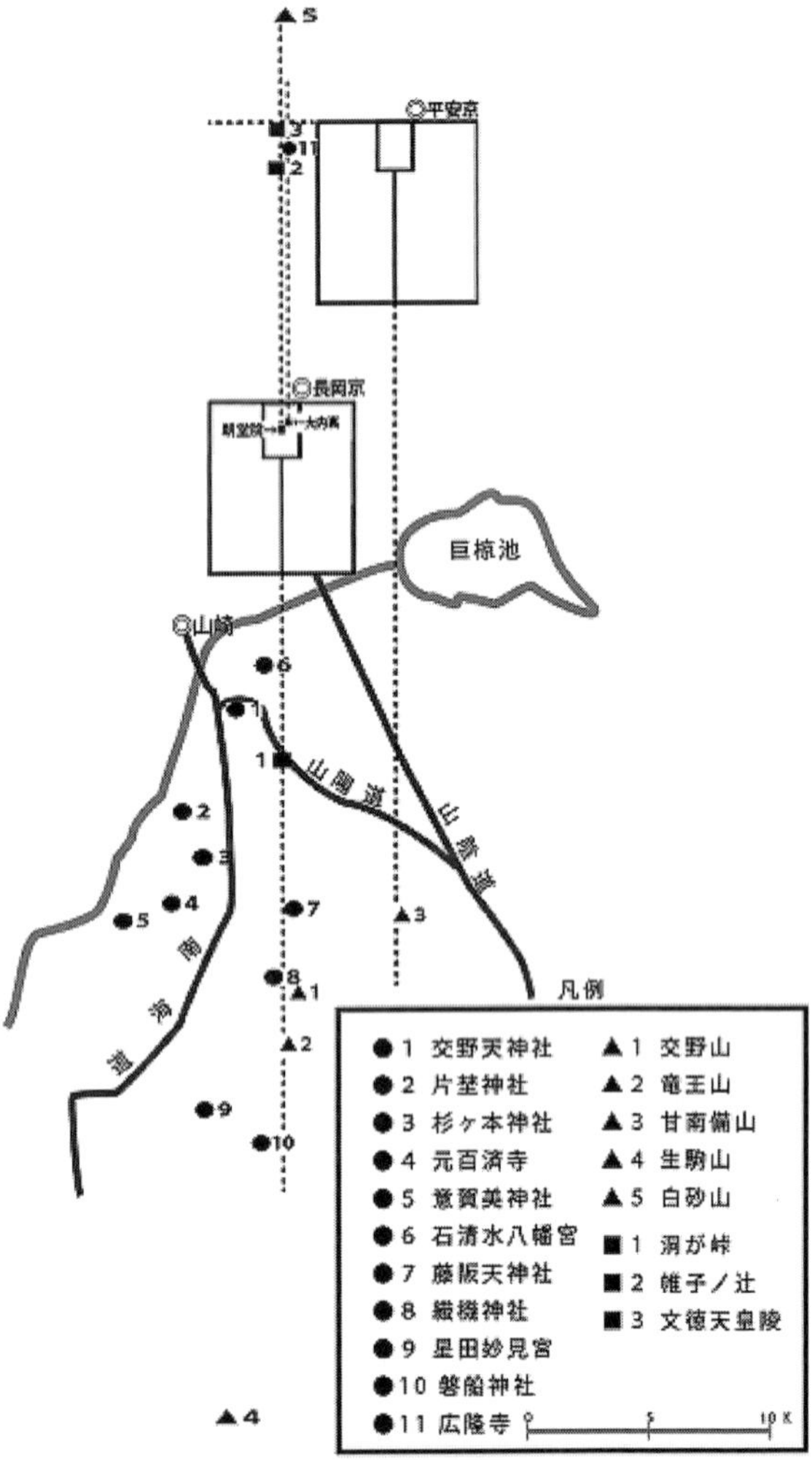

図 5　長岡京と交野ヶ原の星伝承関係地
中村好恵「民間伝承の地域的特性に関する歴史地理学的研究—交野ヶ原における天体伝承を事例に」『人間文化学部学生論文集 10』京都学園大学人間文化学部，2012，117 頁より．

何らかの重要性を示す山だと考えられるのだ。つまり長岡京プランニングの、中心軸となった可能性があるわけだ。神の降臨し座す山は、世界山と呼ばれ、彼らの造り出す世界軸となったのである。またこの嬰児が始皇帝の再来であるなら、『論語』の言うように、皇帝は北極星に喩えられ、したがって宇宙の中心となるべき人物の来訪場所ともとれる。それはあの周防大島に降り立った北極星を思い起こさせると同時に、そのすぐ北西の下松に降臨した北辰星と百済王の来朝、そしてそれに対応した聖徳太子の勅使が秦河勝であった点も留意しておくべきであろう。

神話の解釈は、やはりここでも難しい。ここまで述べてきた点を整理すると、次のようになる。オホモノヌシは出雲国に海から光り渡ってきた神である。それが三輪山に鎮座することによって、オホクニヌシの国作りが完成する。しかしその後、アマテラスによって奪われてしまう。その時に反抗的だったのがアメノワカヒコ（天稚彦）で、七夕伝承に関係している。もう一人抵抗した神がいる。それが日本神話で、あまり登場しないと言われる星の神、アマノカカセオであった。そして天孫降臨に際してこのオホクニヌシの国を『日本書紀』は、「多に蛍火の光く神、及び蠅声す邪しき神有り。復草木咸に能く言語有り」という状態だったと記している。蛍の火、あるいは蠅の声を出す神とは、昆虫をトーテムとする、先住民だったのではないか。さらに最後まで抵抗したのが星の神である。星も信仰していた集団だったのだろう。昆虫をトーテムとする先住民については、土蜘蛛の章でも述べた。そして彼らが三輪山の麓で神武天皇によって退治され、その後も都の北上にともなって、そのルート上を這うように逃走していった点についても。

その昆虫族の敗走ルートにあたるのが、この交野ヶ原であり、そこに星の伝承が集中しているのだ。そして秦河勝と桓武天皇が登場する。長岡京は、このような神話の解釈が困難な地を基礎に、彼らの所有する神話に連動しながら、プランニングされたのである。

そのプランニングを続けよう。今度はこの中軸線を北に延ばすと、白砂山（図5の▲5）に当たる。空から山に星が降り落ち、訪ねてみるとそこに白砂が撒かれていた。それは神が降臨した跡で、その星は昴だった、とする伝承が沖縄にあるのが気になる。そしてこの昴は豊作を招来する来訪神であった[10]。またこの白砂山山頂には、北極星を神格化した菩薩、北辰妙見尊も祀られている。

桓武天皇が、渡来系と密接な関係を持っていた痕跡は、まだある。桓武天皇は郊天祭祀を交野ヶ原で行っている。郊天祭祀は中国王朝の都市儀礼で、天神と王朝の始祖を都の南で祀る儀礼である。桓武はこの郊天祭祀において、神武ではなく、父光仁天皇を祀った。桓武は別の系統の新王朝を建てた、ということになる。

さて、この郊天祭祀はどこで行われたのだろう。『続日本紀』によると延暦四年十一月一〇日に「天の神を交野の柏原に祀った[11]」との記述が見える。枚方市の小字「柏原」「元柏原」にあるのが片埜神社（図5の●2）である。その他にも杉ヶ本神社（図5の●3）や交野天神社（図5の●1）などが候補地としてあげられているが、決め手がない。

この郊天祭祀は冬至の日に行われる。桓武天皇が長岡京遷都の詔を発したのが、四六七一年に一度しか来ない「甲子朔旦冬至」の日であった。「甲子」は変革の年を意味し、これらの点から桓武の重大な決意とともに、天体への並々ならぬ関心の深さを察することが出来る。であるなら、この冬至の日が決め手になる可能性がある。

どのような決め手になるのか。古代日本においては、この冬至の日に太陽が昇る場所と、それを拝む場所が連動していた、とする見解がある[12]。それらによると、冬至の日の出方位は、正東西を基準として北へおおよそ二八度傾いた位置で拝むことになる。その場所が、郊天祭祀を行った場所である可能性がある。太陽が昇る場所は聖なる山が基準となる。あの三輪山もそのような基準となる山であったことがわかっている。であるなら交野ヶ原では、竜王山つまり嬰児山である可能性が高い。

今まで上げてきた様々な伝承地に、この嬰児山から角度が合う場所が見いだせるのだろうか。唯一、この角度に合致したのが、あの天人（鶴女房）が降臨した鈴見が松周辺である(13)。かつてこの地には伊加賀の人たちが住んでいたことから、伊加賀本町（図3）と言い、意賀美神社も近くにある（図5の●5）。伊加賀とは、あの『近江国風土記』にあった伊香連のことである。彼らの伝承も、天人が羽衣を松に掛けたとされている。そしてその松は、神話で言うところの世界樹でもあることは、山口県の事例でも見た通りである。そして彼らも渡来系を主張する。

この郊天祭祀、古代日本では桓武天皇と、文徳天皇の二人しか行っていない。その文徳天皇陵が、やはり長岡京の中軸線上に位置する（図5の■3）のも示唆的だと言えよう。このようにどうも交野ヶ原に集中する天体（星）伝承は、桓武天皇の長岡京造営と深く関わっていたのだ。

実は、現在の山口市街を形成した大内氏は、この古代都市と同様に、風水を使って都市プランニングを行っている(14)。風水は陰陽道の天体観測によって、土地の吉凶を占うものである。そして彼らも渡来系を積極的に名のった。神話の解釈は難しいが、これらの断片的な痕跡から、読めてくるものもあるだろう。

これまで何度も述べてきたように、コンステレーションとは、星座だけでなく、様々な事物や現象を結びつけて考える、私たちの性癖をも意味する。世界の神話では、星が都市や農耕とも結びついた。この交野ヶ原の伝承群は、古代都市長岡京と結びついていたようだ。このように神話は物語だけでなく、地上の風景ともコンステレートしていたのである。つまり神話世界の風景が実在していたということなのだ。

注

(1) 秋本吉郎校注『風土記』岩波書店、一九五八、四七〇～四七五頁。
(2) 宮本常一『周防大島昔話集』河出書房新社、二〇一二、五五～五七頁。
(3) 関敬吾『日本昔話大成』角川書店、一九七八、二五六頁。
(4) 『古事記・先代舊事本紀・神道五部書』(新訂増補国史大系七)、吉川弘文館、一九三六、二九頁。
(5) 井上光貞監訳『日本書紀　上』中央公論社、一九八七、一三五～一三八頁。
(6) 秋里籬島『河内名所図会』臨川書店、一九九五、四八六頁。
(7) 交野市史編纂委員会『交野市史民俗編』交野市、一九八一、三一五～三一六頁。
(8) 床野英二『大阪の伝説』(日本の伝説8)、角川書店、一九七六、九八～九九頁。
(9) 井上満郎『秦河勝』吉川弘文館、二〇一一、二一～三頁。
(10) 丸山顯德「沖縄の星の伝承」『天空の世界神話』八坂書房、二〇〇九、一四九～一六九頁。
(11) 『続日本紀（下）』講談社、一九九二、三六六頁。
(12) 山田安彦『古代の方位信仰と地域計画』古今書院、一九八六。
(13) 中村好恵「民間伝承の地域的特性に関する歴史地理学的研究―交野ヶ原における天体伝承を事例に」『人間文化学部学生論文集10』京都学園大学人間文化学部、二〇一二、一〇六～一二六頁。
(14) 山口市史編纂委員会編『山口市史　通史編』山口市役所、一九五五、五二頁。

巳　神話世界の風景

――信濃の川・山

（1）旧約聖書の原初的風景

さて、神話世界の風景とは、一体どのような風景を言うのだろう。これまで見てきたように、神々の棲むオリュンポスの山や三輪山、あるいは天界の星座が降臨する山や樹などが、そのような風景であったろうか。私たちはこれら風景を、世界山や世界樹、場合によっては世界の柱、などと呼び、世界の中心にある世界軸、と認識してきた。そのような世界軸は、私たちのなかで、どのように産み出されたのであろう。世界中に伝承される、天地創造神話に、もうすでに登場しているのだろうか。

まずはギリシア神話の天地創造を見てみよう。

初めに混沌（カオス）があり、漠としていて暗闇が支配する世界があった。そして大地ガイアが現れ、次ぎに愛の神エロスも現れ、生物、無生物を産み出す。やがてカオスから暗黒と夜が産まれ、昼も産まれる。ガイアはつぎに星々の輝く天空、ウーラノスを産んだ。ガイアはウーラノスを自分と等しく雄大なものに産んだので、ウーラノスは彼女を覆い尽くした。ついで、ガイアは高い山々と、海を産み出す。その後、ガイアは息子のウーラノスと交わり、最初の種族ティータン神族を十二神産む。男神はオケアノス、クロノスなど、女神はレアーやテミスなどであった。その後も、次々と神々を産み出すが、それらは異形のものたちだった。ウーラノスはこれらを恐れ、大地の深みに閉じ込めた。それに対して立腹したガイアはクロノスに父の性器を切断させる。その性器から産まれたのが女神アプロディーテであった（1）。

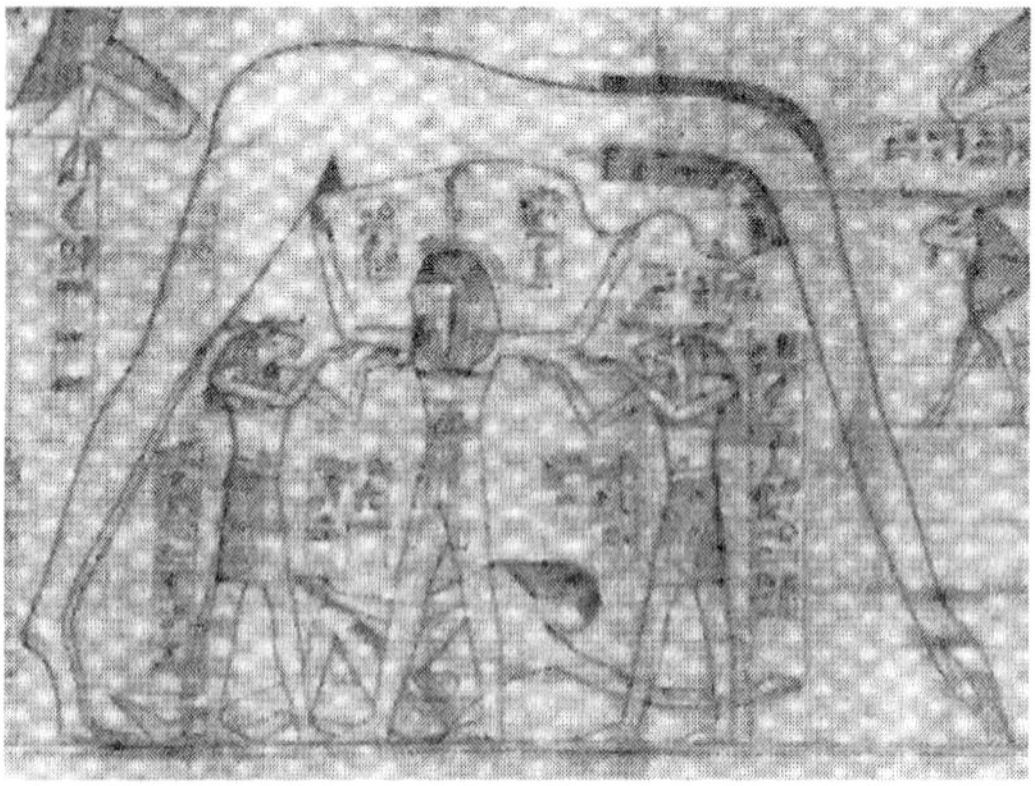

図1　エジプト神話の天地創造：大気神シュウが天空女神ヌトと大地神ゲブとを分けている場面
M・ルルカー『エジプト神話シンボル事典』大修館書店，1996，31頁より．

エジプト神話もよく似ている。最初はやはり天地もなく真っ暗闇で、見渡す限り混沌とした海だった。そこに最初の神アトゥムが出現したが、立つところも坐るところもなかった。すると原初の海から小高い丘が出現する。アトゥムはやっと落ち着くところを見いだし、大気の神シュウと湿気の女神テフヌトを産み出す。この二神から大地の神ゲブと天の女神ヌトが産まれる。二人は最初は重なり合っていたが、やがてヌトはゲブの子を身ごもる。それに嫉妬した父のシュウは、ヌトを頭上に持ち上げて二人を引き離し、天と地が出来る（2）。

図1は、紀元前九世紀頃の『死者の書』に描かれた、その場面である。大気の神シュウがヌトを持ち

上げているのがよくわかる。この時ヌトは胎内に五人の子どもを宿していた。その子どもがイシスやオシリス、セトらであった。

日本神話の場合、どのように描かれているのだろう。『古事記』にはおおよそ次のようにある。

なにもなかった。あったのは渦巻きみたいなものだった。天と地がはじめて姿を見せた。その時、高天の原に姿を見せたのが、アメノミナカヌシ、つぎにタカミムスヒ、つぎにカムムスヒだった。出来たばかりの土地はやわらかく、鹿猪の脂身のようで、クラゲみたいに漂っていた。泥の中から葦カビが生えてきて、これが人間の祖となる。次ぎに神々が現れ、イザナキとイザナミが現れる。この二人の神は天の浮き橋に立って、鉾を使って海と泥の混じる塩を掻き混ぜ、鉾の先から落ちた塩がオノゴロ島となった。そしてその後、淡路島、四国、隠岐島、九州、壱岐対馬、佐渡島、本州が生み出されていく(3)。

このように、古代エジプトの天地創造神話やギリシア神話と、ほぼ同じような状況が語られている。それは何もない水だけの世界に、徐々に天と地が生まれ、そして神が立ち現れる。そして天界から神々が、私たちの知っている現実世界を生み始める。世界軸とされるのは、ギリシア神話ではガイアが生み出した山々であろうか。エジプト神話では原初の海から出現した小高い丘であろうか。日本神話ではそれらしきものがない。ところが最初に現れた、アメノミナカヌシを北極星とする説(4)があり、またこれら神を柱と呼ぶ。そうであるなら、この最初に立ち現れた神が、世界軸を示しているのだろう。『旧約聖書』では、もう少し具体的に、次のような風景が描かれている。

図 2　サルター図のエデンの園
『週刊朝日世界の地理』17 より.

ヤハウェ神が地と天を作ったとき、地上にはまだ野の灌木一本なく、野草一つ生えていなかった。ヤハウェ神が地に雨を降らせず、また土地を耕す人もいなかったからである。ただ、地下水がたえず湧き出て、地表をあまねくうるおしていた。そのとき、ヤハウェ神は土くれで人の形を造り、鼻の孔に生命の息を吹きこんだ。すると人は生きものとなった。そこでヤハウェ神は、東のほうエデンに園を設けて、自分の作った人をそこにおいた。またヤハウェ神は、見るからに心ひかれる、おいしそうなあらゆる木を地に生えさせた。園の中央には、生命の木と善悪を知る木があった。一つの川がエデンを流れて、園をうるおしていた。そこに四つの川が源を発している。第一の川の名はビション、金が出るハビラの全域を流れるもの。その地の金は良く、ブドラクとショーハム石もそこから出る。第二の川の名はギホンで、クシの全地域を流れるもの。第三の川の名はヒデケルで、アッシリアの東のほうを流れ、第四の川はユーフラテスである(5)。

このような神話の風景を、地図化したものが、残っている。図2は、十四世紀の聖書の詩篇注釈書に付された図で、一般にサルター図と呼ばれている(6)。この図は東が上で、確かに、エデンの園が、アダムとイブ、そして生命の木を円で取り囲む形で、描かれている。このエデンの園の中央にある樹が、知恵の樹であり、世界樹である。つまり世界軸なのだ。

そして聖書の通り、そのエデンの園から、チグリス、ユーフラテスなどの四大河川が流れ出、世界をうるおしている。ちなみに、エデンの園の西部（図では下部に二重丸で示されている）に位置するのが、エルサレムで、世界の中心として示されていた。そして聖書のいうところのハビラはアラビア、クシはエチオピアあるいはカッシート、ヒデケルはチグリス川を、アッシリアは紀元前二十世紀頃からチグリス川左岸にあった王国である。これらをサルター図同様に、東を上にして現実の地図に示したのが図3である。

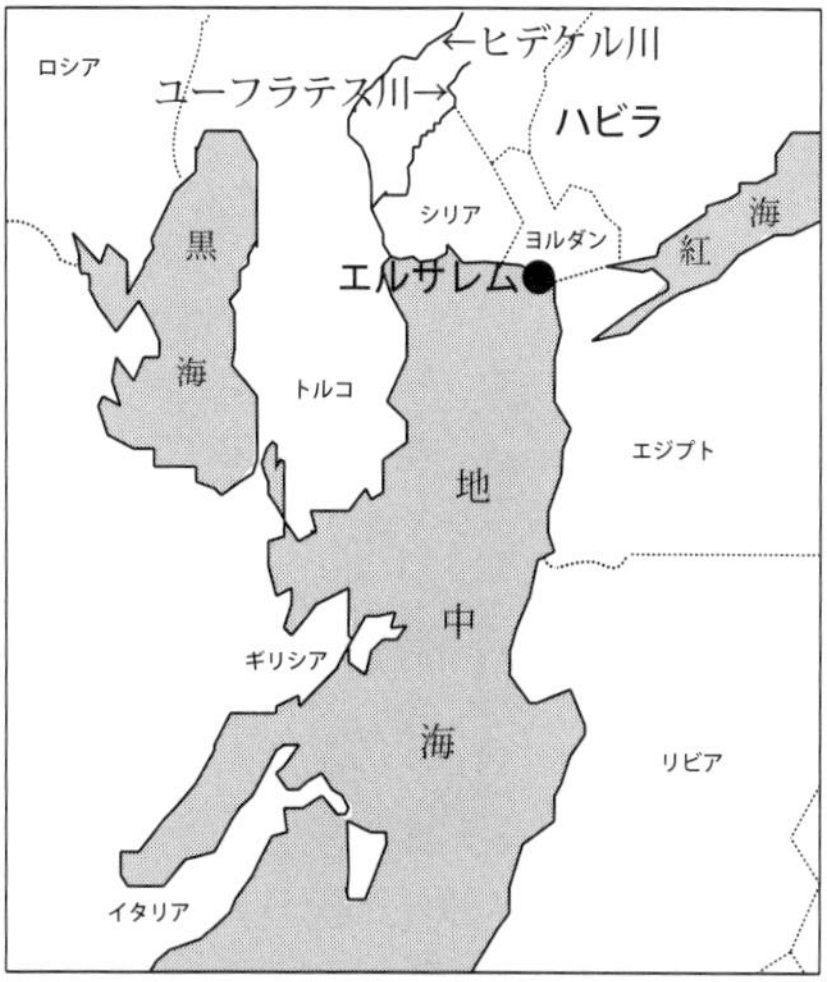

図3　サルター図に描かれた現実世界
小文字は現在の主な国名を示している.

神々による世界創造は、風景としては、荒涼とし、あるいは、漠とし、あるいは水しかない風景である場合が多い。しかし、その直後の風景は、このように現実世界に寄り添ったかたちで描かれる。神々が生まれ、そして風景が整えられていく。そのような原初の風景も、神話世界の風景、とここでは呼んでおこう。

この聖書の原初的風景は、次のように抽象化することができる。それは、天界を流れる川が、世界の中心にそびえ立つ世界軸から、垂直に降下し、地上に達して東西南北を流れ、世界の隅々を潤す(7)。ここで言う、世界軸とは、先にあげた、ガイアの生んだ山々や、エジプトの原初の海から生まれ出た小高い丘、日本神話のアメノミナカヌシ、そしてエデンの園の知恵の樹であろう。あるいは、これまで見てきたオリュンポスや三輪山のような世界山、あるいは北極星や天人が降臨した世界樹、とも言えるだろう。

このように、天地創造の場面を抽象化することによって、様々な表現を得た神話群から、基本的な中心テーマを見いだすことが出来るかも知れない。そしてそれらを応用することによって、現実にはバラバラに見えている、様々な物語や風景を、神話世界の風景として、捉え直すことも出来るかも知れない。

この神話世界の原初的風景は、世界各地に残された、様々な伝承のなかに見いだすことが出来る。それを、実在する風景に照らし合わせてみる、その作業をここでは試みてみよう。つまりそれは、神話世界という人間の想像力が生み出した、空想の風景、そして実在する風景、そこに何らかのつながりを見いだそう、そのような試みでもある。そしてその試みは、私たちの内面にある風景、そして、外部にある風景とが、いかなる関係にあるのか、どのようにコンステレートするのか、それを神話を通じて提示する可能性も秘めているのだ。

(2) 信濃の創造神話『信府統記』

長野県の松本盆地に、信濃の天地創造、あるいは国作り神話、と言ってもよいような伝承が記述というかたちで残されている。それは松本藩が享保九(一七二四)年に記した地誌、『信府統記』(第十七舊俗傳)に記されている。現代語訳してみよう。

人皇十二代景行天皇十二年までは、この辺の平地はすべて、山々の沢から流れ出る水があふれて湖であった。この湖に犀龍がいた。また東高梨という所の池には白龍王がいた。この白龍王が犀龍と交わってひとりの子どもを産んだ。その子は八峯瀬山で誕生し、その名を日光泉小太郎と称し、放光寺山の辺で成長した。その後、母の犀龍は自らの姿を恥じて湖水に入って隠れてしまった。息子の小太郎は、母の行方を探し、熊倉下田の奥尾入澤というところで、ついに母と逢うことができた。母の犀龍は、息子に次のように語った。私は諏訪大明神（武南方富之命）の化身で、氏子を繁栄させようと思って龍となったのです。おまえは私の背中に乗って、この湖を突破り、水を流し出して、平らな陸として、人の住める里としましょう。小太郎は母に言われたとおりに、尾入澤で犀龍に乗った。そこでこの地を現在、犀乗澤と言う。三清地という所の巨大な岩を突破り、また水内の橋下の岩山も突破り、開いて千曲川の川筋を、越後国の大海まで犀龍に乗って行った。そこでその場所を乗タリと呼んでいる。また犀乗澤から千曲川までの、この川筋を犀川と呼んでいる。その後、犀龍は白龍王を訪ねて坂木の横吹という所の岩穴に入った。小太郎は有明の里に帰り居住し、子孫繁昌している。年を経て、白龍王は犀龍とともに、川合に来て対面した。白龍王が言うには、私は日輪の精霊、すなわち大日如来の化身であると。そして犀龍と一緒に佛崎という所の岩穴に入ってお隠れになった。年月がたって後、小太郎が次のように言った。私は八峯瀬権現の生まれ変わりである。この里の繁栄を守護しようとして、また佛崎の岩穴に入って隠れた後に、ここに川合大明神の社を建てたのは、この霊神を祀ったものだ。このようにして湖水が流れ出て平らな陸地となり、ここに田地が開拓され人びとが住居できるようになり、次第に村々が出来たのである(8)。

松本盆地の漠とした湖の世界が最初にある。そこの八峰瀬山（鉢伏山）で、龍の子である小太郎が生まれる。小太郎は、諏訪大明神、タケミナカタの化身である母、犀龍と、氏子のために、犀川を掘削し、湖の水を排水、大地を生む、そのような天地創造、あるいは国作り神話、と見ることが出来る。ちなみにタケミナカタとは、オオクニヌシの息子で、国譲り神話においてタケミカヅチに敗れ、諏訪湖まで逃げた、いわば天孫降臨以前に天降った神ということになろう。

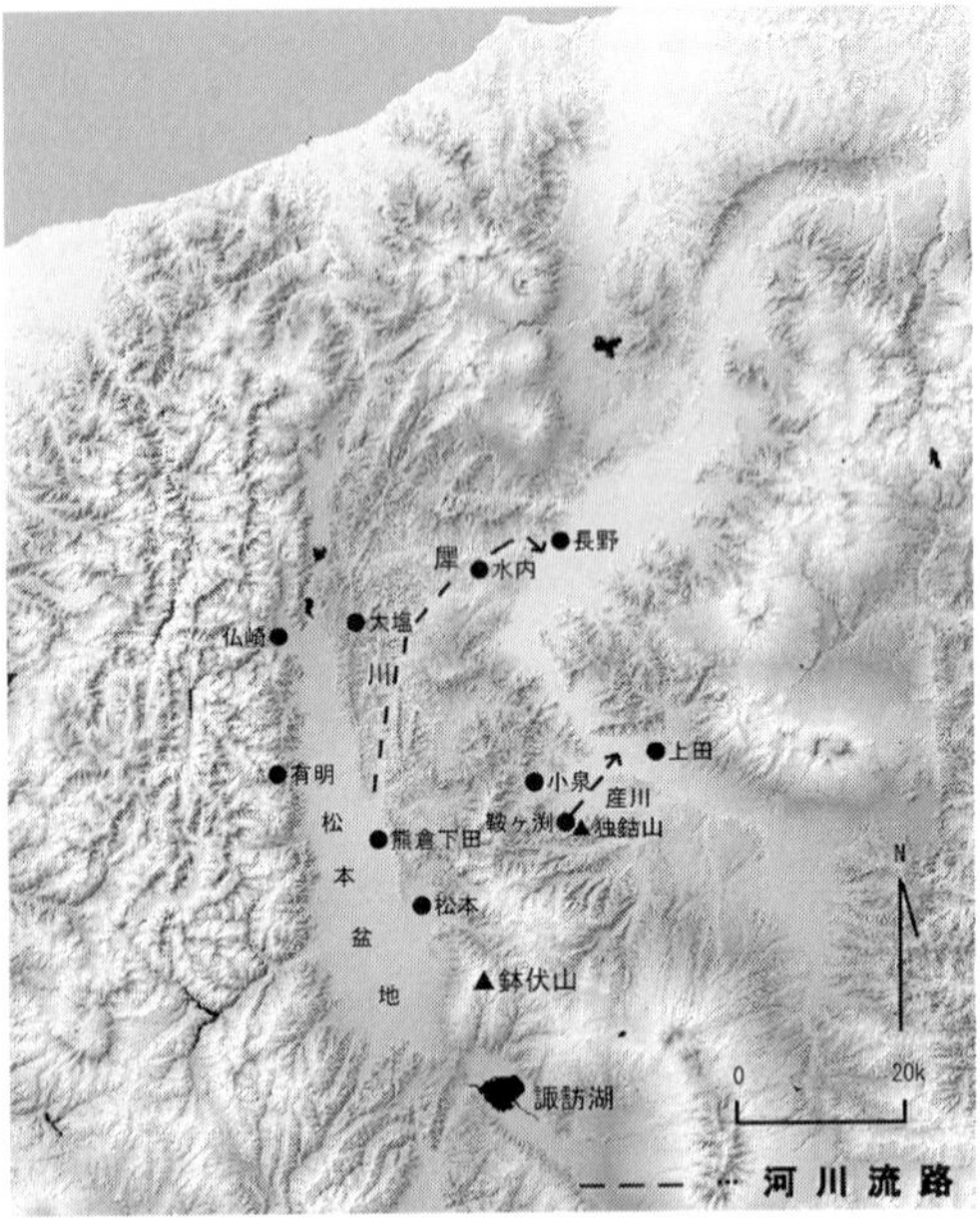

図４　松本盆地の神話関係地名の位置図
佐々木作図.

さて、この『信府統記』の伝承で語られた、湖から大地が生まれる過程は、まさに、漠とした水の世界に、神々が誕生し、人間が生活できるような楽土を生む、あの聖書にもあった、神話世界の風景と言えるだろう。しかもこの松本盆地の伝承の場合、聖書よりももっと密接に、実在の世界に寄り添っているのだ。つまり先に述べた、神話の風景と実在の風景との、整合性を確認する作業が可能となるわけだ。

まずは、この伝承に出てくる地名群を、可能な限り地図上で確認してみよう。すると、図４のようになる。

地図上で、これら地名の位置関係を

見てみると、確かに犀川の掘削が、松本盆地の排水に寄与していることがわかる。さらに示唆的なのは、これら関係地名が、いずれも松本盆地の縁辺部にある点である。これは何を意味しているのだろう。

次に、図5を見てみよう。図5は長野県の縄文時代の遺跡分布図である。遺跡の分布を見ると、図4

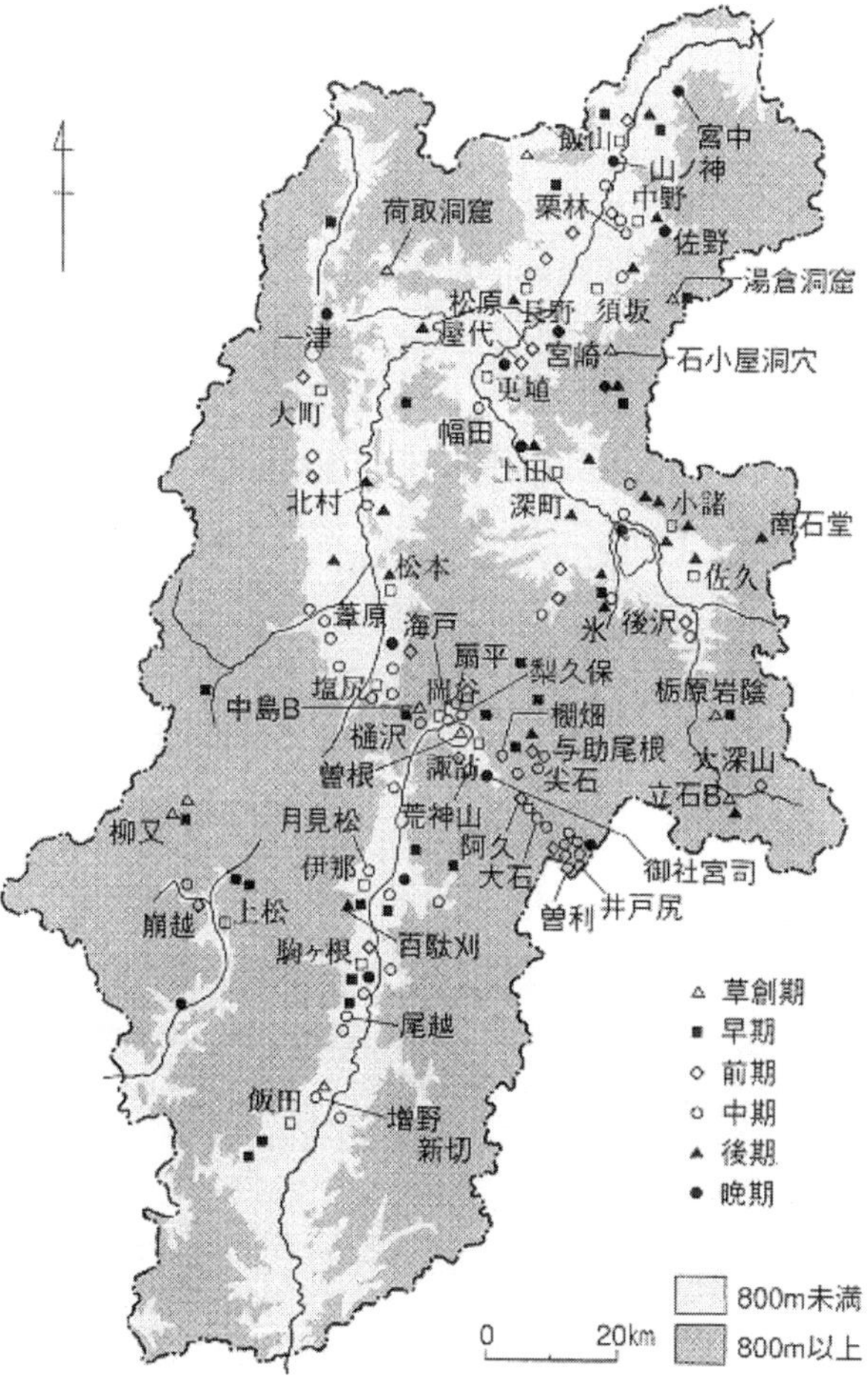

図 5　長野県の縄文時代の遺跡分布図

古川貞雄他『長野県の歴史』山川出版社，1997，17 頁より．

の関係地名群と同じように、縄文中期の遺跡までは、盆地の縁辺部に集中していることがわかる。ところがこれら遺跡群が、縄文後期頃から徐々に、盆地の低地に見いだされるようになる。

そして次に、図6である。図6は長野県の弥生時代の遺跡分布図だ。この図を見てわかるのは、弥生

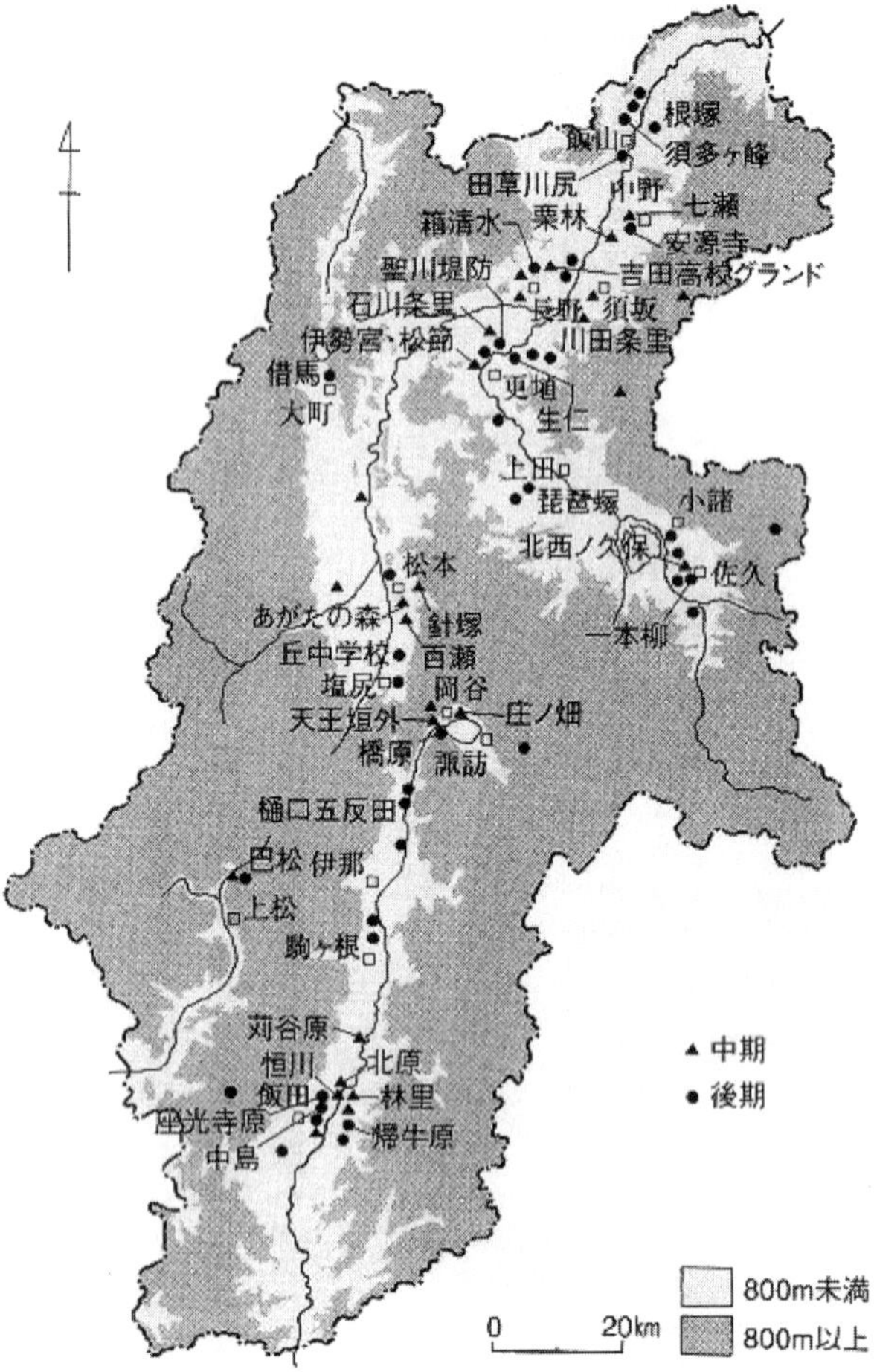

図 **6**　長野県の弥生時代の遺跡分布図
古川貞雄他『長野県の歴史』山川出版社, 1997, 24 頁より.

時代にはいると、ほとんどの遺跡が盆地低地に見いだせる点である。遺跡の分布は、その時代における、この盆地に住む人びとの行動の痕跡を示していると言っていいだろう。つまり松本盆地に住む人びとは、縄文時代の中期までは、盆地の縁辺部を生活空間とし、縄文晩期から弥生時代にかけては、盆地低地に活動範囲を広げたことがうかがい知れるのだ。いいかえれば最初に盆地周辺部が開発され、その後に、低地の開発が始まったことを示している。これら伝承地名の盆地縁辺部の分布は、この盆地開発の過程と、連動している可能性がある。

『信府統記』の伝承地名群は、縄文中期までの遺跡分布と一致している。その意味は、この『信府統記』の神話が、縄文時代前半の人びとの行動範囲と一致している、ということだ。つまりこの神話は、縄文時代前半の状況を語っているということになるわけだ。そしてこの神話の言うとおり、盆地に溜まった水を、川を掘削することによって排水し、平らな陸地を生み出したのである。それが縄文後期から弥生時代にかけての時期だった可能性がある。そしてそれは、この盆地における稲作の開始を意味するのであろう。なぜなら稲作には、低地の水をプールすることの出来る平坦地が必要だったからである。もちろんそのためには、いわば水を溜めたり排水したりする土木技術やその道具が必要だった。

神話の時代を追求することは難しい。が、このように江戸時代の資料と、縄文・弥生の考古学の成果、そしてそれらの地図化が、この神話の真実を浮かび上がらせようとしている。それはあの北欧神話の歴史地理で述べたのと同じ方法である。この『信府統記』の記述は、実在の風景と、かなりの整合性を持っている、そのような、神話世界の風景なのだ。

（3）上田盆地の口頭伝承群

さて、この開拓神話の英雄である小太郎の伝承は、松本盆地から鉢伏山を挟んで東側の上田盆地（図4）にもある。ここでは記述ではなく、盆地に住む人びとによって、口頭で伝えられてきた。

むかし独鈷山というけわしい山に、若い坊さまのすむ寺があった。いつの頃からかその坊さまのところへ美しい女が通ってくるようになった。不思議に思った坊さまは、ある夜、そっと女の着物に糸のついた縫針をさしておいた。夜があけてみると、糸は庭をぬけて山の沢を下り、産川の上流にある鞍淵の大きな石のところまでつづいていた。ふと岩の上を見ると、生まれたばかりの赤児を背にのせた大蛇が苦しそうにのたうっている。大蛇は坊さまに気がつくと、「こんな姿を見られては生きていることはできない。針をさされたので鉄の毒も体にまわった。どうかこの子をたのみ申します」といって赤児を岩の上におろし、ざざーっと水煙をあげて淵の中へ姿を消してしまった。坊さまは恐ろしさに震え上がり、赤児をそこに残し、逃げ帰った。…赤児は小泉村まで流され婆にひろわれ小泉小太郎となる。力持ちで小泉山の萩の木を一日で伐採。その後、湖であった松本・安曇の両平野を開拓した。そして犀川の由来が語られる(9)。

長野県上田市の小さな川、産川の鞍ヶ淵に棲む大蛇が、美女に化け、毎晩、独鈷山の頂上の、寺の坊主のところへきて、お経をきいている。そのうち、二人は良い仲となる。しかし、坊主は不思議に思い、美女の着物に糸のついた針を刺し、翌朝、糸をたどっていくと、産川の鞍ヶ淵で、大蛇が赤子を産んでいる。大蛇は、赤子のことを坊主に頼むが、それを怖れた坊主は、逃げ帰る。大蛇は大雨を降らせ、赤子は産川を流れていった。その後、子どもは小泉村まで流れ、そこの婆に拾われ育てられた。後にこの赤子は成長して、小泉小太郎と名乗る。

いくつかの伝承をまとめると、おおよそこのような伝承となる。伝承される場所にも、いくつかのヴァリエーションがあるので確認しておこう。

まず、蛇の棲家であるが、鞍ヶ淵の岩窟、とするものがほとんどであるが、鞍ヶ淵の岩、鞍ヶ淵のみ、とする伝承もある。次に、寺のある場所は、独はさみ山、前山村鐵城山、独鈷山の三つに分かれる。独鈷山は地図上で確認できるが、その他は不明である。ただ、独鈷山は前山村にあり、独はさみ山は、独鈷山とその名も類似することから、おそらく同じ山を指しているのだろう。これらの位置関係を示したのが、図7である。

さて、この実在する風景を、神話の風景と言ってよいのだろうか。それには、この土地の原初的風景が語られていることが必須となる。ここで言う、原初的風景とは、盆地開拓の風景である。

産まれた小太郎の、開拓神話的要素も、伝承によって異なる。小太郎が来てから、小泉村では夏でもよく雨が降った、と天候の変化を語る伝承がある(10)。これは、天界の水を降らせるという意味で、神話的と言えなくもない。

成長した小太郎が、非常な力持ちで、小泉山の萩の木を一日で伐採したとの伝承もある。これも、開拓的要素を有しているが、この伝承では、その後、湖であった松本・安曇の両平野を開拓する。そして山を切り開いた時、出来た川を犀川と呼ぶと(11)。この伝承は、先の『信府統記』の伝承に類似する要素をもっている。

図 7　上田市の伝承群関係地名図

小太郎のいた時代を、平安時代とする伝承もある。そこでは、源氏と平家とが互いに覇を争った時代のこととし、小太郎には兄がいて、二人は独鈷山の頂上から弓を射、兄は手塚の太郎、弟は小泉小太郎として、それぞれ手塚村と小泉村を守り、二人は武勇を長く塩田平に残した、と伝承されている(12)。この種の開拓神話が、時代を経て、軍事力の象徴となる事例は多く、この点から、元はやはり開拓神話だった、と言えるのかも知れない。

小泉山の萩を、すべて抜く力を持っていた小太郎が、やがて大人となってからは、大力で山を切り開き、川をととのえ、みんなの先立ちとなって大働きに働き、おかげで貧しかった小泉の村は、たちまち倍にも三倍にもうち広がり、土のこえた水の豊かな、暮らし良い里に生まれ変わり、小太郎は村長になったという伝承もある(13)。これは、開拓の始祖的要素を有しているが、中興の祖としてのニュアンスも感じる。逆に、小太郎のマイナス的側面を語る、伝承もある(14)。

このように、上田における小太郎伝承は、基本は、雨を降らせた、武力で守った、村長になったとする、上田盆地の開発、再興に限られたもので、それが、後に、松本・安曇をも開拓したのだ、とするものもある。そしてここでは、独鈷山と産川が重要な風景要素となっている。

さらに、もう一点異なるのは、小太郎の誕生の部分である。『信府統記』の、松本の伝承が、龍と龍との婚姻であったのが、ここでは、大蛇と人間の男の間に産まれたとする点である。両者とも神と神、あるいは神と人との婚姻を語る、いわゆる神婚神話という括り方が可能であるが、上田の伝承で、興味深いのは、娘の服に、糸を通した針を刺し、正体を知るために、その後を追う部分である。これは、あのオホクニヌシの魂であるオホモノヌシが鎮座した三輪山での、イクタマヨリビメとの神婚神話と同じ型の神話となる。これは日本民俗学が、「苧環型」と呼ぶ話型で、通常は「蛇聟入」となるが、ここでは「蛇女房」となって、様々な要素が三輪山のそれとは逆転している。まず三輪山の上にあったのが神社であるのに対して、この独鈷山の上には寺がある。三輪山の場合、蛇が男性に化け、三輪山の麓の女性の家に通うのに対して、独古山の伝承は、麓の淵に棲む蛇が女性に化け、独古山の上にある寺の男に通う。この逆転は、もともと三輪山にあるような神道系の伝承であったのが、仏教の影響を受けて、すべてが逆転してしまったのであろう。この手の逆転現象は仏教唱導説話に見受けられ、本来なら、この蛇の女性は高僧の教化を受け昇天することになる(15)。

地域の宗教勢力が神道から仏教へと移り変わるプロセスを、これらの伝承の変容が物語っている。したがって、この伝承を単に仏教説話と解釈するのは早計である。この一見「蛇女房」とされる伝承は、もとは「蛇聟入・苧環型」だったのだ。そしてその原点は、ここまで見てきたように、『古事記』の「三輪山説話」に見いだすことが出来る。つまり、この伝承群は、話型の面から見ても、神話世界の風景といってよいのだ。

さて、この神婚神話であるが、「崇神記」に出てくることから、日本古代史においては、三輪山の麓に拠点を置いた、「三輪の大王家」の由来を語る神話ではないか、とする見解もある(16)。その「三輪の大王家」とは、具体的に言うと、崇神・垂仁・景行の三代を指す。『信府統記』にある、松本の小太郎伝承に、「人皇十二代景行天皇十二年までは…」とあるのは、松本盆地の開拓が、この王家の業績であったことを伝える、重要なメッセージだったのかも知れない。

崇神記には、この王朝が、異族、つまり蝦夷を討ち、初めて、この時代に日本を統一した、と記されている。この地、信濃が、古代において、蝦夷討伐の最前線の一つであったことを考えると、ここで三輪の大王家の、象徴的な権力を示す必要があったのかも知れない。

写真1　独鈷山
佐々木撮影.

さて、ここで重要な神話世界の風景は、世界山と、そこから流れ落ちる、天界からの川である。三輪山が、神の降臨する山であることは、良く知られているが、その伝承が、この王権の信濃進出にともなって、この地に移植された時、この地でも、世界山が同様に見立てられたのだろう。それが、ここでは、独鈷山（写真1）なのである。その姿は、確かに孤立峰的で、三輪山のそれに類似している（寅―図1）。そしてあの土蜘蛛を追って到達した、丹波国綾部の位田の高城（寅―写真1）にも。さらに付け加えるのであれば、この独鈷山と蛇の棲む鞍ヶ淵との位置関係も、である。これはあの交野ヶ原でも嬰児山（竜王山）と天人が降臨した、伊加賀本町周辺との関係である。それは冬至の朝、太陽が昇る方向、つまり、正東西を基準として北へおよそ二八度傾いた位置である。独鈷山と鞍ヶ淵は、おおよそそのような位置関係にある。それは三輪山と、その麓の娘の家があったとされる太田との位置関係（図8）とも一致するのである。そして思い起こしておきたいのは、あの周防大島の北極星が降臨した志度

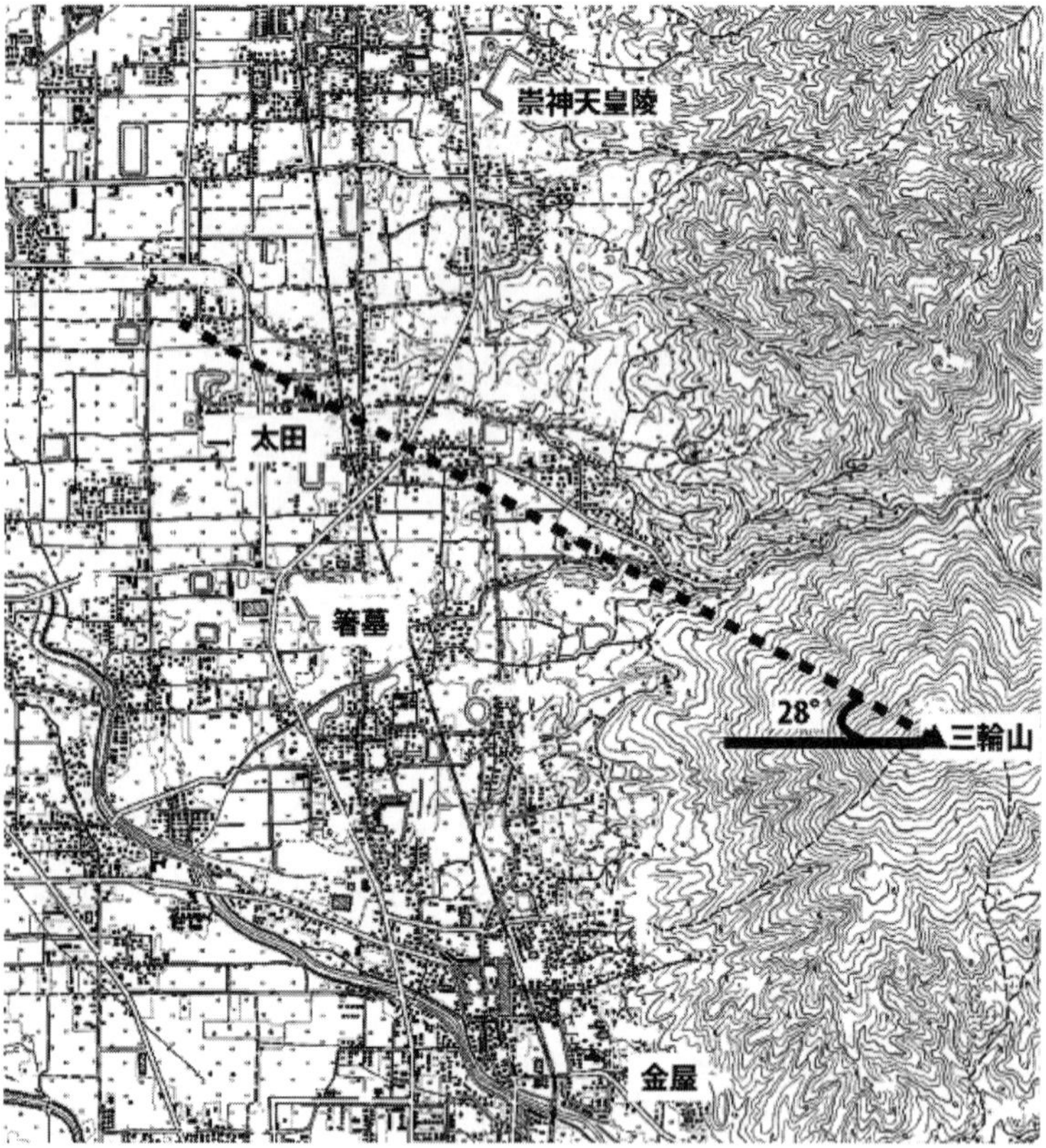

図 **8**　三輪山と太田の方位関係図

石神社と開拓された屋代地区の方位関係（卯―図6）、そしてその後、下松、山口へと進む方位（卯―図7）も、この冬至の方位にいかにも似ている点である。

注

（1）フェリックス・ギラン『ギリシア神話』青土社、一九九一、一六～一八頁。
（2）村治笙子他『図説エジプトの「死者の書」』河出書房新社、二〇〇二、六二～六五頁。
（3）三浦佑之訳『口語訳古事記』文藝春秋、二〇〇二、一六～二二頁。
（4）目崎茂和「高天原の神々と日月星辰」『天空の世界神話』八坂書房、二〇〇九、一三五～一四八頁。
（5）前田護郎編『聖書』（世界の名著13）中央公論社、一九七八、六一頁。
（6）織田武雄「古地図散歩14―中世の世界図（サルター図）」『週間朝日世界の地理』17、朝日新聞社一九八四。
（7）ジャン・シュヴァリエ他『世界シンボル大辞典』大修館書店、一九九六、二六五～二六六頁。
（8）鈴木重武、三井弘篤編述『信府統記』国書刊行会、一九九六、四六四～四六五頁。
（9）石崎直義・伊藤曙覧・佐伯安一編『日本の民話10』未来社、一九七六、一七五～一八三頁。
（10）浅川欽一・大川悦生『信州の伝説』（日本の伝説3）角川書店、一九七六、一三五～一四一頁。
（11）注（9）、一七五～一八三頁。
（12）神津栄著・発『東信の伝説と民話集』（増刷版）、一九八一、一二一～一四頁。
（13）大沢智恵著・信州児童文学会編『小県上田の民話―信州の民話9』信濃教育会出版、一九七九、三五～四六頁。
（14）上田市塩田文化財研究所編『信州の鎌倉　塩田平の民話』信毎書籍出版センター、一九九三、八七～八九頁。
（15）堤邦彦『女人蛇体―偏愛の江戸怪談史』角川書店、二〇〇六、三三～三四頁。
（16）岡田精司『古代王権の祭祀と神話』塙書房、一九七〇、二九〇～二九七頁。

午 北欧神話の風景
――ウプサラの樹と排水

実は、松本盆地周辺には、この古事記の風景、つまり三輪山の神婚神話の風景が、他にもいつくかある。松本盆地の北の端に、次のような伝承がある。

（1）長野県の小さな盆地の伝承

三日町から美麻村二重に抜ける道を登ると、長原の池と呼ばれている池がある。大池と小池に分かれているが、今はろくに水もない。むかし、この池の主は蛇だったという。この蛇が、ある時、立派で美しい若者に化けて、美麻村大塩のある娘のところへ通って行った。ずっと通っているうちに、娘はみごもった。母親は、それを感づいて娘に聞いてみたが、男がいったいどこのだれであるかがわからない。そこで母親は案じて、麻糸をつけた針を娘に与え、「今夜もし、その男が来たら、気付かれないようにして、着物のすそへ、この針をさしておけ」と教えた。娘は教えられたようにし、次の朝、その糸をたぐって行ったところ、その先は長原の池だった。見ると、うんと大きい蛇が、針の金気で死んでいたという。娘はまもなく、多くの蛇の子を産んだという(1)。

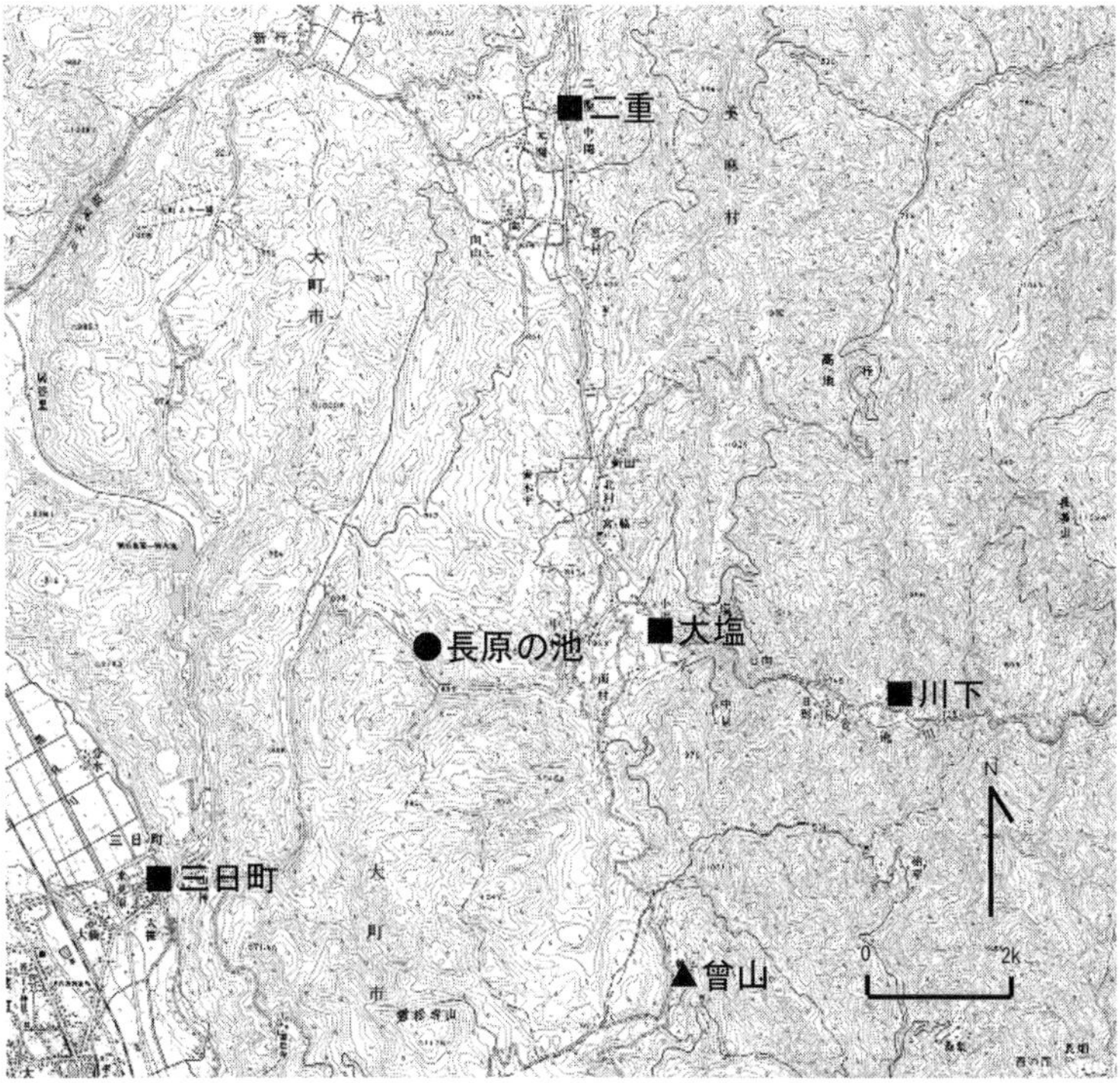

図1　大町市の伝承関係図

この伝承は「蛇聟入」で、「苧環型」を語ってはいるが、地域の開発については、触れていない。もしこの伝承が、かつて神話であったのであれば、ここで語られている場所に注目すれば、何らかの手がかりがあるかも知れない。この伝承の地名を地図上で見てみたのが、図1である。

娘のいた美麻村の大塩という集落は、大塩から二重にかけての、細長い盆地にある。その西側の、大町市との境界にあるのが、長原の池である。これが神話世界の風景であれば、山の上にある、長原の池が、世界山で、そこから水が盆地に流れ出る構図となる。そして今までの伝承では、産まれた神の子が、この盆地に溜まった水を排水し、人の住める楽園とするはずだ。
この地には、次のような伝承も残っている。

美麻村の二重と大塩とは昔は一続きになって池沼の様になっていたが、東の金熊山と西南の八坂村の曾山の山との連絡点を切明けて水をはらひ、今のやうな二重大塩の盆地をつくったのだということ。此の大業をなした人を今金熊川畔の川下部落に近い処に祀って切明大明神といっている(2)。

この伝承は、この小さな盆地の排水を物語っている。小泉小太郎の伝承では、産まれた子が、松本盆地の排水を行い、人々が耕せる土地を生み出す、開拓神話であった。ここでは、直接、産まれた蛇の子と開拓の関係は伝承されていない。しかし、これまでの論法から言えば、同じ場所に類似する伝承が併存していて、地形も類似しており、やはりこの二つの伝承のつながりに思いを馳せないわけにはいかない。しかしながら娘の住む大塩から長原の池のある山の方位では、冬至の日の出を望むことはできない。
二重の方にも、次のような「苧環型」の伝承が残っている。

大藤集落に残された話である。昔は、大藤集落は二重地区の一集落であり、当時は、三軒だけの小集落であった。ここのある家の庭に池があった。そしてまた、この家のすぐ上の山の峰にも池があった。この両方の池を夫婦池と呼んでいた。峰の池には、大蛇が住んでいた。この大蛇が下の池のある家の娘に恋をした。この娘は、透き通るような色の白い美しい女だった。大蛇はどうにかしてこの娘と一緒になりたいと思っていた。そこで、美しい若衆姿に変身して、毎夜この娘の寝室に通い始めた。そして、とうとうこの娘と通ずるようになった。そのうちに、娘の顔はだんだん青ざめ、体も衰弱して元気がなくなっていった。家の人が怪しんで容態を尋ねた。けれども初めのうちは、なかなか言わなかったが、ついに真実を語った。「このごろ毎晩、肌の冷たい男が来て、泊まっていく」と消えいりそうな声で話し出した。「毎晩、家の人が寝静まったころ、どこからともなく現れて、朝日が出る前にすうっといなくなる」。その話を聞いた親戚のおばあさんが、こう教えた。「糸をつけた針をそっと男のたもとへ差しておけ。その糸は、どこまでも伸びるようにしておけ」。さっそくその晩、娘は言われたとおりにした。翌朝起きてみると、糸は薪を積んだ「にを」の端にかかり、それから上の峰まで続いていた。娘は、だんだんに糸をたどっていった。糸は、峰の池の中にまで入っていた。と、そのとき池の中から独り言を言っている声が聞こえてきた。「おれもとうとう鉄針を刺されたからもう命がないが、あの娘も、おれが命のないようにしてあるから今に死ぬだろう。しかし、人間というものは賢いから今にきっと考えるだろう。ショウブとヨモギを一つかみ取ってきて、その端を切って煎じて飲めば、命が助かる」。これを聞いた娘はさっそくそのとおりにした。ところが不思議にも、たくさんの蛇の卵を産んだ。これでやっと助かったと思ったが、この娘は三〇日ばかり後についに理由のわからない病気で死んでしまった。大蛇もこの娘の死ぬのと同時に、峰の池で死んだ。その後、両方の池は、だんだんに荒れて、峰の池は今は「あわら」になっている。庭先の池も、今は畑になっている。元の池の跡には、石碑が建てられていたが、今は、その石碑はひっそりと道端の木の下に置かれている(3)。

このように、同じ盆地に同じタイプの伝承が存在している。この伝承は、蛇の子の下ろし方である、

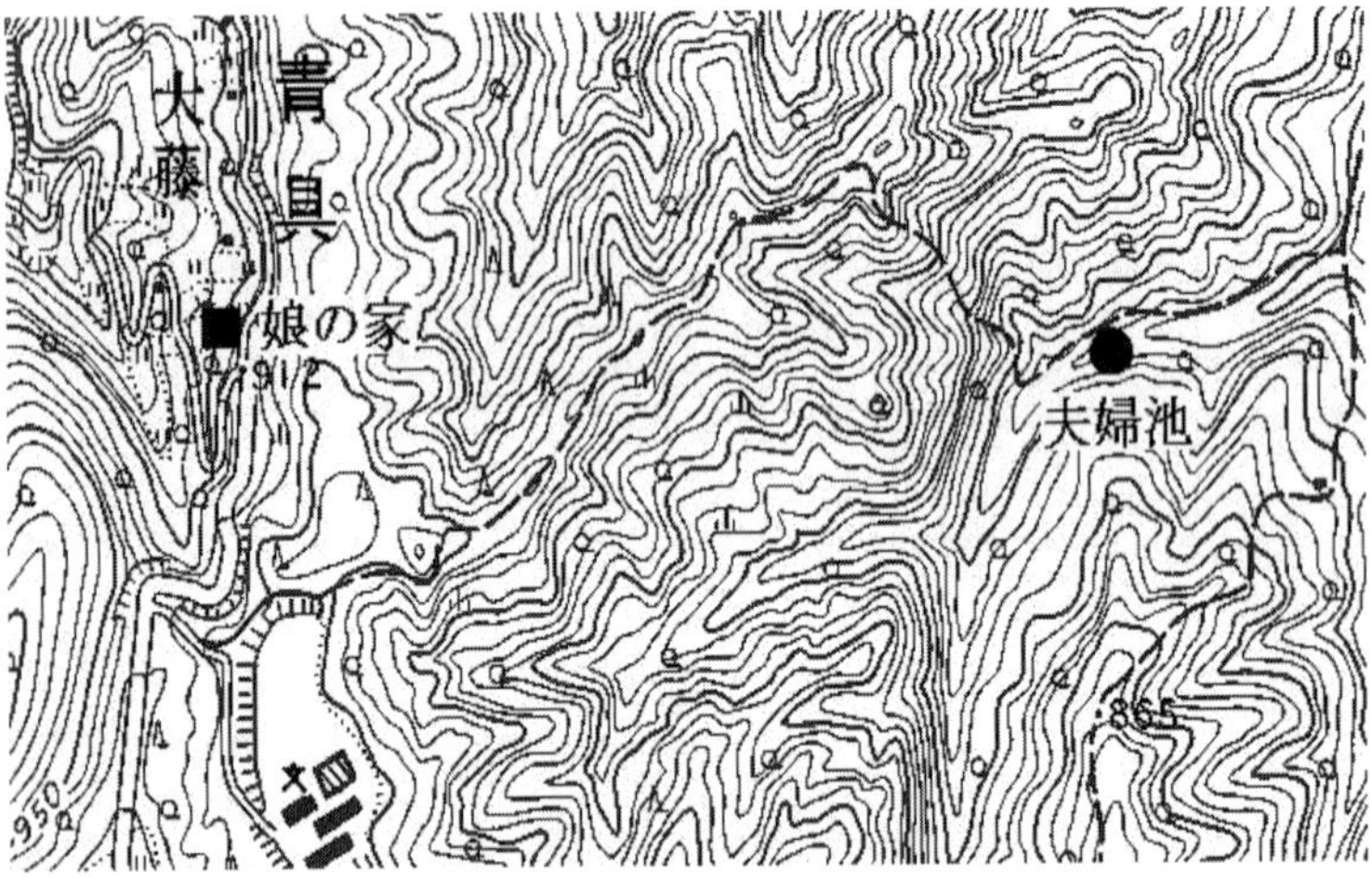

図 **2**　美麻村大藤の伝承関係地図

菖蒲と蓬を飲む話が出てくる。つまり蛇の神との間に産まれる英雄の神話ではなく、蛇の子を産んでしまった娘の奇異な伝説へと零落してしまっているわけだ。ところが、このような事例の場合、蛇の子を下ろした娘の命は助かるのだが、ここでは、娘は蛇の卵を産んで死んでしまう。このあたりに、まだまだ、蛇の聖性を完全には払拭できない、伝承者の躊躇のようなものを感じる。なぜなら完全な人間の側の勝利とはなっていないからだ。かつて蛇が神であった遙か昔の記憶が、伝承者たちの記憶の片隅に、かすかに残存し、この神への信仰を失った人びとの、後ろめたさのようなものをこの娘の死に、かろうじて感じるのだ。つまりかつては、開拓の祖の伝承であった可能性があるのだ。このように同じ地域の同じ伝承でも、伝承集団によっては、何らかの理由で、このように神話として語られたり、伝説化して語られたりする。

　大藤での聞き取りによると、この集落は、今は三軒しかないが、少し前までは四軒あったという。一軒は大町市の方に出たが、その家に池があったのではないか、ということだった。また大藤の東の山の峰には、確かに池があり、子どもの頃に行ったことがあると（図2）。そしてそこには、大蛇が住んでいると、子どもの頃、聞かされていたと言う。

長野県には、これと同じ型の伝承がいくつかあるが、このように土地の開拓と関連して考えるのであれば、ひとつは、松本盆地にある、小太郎をはじめとした、いくつかの伝承群。小太郎が産まれたとされる、上田盆地の伝承。そしてこの二重・大塩盆地の伝承群。あとは、長野県南部の阿南町、泰阜村の伝承群と、山梨県との境に近い、川上村・南牧村の伝承群がある。いずれもいくつかの地域にまとまって分布しており、盆地や谷の開拓と関係あるのかも知れない。

（2）北欧神話の天地創造

「燃えあがる氷塊、かみつく火炎、それが生命の始まりでした」、から始まる北欧の天地創造神話は、一二二〇年代に編まれた、スノリ・ストルルソンの『散文のエッダ』にある。ストルルソンは、アイスランドの有力農民かつ詩人で、この『散文のエッダ』は、北欧神話を知るうえで、重要な文献の三つのうちの一つに上げられている(4)。

そこでは、南の方に、ムスペルという炎の領域、北の方に、ニヴルヘイムという氷の領域があり、その地の中心にフヴェルガルミルの泉があり、エリヴァーガルと名づけられた十一の川の源となっている。そして、その中間領域、ギンヌンガガップに、先の泉から湧き出た川が、流れ込む。この領域は穏やかで、そこからユミルという巨人が誕生する。この領域で氷が解けるにつれ、一頭の牝牛の姿になり、彼女の乳頭からは四つの川が流れ出、巨人はそれを飲んでいた。牝牛が氷をなめると、そこからブーリと呼ばれる人間が出現し、その息子が巨人と結婚し生まれたのが、オーディンらであった。オーディンらは、巨人ユミルを殺害し、その肉塊から大地、岩、湖、海、天などを造り、その後、太陽、月、星を置く。そしてオーディンらは、根のついた、トネリコとニレの木から、最初の男女を作り、魂を吹き込み、知力と心を与え、聴覚や視覚を授ける。そしてミッドガルドが、人間の住む場所として与えられる。彼らが今の人間の始祖となる。

そしてその後、ある風景が語られる。

そして起こったことのすべてと、世界のすべての地域は、樹の中でも最も偉大で最善のトネリコの樹ユグドラシルの枝々の下に広がっているのです。その樹はあらゆるものの上にそびえています。すなわちその三つの根は、アースガルドとヨーツンヘイムとニヴルヘイムに張りめぐらされていて、それぞれの下には泉があります。一羽の鷹と鷲がその枝にとまっていて、一匹のリスが上へ下へと走り回り、鹿はその枝の中で跳ねながらそれを少しずつかじり、また一匹の竜がそれをがつがつと食んでいるのです。その樹は露をそそがれていますが、それは樹そのものに生命を与え、まだ生まれていないものに生命を与えているのです。風がそのまわりを旋回すると、ユグドラシルは低く歌うか、あるいはうなります。ユグドラシルはいつも存在していましたし、いまも存在し、またいつまでも存在し続けることでしょう(5)。

この神話世界の風景も、十九世紀の『北方古誌』（パーシー司教著）に残されている（子―図2）。世界の中心にそびえ立つユグドラシルは、世界の至る所へ広がり、天界、地上、地下の世界にも達している。氷に覆われた縁は、巨人の国である。また樹の真下には、夥しい数の蛇がいる。このように、天地創造後の風景が、北欧の神話にも描かれているのである。

さて、このような空想の風景が、実在する風景と、つながることがあるのだろうか。

北欧神話の研究の難しさは、文献にある、と指摘されている。なぜなら、その文献は、ルーン文字、エッダとスカンジナビアの吟遊詩人の詩、非ゲルマン系の観察者の証言、アイスランドのサガなど、文学上のものであるからだ(6)。そのような文献にある内容を、考古学によって確認しているのが現状である。

このような状況のなかで、文献においても、考古学の研究成果においても、ヴァイキング時代、キリスト教以前の、異教の著名な中心地として知られているのが、スウェーデンのウプサラである(7)。

この異教の地、ウプサラは、文献『ハンブルグ大司教座事績』（十一世紀にブレーメンのアダムによって書かれたが、彼は見ていない）においては、おおよそ次のように描かれている。

ウプサラには、オーディンの像を納めた神殿があり、それは黄金の鎖に取り巻かれ、そばには、枝を大きく広げた、神聖なる常緑樹がある。その樹下には泉があり、そこで異教徒たちは、彼らの神々に犠牲を供え、生身の人間を沈めることを習慣としていた。また九年ごとに開かれる祭りでは、各種族と各個人は、それぞれ供物を捧げなければならない。

図３　16世紀に出版された『北欧人の歴史』に描かれたウプサラの神殿と，その横にある聖木と井戸に沈められた人身御供
Page, R.I. *Norse Myths*, The Trustees of The British Museum,1990、p.31 より．

図３は十六世紀の文献に描かれたその様子である。「各種生物の雄の犠牲が九つ献ぜられたる後、神殿の近くの森の中で吊される。犬、馬、および人間の雄が犠牲に供せられる。あるキリスト教徒が語ったところによれば、彼はかかる屍体の七二個が、乱雑に上下に重なり吊されているのを見た[8]」。似たような報告は、アラビア人も残している。図３の大樹の下にある井戸（泉）のなかにいる人物は、この祭の人身御供である。そしてこの大樹がユグドラシル、つまり世界樹なのである。

なぜ、世界樹に吊すのか。実は、先の創造神話でも出てきた、オーディンが、ユグドラシルで知恵を得るために、自らを九夜の間、吊したとする伝承、からきていると考えられている。そもそも、ユグドラシルのユグは、恐るべき者（オーディン）を意味し、ドラシルは、馬を意味している。つまり、オーディンの馬、のことで、また、北欧の詩人は、絞首台の木のことを馬と言っていたという。この神の死とキリストの十字架上の死が、似ていることは様々なところで指摘されているが、オーディンの死をキリスト教以前の起源とし、古代の異教の信仰に由来している、と主張する見解もある[9]。そしてこのオーディンが自らを吊した知恵の樹が、あの聖

写真1　ウプサラの古墳群
佐々木撮影.

書の原初的風景に登場する、エデンの園の中央にある樹と類似しているのである。

考古学的には、この地には、古墳群（写真1）があり、これらは、四〇〇～五五〇年ころにスウェーデンに出現した火葬円墳で、同種の内で最大級のものと考えられている。神殿があったとされる地所内には、人工的に造られた台地があり、複数の建物跡が発見され、C14年代測定によると、六世紀から九世紀初めと考えられている。台地の底にはさらに建物跡があり、三世紀末から五世紀末と考えられ、この地の最古の農耕集落跡とされている(10)。

さて、ここに、神話世界の風景と、実在の風景の接点があったとしたなら、長野県の松本盆地と同じような自然要件も、あったのかも知れない。つまり、神話のように、そこに英雄がいて、この地を開拓し、人の住める楽土を創造したという。

松本盆地では、排水によって、耕作地を創造した。一般的に北欧の農業環境は、恵まれているとは言えない。それでも、ウプサラのある、ウプランドは、早くから農業に適した環境であったとされる(11)。そして、ウプサラの古環境調査から、この地も、排水を必要とした農業環境であったことがわかっ

図4　ウプサラの周辺図
濃アミがけは現在の湖水の範囲.
原図は，SVERIGE, Folia を使用.

ている。

ガムラ・ウプサラ博物館の展示資料によると、この古墳群の周囲のボーリング調査をした結果、次のようなことが明らかとなった。およそ四〇〇〇年前、写真1にある平野部は、バルト海で、湾をなしていた。そしてその後、土地が隆起し、湾は徐々に狭まり、海と分離し、湖となっていった。水から出た陸地には、森が徐々に形成され、水辺は草の茂った湿地帯となった。そして、この写真1にある六世紀の墳墓が造営されたころ、様々な穀物が稔る耕作地と、家畜の放牧地となったのだと。

つまり、湖の状態であったところを、開拓して、この地は、宗教的にも、政治的にも、また経済的にも、六世紀以降の中心地となりえたのである。

図4は、ウプサラの周辺地図であるが、現在のウプサラ市街の北に、六世紀の墳墓が位置しているのがわかる。現在の市街のすぐ南は、かつてのバルト海の、名残の湖が広がっているのがわかる。先にも述べたように、その湖が、かつては、墳墓の周辺にまで広がっていたわけだ。そしてこの地を開拓した

者たちが、この神話の所有者であったのだろう。

この風景も、松本盆地の漠々たる湖の風景に似ている。そして、その地を排水し、人々が生活可能な楽土とした英雄がきっといたに違いない。そして松本盆地では、あるいは、上田盆地では、神が降臨する世界山があり、それが神話世界の風景と、実在の風景をつなぎ止めていた。ウプサラでは、森があり、そのなかに、世界樹、ユグドラシルが見立てられ、その樹を通じて、エデンの園と同様に、神の知恵を得ることができた。そのような神話世界の風景だったのだ。

（3）中つ国のことばと風景

混沌とした世界から、神々によって創造された、神話世界の風景は、現実にはありそうにないものとして、従来は扱われてきた。なぜなら、それら語りの風景は、完全なる想像の風景、と思われていたからである。確かに、何もない無の世界から、神々が、大地や天界を創造していく過程は、私たち人類が、頭の中で空想したものであったろう。

深層心理学では、これら創造神話を、私たちが誕生する過程、あるいは、意識を成立させる過程としてとらえ、私たちすべてが、無意識のなかで経験してきたこと、であると考えた(12)。だから、世界中の神話は、驚くべき一致を見るのだと。

このように、深層心理学の見解に従うのであれば、神話世界は、第一に、私たちの内面世界に存在するものなのであろう。しかし、混沌とした世界に、神々が創造し始めた直後の世界はどうだろう。本書で言うところの、神話世界の風景、つまり天地創造直後の風景は、『旧約聖書』でも、『信府統記』でも、

『散文のエッダ』でも、どこか現世的とは言えないだろうか。

もちろん完全なる現実世界とは言えない。なぜなら、そこには、神の降り立つ世界山、知恵の樹、それらから流れ出る聖なる川、最初の男女、あるいは、神婚神話、そして人々がやっと生活できる環境が、創り出されているのだから。それでもそれらは、先の漠とした無の世界とは違う、私たちの世界に近い風景が語られている。

私たちの周囲にある日常の風景と、これら風景には多くの共通点がある。漠とした世界から生み出された、川、山、草原、樹、これらは、私たちの周囲に実在する風景でもある。それらが、無の世界から、徐々に整えられていく。そのような過程と、創造神話をとらえるのであれば、確かに、私たちが、意識を持ち始める過程、つまり外的世界を、認知し始める過程として、見ることが可能かも知れない。

無の状態から、徐々に、外部の実在世界を意識に取り込む作業、それは、誰もがかつて経験したことのある外部認識の過程であったろう。しかしそのことは、なぜか誰も覚えていない。その過程を、神話が語ってくれているのだと、深層心理学は言っているのだろうか。それが真実であるのなら、興味深いことに、現実世界に生きる私たちの誰も、そのことに気づいていない、ということだ。いったい誰が、神話の風景とは、私たちが意識を獲得する過程で、外部世界を認知し始めた、まさにその、一つ一つの歩みなのだ、と認識しているのだろうか。

であるなら、これら神話の風景も、やはり、意識の世界ではなく、無意識の世界に所属している、と断じるべきなのだろうか。むしろそれよりも、このような二項対立的論法ではなく、もう少し柔軟に考えるのであれば、つまり、無意識でもなく、意識でもない、それらの中間に位置する領域の風景、と言えないだろうか。つまり、心理学の言うように、無意識の世界の出来事なのだが、現実世界の風景とも重なる、そのような中間領域の風景なのだと。そしてその領域は、神話で言うところの天界、地上界、地下世界のうち、私たちの住む地上界なのだ。北欧神話ではそれをミッドガルドと呼び、日本神話では葦原中つ国と呼んだ。

その中間領域では、意識と無意識が、現実と空想が、そして私たちの主観と、現実の風景が入り混じった、そのような神話的世界が息づいている。主体と客体が、主観と客観が、区別しづらい、そのような風景の経験なのだ。

近年の人文地理学においては、そのような、外的世界と内的世界の連続性を論じる研究が、重ねられている。たとえば、ジョージー・オーウェルのエッセイ、『象を撃て』を事例に、自己形成という内的世界と、植民地風景という外的世界の、密接な関係を論じた論文(13)や、様々なストレスから、妄想を抱く人たちと、外的世界の未分化な関係を論じる論文(14)、などは、実在する外的世界が、私たちの内面に影響を与え、私たちの自己形成や、アイデンティティの確立、精神的病や健康にまで、関係していることを指摘している。

このような中間領域の世界は、ことば、あるいは、絵画等の図像や、様々な造形芸術、身体芸術でしか、表現し得ないだろう。この神話の世界は、ことばの世界と言っていい。そのことばの世界も、エデンの園のように、より内的世界に近い風景から、『信府統記』のように、外的世界とのつながりが濃厚なものまである。北欧神話の場合、様々なレベルの伝承や、考古学的な証拠が、その内的世界と外的世界を、かろうじてつなげていると言っていいだろう。それらは、内的世界でいう、世界山や世界樹、天界の川といった、架空の風景なのだが、それが、現実の風景に投影されている。そこがかろうじてつながっている接点なのだ。

私もこれまで、物語の世界と現実の世界との、つながりを論じてきた(15)が、ここでいう神話世界と現実世界の中間領域には、様々な意味があると思う。それは、神話という言説レベルの、内的世界と外的世界のつながりという意味とともに、それらが、現在を生きる私たちにも重要な意味があるという点においてである。

癒し、というキーワードが近年、あらゆるところで注目されている。欧米の医療地理学では、癒しの景観というキータームに基づいて、私たちの精神的健康と、外的世界、それらの中間領域である、空想の世界との関係が、注目されつつある(16)。

私は、このような側面からも、架空の物語で語られる場所と、実在の場所との密接な関係を探る必要が、これからますます高まってくるように思える。

注

(1) 大町市史編纂委員会『大町市史　第5巻　民俗・観光』大町市、一九八二、五一三〜五一四頁。
(2) 信濃教育会北安曇部会編『北安曇郡郷土誌稿　第二輯　口碑伝説篇　第二冊』郷土研究社、一九三〇、二四頁。
(3) 美麻村誌編纂委員会編『美麻村誌　民俗編』美麻村誌刊行会、一九九九、三四八〜三四九頁。
(4) Page, R.I. *Norse Myths*, The Trustees of The British Museum,1990, pp.10-26.
(5) K・クロスリイ - ホランド『北欧神話物語』青土社、一九八三、四四〜四九頁。
(6) R・ボワイエ「北欧の神話・宗教」、ボンヌフォワ・Y編『世界神話大辞典』大修館書店、二〇〇一、六七〇〜七八〇頁。
(7) Campbell, J. G.*The Viking World*, Frances Lincoln, 2001, pp.174-177.
(8) R・プェルトナー『ヴァイキング・サガ』法政大学出版会、一九八一、一八二〜一八四頁。
(9) A・コットレル『世界の神話百科（ギリシア・ローマ／ケルト／北欧）』原書房、一九九九、四八六〜四八九頁。

（10）熊野聰「地域・「民族」的統合と北欧の王権」、初期王権研究委員会編『古代王権の誕生　Ⅳ　ヨーロッパ編』角川書店、二〇〇三、一五三〜一八一頁。
（11）Haywood, J. *Historical Atlas of the Vikings*, Penguin Books,1995, pp.22-23.
（12）E・ノイマン『意識の起源史　上下』紀伊国屋書店、一九八四。
（13）Tyner, J. A. Landscape and the mask of self in George Orwell's 'Shooting an elephant', *Area*37-3, 2005, pp.260-267.
（14）Parr, H Delusional geographies: the experiential worlds of people during madness/illness, *Environment and Planning D: Society and Space* 17, 1999,pp.673-690.
（15）佐々木高弘『民話の地理学』古今書院、二〇〇三。
（16）Gesler, W. M.Therapeutic landscapes: medical issues in light of the new cultural geography, *Social Science and Medicine* 34-7, 1992,pp.735-746. Gesler, W. M,Therapeutic landscapes: theory and a case study of Epidauros, Greece, *Environment and Planning D: Society and Space* 11.,1993, pp. 171-189.

末

洪水神話の環境知覚
——災害認知の歴史地理

（1）中つ国へ語りかける神——メソポタミアの洪水

天界から湧き出た水が、世界軸を伝って地上へと流れ、人間界を潤す。そのように世界創造の神話風景を見るのであれば、洪水神話もまた、極めて似た風景を有している。なぜなら、天界からの多量の水がもたらされる神話世界の風景だからだ。このように両者は、同一の神話風景をもちながら、前者は世界を創造するのに対し、後者は世界を徹底的に破壊する。とはいえ、洪水神話には神々の葛藤が見え隠れする。破壊はするのだが、何とか世界を維持しようとする葛藤である。そして神のメッセージが、天から人の居住する中つ国へと囁かれるのであった。

紀元前二七〇〇年頃に、メソポタミアに実在したウルクの王、ギルガメシュの物語、『ギルガメシュ叙事詩』に、次のような洪水神話が挿入されている[1]。それは、ギルガメシュが永遠の命を得るために、神より不死を得た人、ウトナピシュティムを訪問したところから始まる。

　ウトナピシュティムはギルガメシュにむかって言った。「ギルガメシュよ、お前に秘事を明かしてあげよう。そして神々の秘密をお前に話してあげよう。シュルッパクの町は、おまえも知っている町だが、ユーフラテスの河岸に位置している。それは古い町で、なかに神々が棲んでいた。彼らは、大いなる神々に洪水をおこさせたのだ」。

ユーフラテス川の河岸にあった古い町のシュルッパクに、神々が住んでいたが、彼らは洪水を起こして人類と地上のすべての生物を亡ぼすことに決めた。ところがその相談の場にいた知恵の神のエアは、ウトナピシュティムという人の住む家の葦の壁の隙間から、風の声を送って、次のように語りかけた。

葦屋よ、葦屋よ、壁よ、壁よ、葦屋よ、聞け。壁よ、考えよ。シュルッパクの人、ウバラ・トゥトゥの息子よ、家を打ちこわし、船をつくれ。持物をあきらめ、おまえの命を求めよ。品物のことを忘れ、おまえの命を救え。すべての生きものの種子を船に運びこめ。お前が造るべきその船は、その寸法を定められた通りにせねばならぬ。

このように神は、地上の特定の人間に語りかけたのであった。その特定の人とはウトナピシュティムであった。彼にはアトラハシスの称号が与えられている。その意味は「並外れて賢き者」であった(2)。彼は神に選ばれた賢者であったがゆえに、この奇妙な風の声を無視することなく、ちゃんと聞き取ることが出来たのである。ユング派の深層心理学で言えば、その風の声とは自分自身の心の声なのであろう。ウトナピシュティムは自分の内部から発せられた声を聞くことが出来た、つまり周囲に惑わされず、自身が正しいと思ったことを成し遂げることの出来る人、そのような人物を紀元前のシュメール人たちは

「並外れた賢者」と考えていたのである。
　無意識の発見は、神話のこのような解釈を可能にし、また紀元前の特定の場所の物語という制約から、神話を解放した。私たちは、この特定の神話を、現代人の心に写し出すことだって出来るし、異なる時代や国の、その他の神話や場所にも、写し出すことが出来るのである。したがって本章から以降では、世界の数々の洪水神話や、その他の様々な伝承とを、所を変え品を変え、検討することになろう。
　その前に、この神話のその後の展開を紹介しておこう。ウトナピシュティムは続ける。

　私はききわけたので、わが主エアにむかって言った。「わが主よ、あなたが言われたことを、私はつつしんで行います。だが私は町や人びとや長老たちになんと答えましょうか」。エアは口を開いて語りはじめた。彼の下僕である私にむかって彼は言った。「お前は彼らに話すがよい。エンリルが私を心よく思わぬことを知ったので、私はあなたたちの町には住めなくなったし、エンリルの領地にわが足をおくこともできない」。

と、このように神は嘘のつきかたまで教えてくれたのだった。ウトナピシュティムはそこでさっそく、命じられた通りの巨大な箱舟を建造し、そのなかに自分の財産と食糧などを積みこみ、家族とすべての種類の地上の生物を乗せて、七日目に入口をふさいだ。すると夜明けと共に黒雲が湧き起こり、雷鳴がなり、それから六日六晩のあいだ、猛烈な雨と風と嵐が荒れ狂い、全地が洪水で覆われた。神々もこの洪水には驚き天へと身を隠す。この神々の恐怖を紹介しよう。

神々は洪水に驚きあわて、退いてアヌの天へと登って行った。神々は犬のように縮こまり、外壁に身をひそめた。イシュタルは人間の女のように叫びわめいた。声よき神々の寵姫は高らかに声を張り上げた。「古き日々は、みよ、粘土に帰してしまった。私が神々の集いで禍事を口にしたからだ。なぜ神々の集いで禍事を口にしたのだろう。私の人間たちを滅ぼす戦いを言い出したのだろう。この私こそ人間たちを生み出した者であるのに。魚の卵のように彼らは海に満ち満ちたのに」。アヌンナキの神々は彼女とともに泣いた。心沈んだ神々は坐って泣いた。

かつての神々の姿とは、このように弱々しい部分も持ち合わせていたのだった。それは心理学的に言えば、私たちの無意識から発せられたものなのであるから、このように人間的弱さも、逆に横暴ぶりもあって当然なのであろう。ユング派の心理学者は次のように指摘している。「そしてここにも、宗教上きわめて興味深いことがある。…彼女（イシュタル）は、この悲惨な決定の張本人として、みずからを指し示す。…神々は、自身の計り知れなさにおののく。いわば、彼らのしたことが、彼らの身に起こるのである。彼らが彼ら自身に起こるといってよい。彼らは彼ら自身に圧倒される。しかし、最も印象的な一節は、イシュタルの嘆きである。イシュタルは、自分が張本人であると言う。以前の彼女のふるまいを思えば、何か根本的にあたらしいものがわれわれの注意をひく。それは何か？」それを心理学者は彼女自身の内省ととった。それが意識の成長であり、洪水という無意識から意識を救い出す、つまり意識の成長を意味するのだと(3)。つまり私たちの内でも起こりうることなのだ。このように神々を捉えることを心理学は可能にしたのである。

さて、七日目になると嵐がようやく止み、洪水も引き始めた。箱舟はやがて、ニシル山に漂着して、そこに止まった。それから六日間舟のなかで過ごしたあと、七日目にウトナピシュティムは、奇妙な行動に出る。

私は鳩を解き放してやった。鳩は立ち去ったが、舞いもどって来た。休み場所が見あたらないので、帰ってきた。私は燕を解き放してやった。燕は立ち去ったが、舞いもどって来た。休み場所が見あたらないので、帰ってきた。私は大鳥を解き放してやった。大鳥は立ち去り、水が引いたのを見て、ものを食べ、ぐるぐるまわり、カアカア鳴き、帰って来なかった。そこで私は四つの風に鳥のすべてを解き放ち、犠牲を捧げた。私は山の頂きにお神酒を注いだ。七つ、また七つの酒盃を私は置き、その台のうえには葦と杉の木と香木テンニンカを置いた。神はその香をかいだ。神々はその好ましい香をかいだ。神々は蠅のように犠牲の施主のもとに集まった。

なんと彼は三種類の鳥を次々と放ち、水が引いたかどうかを知ろうとしたのである。なぜ鳥を使わねばならなかったのだろう。「並外れた賢者」のことだ、おそらく何らかの意味があるのだろう。その後イシュタルはアヌが造った宝石を首にかけ、この宝石にかけてこの日のことを決して忘れないと誓い、この洪水を起こしたエンリルを非難する。これで十分な内省が出来ていたのだろうか。しかしこれも私たちの内で起こったことだと考えれば、納得もいく。そこに嵐の神のエンリルがやってきて、舟を見て激怒する。すると嵐を起こす神ニヌルタが、エアがウトナピシュティムに教えたのだと言った。だがエアはエンリルに向かって、悪者だけを亡ぼすべきであったのにと、行き過ぎた残酷さを非難し、洪水でなく別のやり方で人間の数を減らすことを計るべきだったと言った。そして神々の秘密をエアがウトナピシュティムに教えたわけではなく、彼はただエアから送られた夢を見て、自分の優れた知恵によってそれを覚ったのだと言った。するとエンリルは天から箱舟の上に降りてきて、ウトナピシュティムとその妻を自分の側にひざまずかせ、祝福を与えた。そして彼らを、神々のように不死にしてやり、人間の住む世界から遠く離れた、川の水の流れ出る河口に連れて行ってそこに住まわせたのだった。このようにして、ウトナピシュティムが不死となったいきさつを、ギルガメシュに語ったのであった。

このように古代メソポタミアでは、神によって天界から水が大量に地上界へと注がれ、たちまち地上は洪水に見舞われてしまったのであった。これも神のメッセージと言えるだろう。

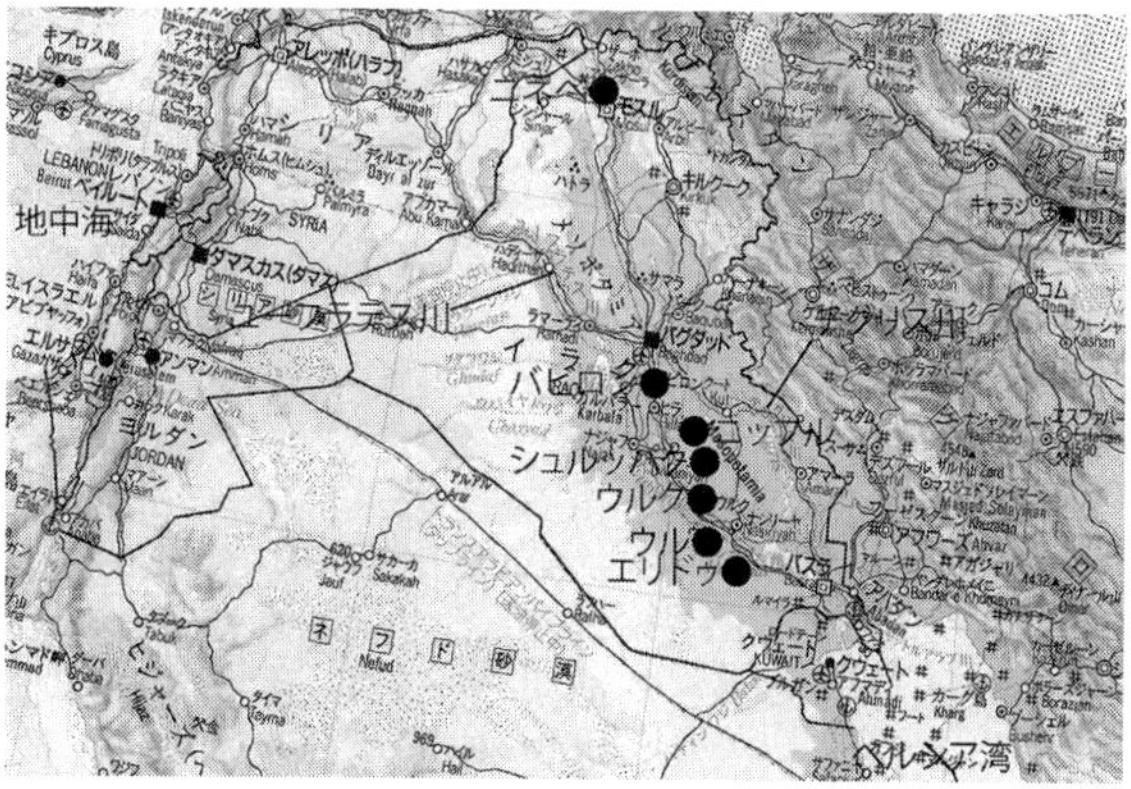

図１　シュメール人の神話関係地名

この『ギルガメシュ叙事詩』は、シュメール人によって語られた神話である。紀元前三五〇〇年頃にシュメール人がメソポタミアに侵入した頃、すでにチグリス・ユーフラテス川による灌漑農耕があったとされている。そこに存在した農業集落を都市に発展させ、古代国家を成立させたのが、彼らシュメール人たちで、その後、楔形文字を生み、紀元前二八〇〇頃には初期王朝時代が始まる。この物語の舞台となったシュルッパクにも、ウルやウルクとならび王朝が成立した（図1）。

このシュメール人の洪水伝承は、このメソポタミアにおける古代国家形成を物語っているのだとする見解がある(4)。それによると、この伝承の主旨は、大河のほとりに住み着いた人々が、互いに争い戦うようになったので、神々は地上に七日七晩の大洪水を起こし、無秩序状態に終止符を打った。神々によって救済されたのはウトナピシュティムの一族だけで、そうすれば彼らは町や神殿を建て信仰を深めるであろう。その後、王権が天から舞い降り、世界を統制することになる。別のシュメールの洪水伝承(5)には次のようにある。

王権の聖なる王冠と玉座とが天より降ってきたのち、彼らは…五つの町を…清らかな土地に建設し、それらの名を首都として神々に…配分した。

したがってシュメール人の都市国家は神の守護のもとに成立する。ウルクは愛の女神イシュタル(ギリシア神話のアプロディーテ、ローマ神話のヴィーナスに相当)、エリドゥはエア(水の男神)、ニップルはエンリル(地の男神)を守護神としたのであった。この考え方は、いままで紹介してきた神話と都市、あるいは地域との関係、あるいは王権の成立とも、やはり一致する。

(2) 神話伝承と環境知覚研究——知覚地理学の災害研究

さて、ここまで述べてきたような、洪水に関する神話や伝承は、歴史地理学的に見たら、どのような研究分野に入るのだろう。ここでは、少しこれら学問的背景について振り返っておこう。

一九六〇年代に隆盛した、知覚地理学（perceptual geography）は、心理学や文化人類学の研究成果を取り入れ、特に災害知覚・行動地理学・文化地理学・歴史地理学の分野において発展した(6)。その主な原因は、「なぜある文化集団が、その自然環境において、そのようなことをしたのか」という問いに、環境がどのようなものであったかだけでなく、その文化を共有する人たちが、その環境をどのように知覚していたのか、私たちはそのことを知る必要がある、との要請があったからである。また、地理学史的には、もともとは文化を、人間の環境に対する適応戦略としてとらえる、文化生態学的研究の一思考に系譜を持ち、環境決定論や可能論に次いで出てきた、欧米の地理学の理論として、知覚地理学を捉えることも出来る(7)。

なぜ、上に記した分野で特に発展したのかは、やはり、心理学や文化人類学に帰するところが大きいだろう。知覚や行動、あるいはイメージといった術語は、心理学から来たものである。人間は一人ひとり、世界を違って知覚している、との考え方は、私たちの五感から脳に至るまで、決して同じでないことからきている。またこの知覚に及ぼす、私たちの経験も、一人ひとり違っている。そのことが、私たちの知覚を、さらに個性化する。またこの知覚には、文化的価値観や民俗慣習などが影響を与える。これらの知見から、歴史地理学は、異なる時代の文化集団の、文化地理学は、異なる地域の文化集団の、地理的行動を理解するのに、その行動のもととなる、知覚やイメージを研究する必要性に迫られたのだ。

地理学の災害研究においても、この分野は早くから発展した(8)。人々はなぜ自然災害の多発する地域に居住するのか、といった問いも、彼らはどのように自然環境を知覚しているのか、を知ることが必要となるからだ（写真1）。またこの災害の知覚研究は、歴史地理学とも結びついた。先にも述べた、環境への適応戦略としての文化、とも関連するのだが、環境の知覚のうち、私たちが居住地として場所

写真1　長崎県普賢岳と火山灰に埋まった家の屋根
人びとは被災直後に農地を整え，家屋を再建し居住している．佐々木撮影．

を選定する際に、特に強く知覚する要素として、災害があると考えられた。そこで、ある時代の、ある地域の、ある文化集団が、自然災害の適応に、ある程度成功してきたことの過去の要因を、歴史地理学でも研究するようになった。一つは、自然災害に対して人間集団はいかに行動するのか、もう一つは、なぜ自然災害を受けやすい地域に、集落が長期にわたって存在するのか、それらの点を研究課題とした[9]。

また以上の視点は、移住研究とも結びついた。なぜなら、ある文化集団が、移住するとき、どのようにその環境を評価し、新天地と定めていたか、ということが重要になるからである。特に農業作物と土壌や気候との関係は、災害知覚とも結びつく。特に北米においては、開拓時代の移住者の自然環境の知覚のあり方に焦点が当てられた。多くの場合、移住者達は、実際の環境とは、異なる評価、見積もりを行い、居住地を選定していることがわかった[10]。彼らはかつて住んでいた、風景に対する眼差しを、新しい環境でもイメージ化し、居住地として選定していたのだった。これら地理的行動も、彼らの環境知覚のあり方が大きく作用していると考えられるのだ。

私たちは、異なる地域や時代の人々や個人について、つい素のまま評価しがちだが、地理学における知覚という概念の導入は、その過ちを、心理学や文化人類学の知見から、明確化した。と同時に、私たちの近代科学的合理主義に基づく環境知覚も、相対化された。そして近年の環境破壊は、歴史上、最も優位だと思いこんでいた、この私たちの環境知覚の、様々な問題点を、逆に浮かび上がらせることにもなった。

これら知覚地理学から導き出された、結論をみると、一見、私たち人類は常に「誤った、あるいは歪んだ環境知覚」を繰り返しているように思える。私たちの信頼すべき科学にも問題はあった。何が正しい環境知覚なのかはわからないが、とりあえず言えることは、人々はその時代時代に、信頼すべき何かに基づいて、環境を知覚しているということだ。それが時間的、空間的、文化的外部から眺めたときに、初めて「誤った、あるいは歪んだ環境知覚」と評することができるのである。つまり私たちは、これらの部内者であるとき、なかなかその信頼すべき何かに逆らうことは出来ないのだ。

さて、その信頼すべき何か、であるが、特定の文化集団には、色々なレベルで、その何かが存在している。そのなか、最も人々の行動を拘束するものとして、神話があげられる。

この神話研究も文化人類学と心理学で行われている。神話とは、伝説や昔話と並んで、民間説話の一部をなしているが、それぞれは、それらを語る社会の人々との関係が異なる。昔話が虚構として語られているのに対して、伝説や神話は、本当にあったこととして語られる。伝説と神話の違いは、伝説は、語り手が真実性を主張する話であるのに対して、神話は、疑ってはならない真理として伝承されてきた。もちろんこの民間説話の分類は、部外者である研究者のものであって、語り手たちは、その違いにあまり気づいていない。せいぜいあるとしたら、嘘の話と本当の話、程度の区別である。

文化人類学はこの神話を、部外者であることを前提に、長くその社会に参与しつつ、できるだけ部内者の視点から研究しようとする。この方法を参与観察と呼んでいるが、彼らの成果によると、神話は、それを信じる社会の人たちの、様々な価値観や行動を支配しているようだ。マリノフスキーは「その社会の人々にとって神話は、儀礼的行動、倫理的行動、社会組織など、人々の実際の活動を規定する真理なのだ[11]」と述べている。

一般的に、神話の内容そのものは、部外者であるなら、私たちにとってそれは荒唐無稽な話だ。だからそれを信じる人たちを、そこから助けたい、あるいはそれが無理とわかったら嘲笑、侮蔑する。異文化や、あるいは古代や中世の人々の行動を知ったとき、そのように思う人々は一般的に多い。場合によってはそれが、異文化摩擦を呼び起こし、植民地時代や、現代にも通じる数々の不幸を生み出してきた。「知覚」という研究には、そのような過ちを正そうとする、思慮も含まれている。信頼すべき何かは、どの時代のどの文化にも存在しており、私たちはそれに頼って生きるしかない、ということを認識しておくことが重要なのだ。そして私たちにも神話があることを。このように人類学の研究成果が、社会的に注目を集めるようになると、かつての神話といえば荒唐無稽という評価から、当該社会の人たちにとっては紛れもない真実、という評価へと変わる[12]。

さて、未開社会だけでなく、私たちの近代的な社会でも、同じような神話が機能している。そのことを指摘したのが、心理学である。心理学は特定の個人の異常な行動を、支配している何かを見いだそうとする。その時、この人類学の神話のアイディアが参考となった。ユングは、夢の内容や精神病患者の幻覚に、この神話に似た要素を見いだし、心と神話との深い関係を主張した[13]。「知覚」に焦点をしぼって、心と神話の関係から見いだされた、興味深い考え方に「投射」という術語がある。「投射」とは、人の内的イメージやシンボルを、外部世界に押し出して、知覚することである。したがって、外部世界にある人やモノに、私たちは神話的シンボルを投射して見ていることになる。初対面の人を好きになったり、嫌いになったり出来るのは、このためだ、と言うわけである。新しい土地に出合ったときも、同じ知覚現象が私たちにも起こるかも知れない。

確かに、外部世界の「知覚」に際して、人あるいは人間集団は、それぞれ個性的である。その要因の一つに、神話的なものが関わっているというのだ。ユング派の心理学者、フランツは、人間は、未知の世界に接したとき、神話的シンボルを現実世界に投射する、と言う。創造神話はそのようにして生まれたのだと。なぜなら、人は見知らぬ土地に入ったとき、精神的、肉体的に危険な状況に陥る。それは自分のルーツを失い、新しい環境にも適応していないからだ。見知らぬ土地を自己の所有と認識するのに、そしてこの混乱から脱するために、新しい秩序、つまり宇宙を創造する必要に迫られるのだ(14)。この新しい土地への進入に際する、人の「知覚」のアイディアは、移民の環境知覚研究にとって、たいへん興味深い指摘だ。

私は、かつて「新しい土地を開拓するとき」、「新しい権力を樹立するとき」に、人々はかつていた古い土地の神話を当てはめ、この新しい土地は、私たちが創造したのだと解釈していたのではないか、という点を、日本神話を事例に、述べたことがある。移住するとき、かつていた古い土地の景観と似通った景観を、新しい土地に見立てて定着する。その時に、神話が人々の環境知覚に影響を与えていたのではないかと(15)。

（3）ノアの箱舟　——聖書の洪水

さて、数ある洪水神話のなかで最も知られているのが「ノアの箱舟」であろう。『旧約聖書』創世記(16)を引用してみよう。

その時代において、ノアだけは義しい人、全き人であった。ノアは神とともに歩んだ。ノアにはセム、ハム、ヤペテという三人の息子があった。ときに地は、神の目にあまるほど墜落し、暴力が地に満ちていた。神が地を見わたしたところ、それはもう墜落の極みであった…そこで神はノアに言った。「どうやらすべての被造物に終わりが来たようだ。彼らによって暴力が地に満ちたからだ。このうえは、地もろとも彼らを滅ぼしてしまおう。おまえはゴフェルの木で箱舟を作れ。箱舟には小部屋を作り、内側にも外側にも瀝青を塗れ。これがその作り方だ。…さあ、わたしは地上に洪水を起こし、天の下で生命の息のあるすべての被造物を滅ぼす。地上の万物は死に絶えるであろう。しかし、わたしはおまえと契約を結ぶ。おまえは箱舟に入れ、妻子や嫁たちをともなって。それから、すべての生きもの、すべての被造物の中から二つずつ箱舟の中に入れて、おまえとともに生きのこらせるようにせよ。もちろん雌雄一つがいずつだ。鳥も類ごとに、家畜も類ごとに、地を這うものもすべて類ごとに、あらゆるものから一つがいずつ取り、おまえの所に持ちこんで生き残らせよ。また、およそ食べられる物はなんであろうと拾い集め、自分とこれらのものの食料とせよ」。ノアはそうした。すべて神から命ぜられたとおり実行した。ヤハウェがノアに言った。「おまえとおまえの家族はみな箱舟に入れ。まことに、わたしの見るところ、おまえだけがこの時代にあって義しい。すべての浄い家畜の中から雌雄七つがいずつ、不浄の家畜の中からは雌雄一つがいずつを取れ。また空の鳥の中から、これも雌雄七つがいずつ取って、その種が全地の表に絶えないようにせよ。なぜなら、あと七日たったら、わたしは地の上に四拾日四十夜雨を降らせる。そして、わたしの作ったいっさいのものを、地の表からぬぐい去ってしまうからだ」ノアはすべてヤハウェの命令どおりにした。洪水が地に臨んだとき、ノアは六百歳であった。ノアは妻子や嫁たちとともに、洪水を避けて箱舟に入った。…七日たつと洪水が地に臨んだ。…天の水門が開いた。雨は地上に四十日四十夜降りつづいた。…そこでヤハウェが、箱舟の入口を閉じた。洪水は（四十日間）地につづき、水かさが増し、箱舟をもちあげたので、箱舟は地上はるかに浮かんだ。水はぐんぐんとふえて地をおおったが、箱舟は水の上をただよった。水はさらに恐ろしく増して地上にあふれ、天の下にある高い山々もすべて、すっかり隠れてしまった。…そこですべての被造物、すなわち、地を這うもの、鳥、家畜、野獣、地に群がるすべての小動物、およびすべての人間が、ことごとく死に絶えた。…水は百五十日の間、地上にあふれていた。さて神は、ノアおよび彼とともに箱舟にいたすべての野獣、すべての家畜を思い出し、地上に風を吹かせたので、水がひき始めた。淵の源と天の水門が閉じ、雨も降りやんだ。水はだんだん地上からひいて、百五十日の終わりになって減り始めた。そして箱舟は、七月の十七日にアララテの山にとどまった。水はなおも減りつづけて十月になり、十月の一日には山々の頂が現れた。さらに四十日たったとき、ノアはさきに作っておいた箱舟の窓を開いて、鴉を放した。すると鴉は出ていって、水が地上からひあがるまで、あちらこちらと飛びまわっていた。次にノアは、水が地方からひいたかどうかを見ようとして、鳩を放した。ところが鳩は足のうらを休ませる所が見つからなかったので、箱舟に帰ってきた。水がまだ全地の表にあったからである。そこでノアは手を伸べて鳩をとらえ、箱舟にもどした。さらに七日待って、彼はふたたび鳩を箱舟から放した。そこすると、鳩は夕方になって帰ってきた。見ると、その口にオリーブの若葉をくわえていた。そこでノアは、水が地上からひいたことを知った。さらにもう七日待って鳩を放したところ、鳩はもはや彼のもとに帰ってこなかった。…ノアは箱舟のおおいを取った。見ると、土の表が乾いているではないか。…そこで神がノアに告げた。「さあ、みんな箱舟から出よ、おまえたち夫婦、息子と嫁たちもいっしょに。それから、すべての被造物の中からおまえのもとに集めてあった生きもの、すなわち、鳥、家畜、地を這うすべてのものらも、みんな出してやれ。そして、地に群がり、産み、殖えるようにするのだ」。ノアは妻子や嫁たちとともに出た。すべての野獣、すべての家畜、すべての鳥、すべての地を這うものらも、その類ごとに箱舟を出た。そこで、ノアはヤハウェのために祭壇を築いた。そして、すべての浄い家畜とすべての浄い鳥の中から選んで、その祭壇の上で燔祭をささげた。ヤハウェは心をなごませるとその匂いをかいで、ひとりごとを言った。「今後ふたたび人間のゆえに地を呪うことはしまい。人間の心の動きは、子どもの時から悪いのだから。また、今度のように、すべての生命あるものを滅ぼすことも、ふたたびしまい。地のあらんかぎり、種まきと刈入れ、暑さと寒さ、夏と冬、昼と夜とがやむことはない」…箱舟から出たノアの子らは、セム、ハム、ヤベテであった。この三人はノアの子で、彼らから全地の民が別れ出た。…神が言った。「わたしとおまえたち、ならびに、おまえたちとともにいるすべての生きものとの間に、永遠にわたってわたしが結ぶ契約の徴はこれである。雲の中にわが弓をおき、これをわたしと地との契約の徴としよう。地の上に雲が湧き、雲の中に弓が現れるとき、わたしとおまえたち、およびすべての生きものとの契約を思い起こそう。水がふたたび洪水となり、全被造物を滅ぼすことはない…」。

なんとあの『ギルガメシュ叙事詩』に挿入された洪水神話にそっくりではないか。ただしこれは奇妙な一致なのではなく、『旧約聖書』があのメソポタミアの伝承を借用した、というのが大方の意見である。この『ギルガメシュ叙事詩』は紀元前一〇〇〇年代前半頃の、新アッシリア時代のアッシュルバニバル王の図書館より出土した粘土板から得られたものだが、この物語の場面を描いた絵画的表現を有する円筒印章がさらに古い年代で出土しており、おそらく紀元前三〇〇〇年頃には、口頭で、あるいは絵画で流布していたことがわかっている。しかもそれが紀元前二〇〇〇年頃にはエーゲ海にまで広がっていたことが知られている(17)。したがってこの頃には、ギリシア世界にまで影響を与えていた可能性があるのだ。

図2　『ギルガメシュ叙事詩』の洪水神話のある粘土板
『ギルガメシュ叙事詩』筑摩書房, 1998, 143頁より.

またこの粘土板がニネベにおいて発掘されたのが一八五〇年で、数多くのその他の粘土板とともに大英博物館に運ばれた。発掘時、あるいは運搬時に破壊された粘土板を修復する作業時に、同博物館のジョージ・スミスが『旧約聖書』の「ノアの箱舟」の記事とほとんど同じものを、一八七二年に見つける(18)。それは粘土板（図2）に記された、ニシル山に着いた箱舟、そして鳩を放した場面であったという。同年ロンドンの聖書考古学会で「カルデアの大洪水説話」として発表し、大きな反響を得た。

このようにあの「ノアの箱舟」の原点は、どうも現在のイラクのユーフラテス川にあったのだ。もう様々な先学によって両者の比較がなされているが、本書で注目すべき点をいくつか指摘しておこう。それは、最初にも記した通り、『旧約聖書』では「天の水門」とあるように、天界から水が流される点である。これはまさに神話世界の風景の重要な要素であろう。それは地上界を潤すこともあるが、破壊することもある。しかし両者ともそこから人類や王権が誕生するのは同じである。さらに注目したいのは、天地創造の際における海に浮かぶ山、そして大洪水の際に箱舟が流れ着く山である。これもいわゆる世界軸の風景であろう。

知覚地理学の災害研究から見て、興味深い点もいくつか上げられる。一つは、従来から人々が居住している場所で洪水が起こっている点、もう一つは、生き残った者が、次に居住する場所を選定している点である。もちろんその洪水の原因や逃れる方法、新しい居住地の見つけ方、新しい土地が安全である保障のあり方は、時代や文化によって異なる。が、彼らはそれを正しいと知覚し行動した。そこに知覚地理学の関心がある。そしてそれを物語っているのが神話なのである。

注

（1）矢島文夫訳『ギルガメシュ叙事詩』筑摩書房、一九九八。
（2）ジョン・グレイ『オリエント神話』青土社、一九九三、一二一頁。
（3）R・S・クルーガー『ギルガメシュの探求』人文書院、一九九三、二三二～二三四頁。
（4）小川英雄『古代オリエント』講談社、一九八四、二六～四四頁。

（5）杉勇他訳『古代オリエント集』（筑摩世界文学大系1）、筑摩書房、一九七八、一一～一四頁。
（6）Tuan, Y.F., Perceptual and Cultural Geography: A Commentary, *Annals of the Association of American Geographer,* 93-4, 2003, pp.878-881.
（7）Jordan, T.G, Domosh, M. and L.Rowntree, *The Human Mosaic: A thematic Introduction to Cultural Geography*, Longman, 1997, pp.3-35.
（8）Saarinen, T.F and Sell, J.L., Environmental Perception, *Progress in Human Geography*, 4, 1980, pp.525-548.
（9）菊池利夫『歴史地理学方法論』大明堂、一九七七、一四五頁。
（10）注（7）, pp.256-257.
（11）B・マリノフスキー『呪術・科学・宗教・神話』人文書院、一九九七、一三一頁。
（12）R・ウイリアムズ『完訳キーワード辞典』平凡社、二〇〇二、二一一～二一三頁。
（13）A・サミュエルズ他『ユング心理学辞典』創元社、一九九三、八七～八八頁。
（14）M＝L・フォン・フランツ『世界創造の神話』人文書院、一九九〇、七～二八頁。
（15）佐々木高弘『民話の地理学』古今書院、二〇〇三、一四一～二〇七頁。
（16）前田護郎編『聖書』中央公論社、一九七八、六八～七二頁を要約した。
（17）C・H・ゴールドン『聖書以前』みすず書房、一九六七、四六～九三頁。
（18）芹澤茂「ノアの箱舟」『オリエント世界の誕生』（オリエント史講座1）学生社、一九八四、一四七～一五七頁。

申

洪水神話の構造と変容

――伝説から神話へ

（1）世界の洪水神話――ギリシア・インド

ところで洪水神話は、メソポタミアや『旧約聖書』だけでなく、ギリシア、そしてインドや中国など、世界に数多く伝承されている(1)。これらには、共通する何らかの構造のようなものがあるのだろうか。『旧約聖書』では、まず人間の悪行に対する神の怒りがあった。神は大洪水を起こして人間を滅ぼそうとする。しかし神に選ばれたノアだけが、箱舟を造って遁れることを許される。そしてノアの子孫が人類の祖となる。先にも述べたように、この『旧約聖書』は、メソポタミアの『ギルガメシュ叙事詩』に挿入されたウトナピシュティムの洪水神話に極めて似ている。はっきりと人間に対する神の怒りは記されていないが、前後関係からおそらくそのようなことがあったのだろう。そして選ばれたウトナピシュティムだけが箱舟を造り洪水を遁れる。しかし彼が人類の祖となったような記述は見られない。しかし両者の興味深い類似点は、鳩や烏などの鳥を箱舟から放つことで、洪水が引いたことを知る点であろう。これらの共通点が他の地域の神話にも見られるのであろうか。

まずはギリシアの洪水神話を見てみよう。

プロメーテウスに一子デウカリオーンが生まれた。彼はプティーアー付近の地に君臨して、エピメーテウスとパンドーラーの娘ピュラーを娶った。パンドーラーは神々が象った最初の女である。ゼウスが青銅時代の人間を滅ぼそうとしたときに、プロメーテウスの言によってデウカリオーンは一つの箱舟を建造し、必要品を積み込んで、ピュラーとともに乗り込んだ。ゼウスが空から大雨を降らしてヘラスの大部分の地を洪水で以て覆ったので、近くの高山に遁れた少数の者を除いては、すべての人間は滅んでしまった。その折りにテッサリアーの山々は裂け、またコリントス地峡とペロポネーソスのほかにある全土は水に覆われたのであった。デウカリオーンは九日九夜箱舟に乗って海上を漂い、パルナーッソスに流れついた。そこで雨はやんだので、箱から下りて避難の神ゼウスに犠牲を捧げた。ゼウスは彼にヘルメースを遣わして、何事でも望みのものを選ぶようにと言った。彼は人間が生じることを選んだ。そこでゼウスの言葉によって石を拾って頭ごしに投げたところが、デウカリオーンの投げた石は男、ピュラーのは女となった(2)。

ギリシア神話においても、神の怒り、洪水、そして選ばれた者の箱舟での洪水回避、そして人類の起源が語られている。しかしここには鳥の役割は見られない。

人類は再生し、ゼウスの怒りはとけた。デウカリオーンは、ギリシア人の父であり最初の王で、町や神殿の建設者だとされた。アテネにある、オリュンポスの神ゼウスの神殿を建てたのは、彼だということで、その神殿の近くには彼の墓があった。だが、キューノスでもデウカリオーンと妻ピュラーの墓があると誇っていたという(3)。このように王権の起源や都市や神殿の起源も語られている。

さてそれでは、インドの洪水神話ではどうだろう。紀元前八〇〇年頃、インド北部のガンガー河平原において、バラモン教が権力を確立した頃に成立したと考えられる、『ブラーフマナ文献』にある洪水神話を見てみよう。

早朝マヌに濯ぎの水がもたらされた、ちょうど今でも手を洗うために水を持ってくるように。彼が水を使っていると、一匹の魚が彼の手の中にはいった。その魚は彼に言葉をかけた、「私をお飼いください。あなたを助けることがありましょう」と。「何事からお前はわたしを救うのか」「洪水がこのあらゆる生物を掃蕩するでしょう。それからあなたをお救いするでしょう」「どのようにお前を飼育するのか」。魚はいった、「われわれが小さいあいだは、われわれにたくさんの危害があります。魚は魚を呑みます。始めは瓶の中で私をお飼いください。私がそれより大きくなりましたら、そのときは穴を掘って、その中で私をお飼いください。私がそれより大きくなりましたら、そのときは私を海にお放しください。そのときもはや私をおびやかす危害はないでしょう」。たちまちそれは大魚となった、それは素晴らしく成長したから。そのとき魚はいった、「かくかくの年に洪水が起こりましょう。船を設えて、私に注意してお待ちなさい。そして洪水が起こったとき、船にお乗りなさい。そうすれば私があなたをお救いいたすでしょう」。マヌはこのように魚を飼育して、海に放した。魚があらかじめ指示したその年に、マヌは船を設えて、注意して待っていた。そして大洪水が起ったとき、船に乗った。その魚は彼に泳ぎ近づいた。その角にマヌは船の索を結びつけた。それによって魚は、この北の山（ヒマラヤ）へ急いだ。魚はいった、「私はあなたを救いました。船を木に繋ぎなさい。しかし山にいるあなたを、水が隔離することのありませんように。水が退くに従って、それだけずつ下にお降りなさい」。マヌはそれだけずつ下に降りた。それゆえ北方の山のこの場所は「マヌの降り場」と呼ばれている。洪水は実にこのあらゆる生物を掃蕩した。そしてこの世界にマヌただ独りが残った。子孫を欲して、彼はたえず讃歌を唱え、苦行をしつづけた。そこで彼はまたパーカ祭（単純な祭儀）を行い、グリタ（バターの溶液）酸乳・乳漿・凝乳を水中に供えた。一年たつうちに、それから一人の婦人が現れた。彼女はいわば凝結したかのごとく出現した。彼女の足跡にはグリタが溜った。ミトラとヴァルナとが彼女に会った。両神は彼女にいった、「汝は誰か」と。「マヌの娘」「われらが娘といえ」「否」と彼女はいった、「誰にもあれ、私を生んだ者の娘であります」。両神は彼女の配分にあずかることを望んだ。彼女はそれを認めもし、また認めもしなかった。彼女は行き過ぎて、マヌのもとに来た。マヌは彼女にいった、「汝は誰か」と。「あなたの娘」「いかにして、貴女よ、そなたはわたしの娘なのか」「あなたが水中に供えたあれらの供物、グリタ（バターの溶液）酸乳・乳漿・凝乳、あなたはそれから私を生みました。私は祝福であります。祭祀の際に私を利用なさい。もし祭祀の際に私を利用するならば、あなたは子孫・家畜に富む者となりましょう。いかなる祝福を私にのぞまれましょうとも、それはすべてあなたに叶えられましょう」。それゆえ彼は祭祀の中間において彼女を利用した。何となれば、前祭と後祭との中間にあるものは、祭祀の中間であるから。子孫を欲して、彼女と共に彼はたえず讃歌を唱え、苦行をしつづけた。彼女により彼はこの子孫を生んだ、すなわちこのマヌの子孫（人類）と呼ばれるものを。彼が彼女によって望んだいかなる祝福も、それはすべて彼に叶えられた(4)。

ちなみにマヌとはインドにおける人類の始祖でブラフマーの子とされる。このマヌのあと十三人のマヌが現れ、最後のマヌが『マヌ法典』を語ったとされる。

さて、このマヌの魚を助け、それがゆえに洪水から遁れた神話は、紀元前四〇〇年頃に成立したとされる世界最大の叙事詩『マハーバーラタ』にも、ほぼ同じ話がある(5)。それによると魚が大きくなって放された河は、ガンジスとなっている。また舟がヒマラヤに辿り着いた場所を「ナンブダナ（舟を係留する場所）」と呼ぶようになったと伝えている。またマヌが助けた魚は、実は創造主ブラフマーであったことが語られる。であるならここでも神の怒りは語られないが、創造主がマヌだけをなぜか選び、洪水から救い出したことになる。そしてここでもマヌは人類の祖となる。

インドには民間伝承においても洪水神話が語られている。インド中西部山岳地帯に住むビール族の洪水神話は次のような内容となっている。

あるときのこと一人の敬虔な男が、川で洗濯をしていると、一尾の魚がやってきて、彼にやがて洪水が起こることを教えた。情深いこの男は、いつも魚たちに餌を与えていたので、その恩返しに魚が彼を助けに来たのだった。魚は彼に、大きな箱を作っておき、洪水が来たらそれに乗って難を逃れるように教えた。そこで男は、言われた通りに箱を作っておき、自分の姉妹と一羽の雄鶏といっしょにその中に避難した。洪水が終わったところで、ラーマが使者を世界の様子を見に遣わした。この使者は、雄鶏の鳴き声を聞き、箱があるのに気付いて、ラーマにそのことを報告した。そこでラーマは、その箱を自分のもとに持ってこさせた。そして中にいる男に、だれでどうやって助かったのかと、尋ねた。男は、自分の身に起こったことを、ありのままに説明した。

するとラーマは彼に、顔を次々に北と東と西に向けさせて、自分といっしょにいる女が姉妹であると誓わせた。男は三度とも、女がたしかに自分の姉妹であると言い続けた。ところがそのあとでラーマが、彼に顔を南に向けさせると、男は前に言ったことと違って、女は自分の妻であると言った。ラーマはそこで男に、荒廃した世界にまた人類を住ませよと命令した。こうして男は、自分の姉妹と結婚し、その夫婦のあいだに七人の息子と七人の娘が生れ、それから新しい人類が発生したのだという(6)。

ラーマとはヴィシュヌ神の化身で、太陽の王朝の子孫とされる。最古のサンスクリット語の叙事詩『ラーマーヤナ』の主人公でもある。魚に助けられるのは同じだが、それは普段から魚に餌を与えていたからであった。それは良き人が選ばれるべき人、と言いたげである。舟を造って逃げるのだが、姉妹と鳥を乗せている点が、『ギルガメシュ叙事詩』のウトナピシュティムや、『旧約聖書』のノアの、鳥の役割との関係を連想させずにはおかない。また姉妹との結婚と人類の起源の説明は、インドの洪水神話に特徴的なようにも思えるが、これまで見てきた世界の神話、たとえばオシリスとイシス、スサノオとスセリビメなどで、おなじみの話である。

(2) 洪水神話の構造――中国

さて、そろそろ世界の洪水神話に共通する物語の構造なるものが見えてきそうだ。もう一箇所の洪水神話を加えてから、その点について検討してみよう。まずは中国の洪水神話である。雲南省双柏県の少数民族イ族に伝わる長編叙事詩「阿晋多莫的故事」にある洪水神話である。

太古、天神が人類の心の善し悪しを試すために、神仙を下界に遣わした。そこで神仙は杖にすがる猫背姿の乞食に身をやつし、各地を遊行した。まず、東方の張の家を訪ね、物乞いをしたが、大金持ちのくせにビタ一文も恵まないばかりか、悪態をついて追い払った。そこで西の汪の館を訪ねたが、いくつもの倉に織物が山ほどあるのに、布きれ一枚もくれようとはしない。神仙はつぎに南の江の屋敷を訪ねたが、鳥や鴨が地面や池の水が見えないほどいっぱいいるのに、肉ひと切れも恵もうとしない。そこで北へ旅をし荘の家を訪ねると、倉に穀物があふれるばかりあるのに、何ひとつ施そうとはせず、冷たくあしらった。神仙はそのたびに腹を立て、どいつもこいつも冷たい奴ばかりだ、必ず災厄にあわしてやるぞ、と心に決めた。神仙は最後に中央の小さな村にたどりつき、そこに住む阿普多莫という名の男の家を訪ねた。彼は両親を早くに喪った孤児で、暮しもいたって貧しかったが、乞食姿に同情し、わずかに残っていたひと椀の食物を恵んだのである。神仙は感謝し、「百日なったら大洪水が起る。そのとき、他の人々は金銀や銅鉄の舟を造り、それに乗って逃げるだろう。だが、お前はまず葫芦を植え、実ったらそれを採って、そのなかに食べ物をもって入るがよい」と教えた。神仙はそれから天界に戻り、下界のありさまをつぶさに天神に報告した。やがて地上は大洪水にみまわれ、阿晋多莫を除き、張・汪・江・荘らすべての人類を絶滅させた。そののち、生き残った阿晋多莫は天神の娘と結婚した。やがてたくさんの子孫が生まれ、彼は人類の祖となった(7)。

ここでも人間に対する神の怒りがあり、選ばれた者だけが葫芦《ひょうたん》に乗るように言われ、洪水を回避し、その選ばれた者が人類の祖となっている。ここで新しいのは生き残った男が天神の娘と結婚する話である。これは今までも述べてきた、いわゆる神と人が結婚する神婚神話ということになろう。インドの姉妹婚も、神々の婚姻でよく語られるモチーフであるから、似ている、と言えるだろう。もう一つ同じく雲南省の少数民族納西族の「人類遷徙記」を要約してみよう。

大昔天と地は分かれておらず、神々が柱を東西南北中央に立て、天地を分けた。大海から独りの神が生まれ、その七代目に人類の祖、ツォゼルウが生まれた。彼には五人の兄弟と六人の姉妹がいて、この兄弟姉妹は適当な結婚相手が見つからなかったので、たがいに結婚してしまった。これを知った天神が怒り、大洪水を起こすことになる。ツォゼルウが畑を耕していると老人が現れ、兄弟の罪を非難する。許しを請うツォゼルウの真心を知った老人は、「雄のヤクを殺して皮をはぎ、皮鼓を作り、それに十二本の縄をつなぐのじゃ。そのうち三本は柏の木に、三本は杉の木に、三本は空に、三本は地の底に、それぞれつなぐ。皮鼓の中へは、ヤギ、犬、雄鶏、九種の穀物の種を入れるのじゃ。おまえは、刀と火打ちがねをもって、皮鼓の中に入るがよい」。ツォゼルウが家に帰って兄弟姉妹にこの話を伝えると、彼らも老人のもとに行って、助言を得るが、それは豚の皮鼓を作り何も身につけずに待て、というものであった。三日後に洪水が起こり、兄弟姉妹は流されてしまったが、ツォゼルウのみが、山の中腹に辿り着き助かる。彼は刀で皮鼓を切り外に出る。再び老人に出会い助言を求める。すると老人は次のように言った。「あの高い山のふもとに、ふたりの天女が住んでいる。ひとりはたれ目で非常に美しく、ひとりは横目で美人ではないがきだてがよい。そなたは、横目の天女をめとるように」と。しかしツォゼルウは約束を守れなかったため、結婚しても人を生むことは出来なかった。次に知恵の老人が来て助言するが、それも約束が守れない。彷徨の末ツォゼルウは仙鶴になって舞い下りた天女に出逢い、その羽衣の下にかくれて、共に昇天する。天上界で天女の父に難題を課せられる。焼畑に関する一連の作業及び牧畜に関するものが難題の内容である。それら難題を天女の助言と白い蝶、黒い蟻の援助により、それらのすべてを果たす。その後も天神に殺されそうになるところを天女の助言により切り抜ける。そしてついに結婚が許され、共に下界に降りる。天降る時、二人は天上から穀物の種やら家畜類を持ってくる。三人の子どもが生まれ、チベット族、ナシ族、ペイ族の始祖となる(8)。

この神話ではこれまでと違って、最初に兄弟姉妹婚が語られ、それが天神の怒りを買うことになる。そして洪水が起こり、やはり選ばれた男が一人、ヤクの皮鼓に入り洪水から遁れる。興味深いのはその後、鶴と化した天女と婚姻する点である。ここで世界の洪水神話に登場する鳥の役割が示唆される。ここからはあの『天稚彦草子』や、天人女房の「再会難題型」に似た話が展開する。それはプシケやスサノオの物語とも似ている。そして最後に農耕牧畜が地上に伝えられ、生まれた子がチベット族、ナシ族、ペイ族の祖となる、民族の起源が語られる。

さて、このあたりで世界の洪水神話の共通する構造を見いだせるだろうか。これら伝承には、おおよそ共通するパターンがあるように思える。話の筋としては、Ⅰ「人間の墜落とそれに対する神の怒り」、Ⅱ「神の怒りとしての洪水」、Ⅲ「残った人間の婚姻」、Ⅳ「人間や種族、あるいは農耕等の起源」があげられるだろう。そして、その他の付随的な要素として、a箱舟(単なる舟やひょうたん、動物の皮鼓)、

表1　世界の洪水神話の比較

『旧約聖書』	Ⅰ神の怒り	＋Ⅱ洪水	＋ａ箱舟	＋ｂ鳥		＋Ⅳ起源
メソポタミア	Ⅰ神の怒り	＋Ⅱ洪水	＋ａ箱舟	＋ｂ鳥		
ギリシア	Ⅰ神の怒り	＋Ⅱ洪水	＋ａ箱舟			＋Ⅳ起源
インド①		Ⅱ洪水	＋ａ箱舟	＋ｂ鳥	＋Ⅲ兄妹婚	＋Ⅳ起源
インド②	Ⅰ神の怒り	＋Ⅱ洪水	＋ａ箱舟			＋Ⅳ起源
中国①	Ⅰ神の怒り	＋Ⅱ洪水			＋Ⅲ神婚	＋Ⅳ起源
中国②	Ⅰ神の怒り	＋Ⅱ洪水	＋ａ箱舟	＋ｂ鳥	＋Ⅲ神婚	＋Ⅳ起源

そして気になるｂ鳥の役割、さらにここではｃ欠如された要素、をあげておきたい。たとえば、このように整理して、『旧約聖書』を再度見てみると、「Ⅰ神の怒り＋Ⅱ洪水＋ａ箱舟＋ｂ鳥＋Ⅳ起源」となる。そしてⅢの婚姻が欠如することとなる。このような視角から、世界の洪水神話を比較してみると、表1のようになる。ここでは便宜上、インドの『ブラーフマナ文献』をインド①、ビール族の伝承をインド②と表記している。同様に「阿晋多莫的故事」を中国①、「人類遷徒記」を中国②とした。また『ギルガメシュ叙事詩』をメソポタミアとしている。

このように大筋はほぼ同じなのだが、一覧表にしてみると、地域によっては欠如する筋や要素があることに気づく。欠如した筋や要素をどのように考えるかは、研究の視点によって異なるが、知覚地理学の視角から見るのであれば、洪水をこのように知覚した人々が住む、その地域や時代の文化的特性に焦点をしぼることになるだろう。

さて、日本にはどのような洪水神話が存在しているだろう。『日本神話事典』によると、「洪水神話」は、次のように定義される。「原初に起こった大洪水のために人々が死んだが、その時に奇跡的に助かった一対の男女が現在の人間の祖先となった、というタイプの神話」で、この神話には「兄妹婚始祖型」があり、日本ではイザナキとイザナミの国生み神話となる(9)、と。なんとあの国生み神話が洪水神話に分類されているのだ。しかし国生み神話では肝心の洪水が語られない。つまり日本の洪水神話では、肝心の洪水が欠如するのである。

先に、欠如した筋や要素は、地域や時代の文化的特性となる、と指摘したが、図1に見るように、ヨーロッパの多くでは、Ⅲの「残った人間の結婚」が欠如している。それに対して、インド、あるいは中国でも「兄妹婚」である場合が多い。日本の洪水神話も、洪水が欠如しているが、「兄妹婚」は語られている。ヨーロッパにおいて「兄妹婚」が欠如するのは、おそらくその後のキリスト教社会において、強く近親婚がタブー視されたことが原因となっているのだろう。しかし、洪水神話と呼ばれる伝承から洪水が欠如している場合、そもそもその伝承を洪水神話の範疇に入れてよいのだろうか。あるいは、日本には洪水神話が存在しない特異な地域なのだ、と断じるべきなのだろうか(10)。

そうではなく、欠如した筋や要素を、地域性の問題としてとらえるのであれば、洪水神話そのものの、話型分類の世界比較に終始するのではなく、むしろ洪水の多発する特定地域を想定し、そこの伝承を検証してみるという方法が有効かも知れない。つまり特定の神話伝承を軸に、欠如した筋や要素を検討するのではなく、特定の洪水の多発する地域を軸に、そこで語られている様々な伝承を検討しようというのだ。

（3）京都府亀岡盆地に残る諸伝承

ここで事例紹介する京都府亀岡市の伝承群は、桂川の本流や支流が流れ込み、その水流が南部に集中する盆地にある。ところが、排水口は保津川が主で、しかも保津川は狭く蛇行しつつ峡谷を流れる。そのことが盆地内の排水を困難にし、遊水池を出現しやすい地形環境にある(11)。つまり洪水が起こりやすい地域なのだ（図1）。

このような環境に住む人々は、どのようにこの盆地を知覚していたのだろう。それを示す次のような神話的伝承が存在する。

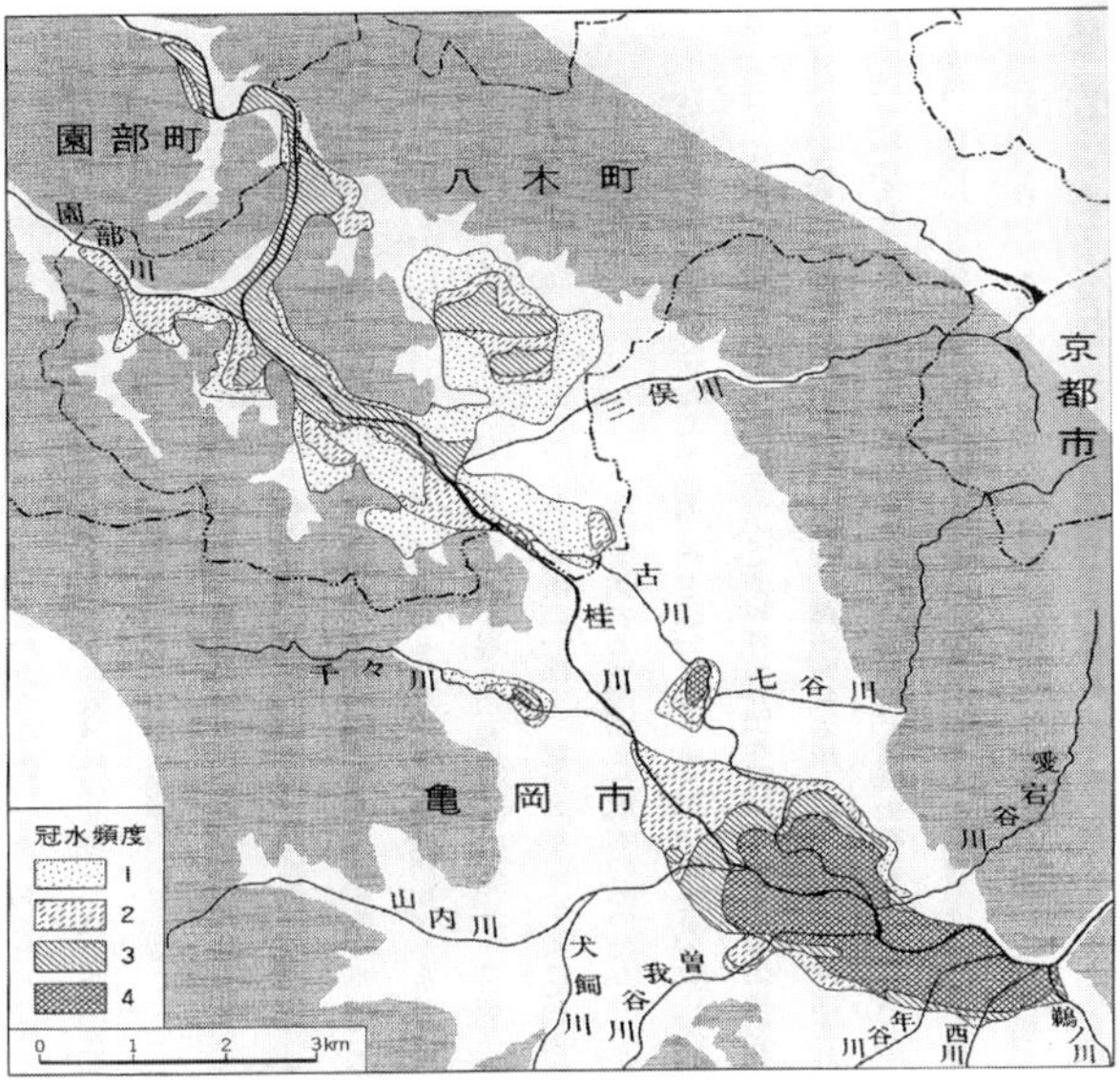

図1　亀岡盆地の洪水時の冠水地帯
亀岡市史編さん委員会『新編亀岡市史　本文編1』亀岡市，97ページより．

> 保津村へ始めてやって来られた神様は請田神社の美保津姫命で、丹波一面が海のやうになっていたのを、山を砕き海を埋めて一筋の川を開かれた。そこで、姫の御名、美保津姫命の保津を取って村及び川の名とし、由来保津村、保津川と称して今日に至っている。因みに請田神社は古来松尾神社とも称せられ、その実際の祭神は大山咋神で、宇岩尾に鎮座し、保津川の急湍に臨む景勝の地を占め、明治六年に村社に列した(12)。

排水が困難で、遊水池を出現しやすい環境は、神話的には「海のよう」と

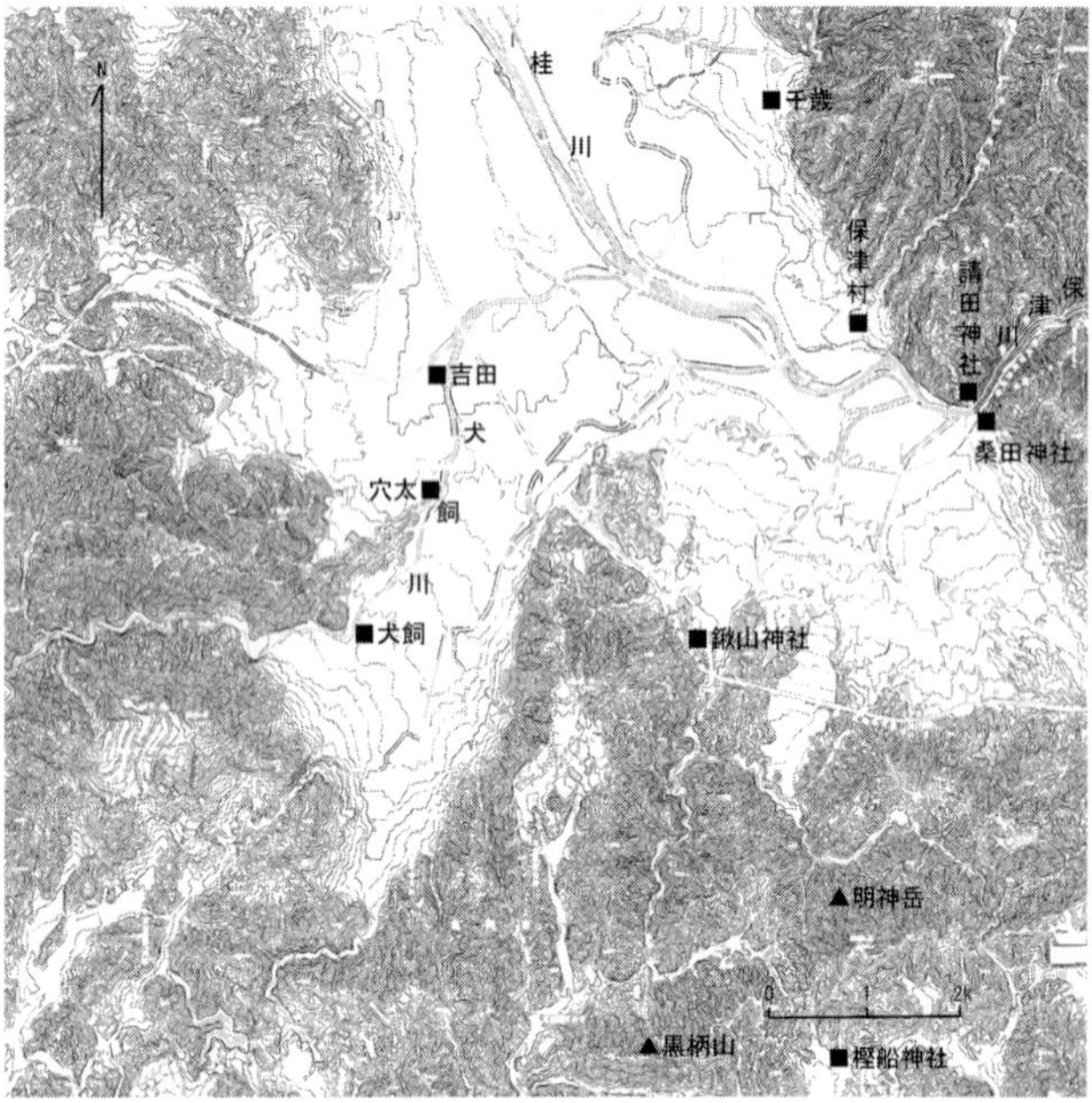

図2　亀岡盆地の水系と伝承地

して知覚されていた。そして排水口となる保津川は神が開いたのだと。確かに、保津川は亀岡盆地の水を排水している。次の伝承でも神々の排水事業が語られる。

丹波国の湖の水を全部何処かへ流して了ふと、その跡に平地が出来て、五穀が実るといふので、請田神社、鍬山神社、持籠神社の三柱の神様が、保津の谷川へその水を流す方法に就いて種々相談せられた。その結果、仕事の費用は全部請田神社が引き請けられ、その代りに鍬山神は鍬で、持籠神は持籠で、それぞれ仕事をせられたと伝えられている(13)。

図2の請田・鍬山・桑田（旧請田大明神）の神々が亀岡盆地を開拓した神話である。まさにこれら社の取り囲む地帯が、遊水池となる。このようにこの神話も亀岡盆地は湖だったと知覚している。つまり、

科学的データとして亀岡の地形環境と、神話的伝承に見る知覚環境とが、ある程度の類似を示しているのだ。

さて、このような地域で、先に示した、世界の洪水神話のⅠ～Ⅳの筋や諸要素を、現在にまで残る伝承群に、見いだすことができるのだろうか。

ここまでに紹介した二つの伝承は、亀岡盆地が海や湖であった、そしてそれを排水して、今のように、居住あるいは農耕が可能な土地になった、そしてそれは神々の仕業なのだ、と読める。この盆地に居住することとなった、起源伝承（Ⅳ）だと考えられる。

この一連の亀岡盆地の起源伝承には、箱舟（a）を示唆する語りがある。

> 亀岡は大昔湖で、亀山城址の辺りは島であった。大国主命が樫田村字田能に祀ってある樫船神社から船を借りてこの湖を切り開かれた際、湖中に大蛇が棲んでいたので、命はそれをお平らげになって無事に亀岡の地を開拓されたと云われている。亀岡町の氏神である鍬山神社の例祭に出る山車の一つが、舟を型どったもので、而もその舟の下部に水が飛び散って居る様が描いてあって、その水玉が青色と赤色とに塗ってあるのは、如上の伝説に根拠を置くもので、赤色は即ち大蛇の血を表すものである(14)。

この湖に大蛇が棲んでいた、とあるのは、世界神話の比較の視点から見ても、深層心理学の視点から見ても興味深い。なぜなら、この混沌を示す大蛇は、あの北欧神話の海にもいたし（子―図2）、古代エジプトにおける「神聖甲虫」の乗る舟の下にも描かれていた（丑―図2）からである。しかも北欧神話では舟に乗ったトールによって、この大蛇は釣り上げられている(子—写真5)。そっくりではないか。しかも北欧神話でも洪水は語られていない。

また先のインド①のマヌの魚を助ける話では、『マハーバーラタ』の場合、洪水に際し水中にナーガ(竜=大蛇)がいたと記されている。インドでは、新しい土地に家を建てるとき、最初に儀礼として杭を打つのは、ナーガの頭を押さえるためだとされている[15]。このことはユング派の深層心理学で、新しい土地に居住を決めたとき、そこにウロボロス(龍やドラゴン、大蛇)を人々は投射する、と指摘している点に符合するのである[16]。投射については前章で述べた。もう一度述べよう。人間は、未知の世界に接したとき、神話的シンボルを現実世界に投射する。創造神話はそのようにして生まれたのだ。なぜなら、人は見知らぬ土地に入ったとき、精神的、肉体的に危険な状況に陥る。それは自分のルーツを失い、新しい環境にも適応していないからだ。見知らぬ土地を自己の所有と認識するのに、そしてこの混乱から脱するために、新しい秩序、つまり宇宙を創造する必要に迫られるのだ。

ここに紹介した世界の洪水神話は、ほとんどが同時に起源神話、つまり新しい土地への移住であり、開拓神話なのだ。つまり洪水神話と新しい土地の開拓を、このウロボロスというシンボルが、取り持っているのである。そのウロボロスが亀岡盆地の伝承にもいた。しかも鍬山神社の例祭に出る山車として箱舟が再現され、その山車の下部には、その大蛇の血が描かれていたという。その山車は今はないが、図3は江戸時代(寛政十一年)に描き残された山車の図である。確かに山車の下部に浪幕と表記があり、赤と書かれている。その目録には、「浪の模様を赤く描くように」との指示まである[17]。

そしてこの亀岡盆地のある国名、丹波国の由来が次のように語られる。

東丹波の最東端、篠村の東はいわゆる大江山であるが、昔この山の西麓に大池があって大蛇が住んでいた。そして往来の人を取って喰ったそうで、ある時夫婦連れの武士が通りかかったので、早速に蛇が出て女の方を呑んでしまった。これを見た武士はたちまち池中に飛び込んで、蛇の腹中に這入って刀をもって大蛇の五臓六腑を切りまくった。さすがの大蛇も、これには参って血を吐いて死んでしまった。その流れ出る血潮と共に武士は、押し流されて、危ない命を拾ったと謂う。そのため池の水は溢れて大江のごとく、見る見る湖と化して赤い波が打ち寄せ初めた。故に国を丹波と名付け、里を大枝（大江）と称し、この武士の流された処が生野である(18)。

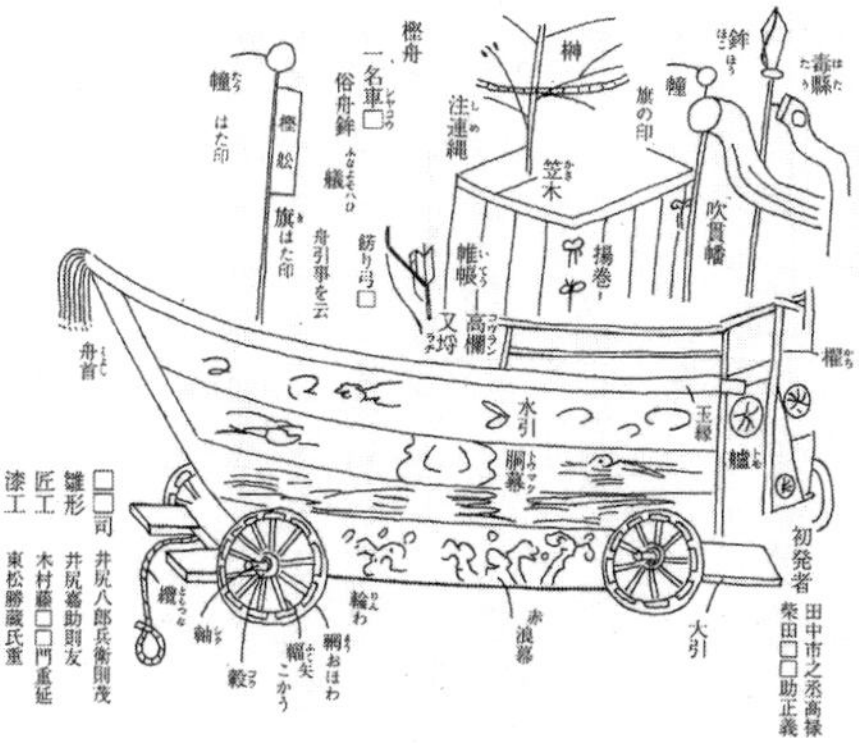

図3　樫舟の図
亀岡市史編さん委員会編『新修亀岡市史　資料編第五巻』京都府亀岡市, 1998, 622頁.

丹波の丹とは朱色のことである。つまり血の赤を示している。殺された大蛇の血の波が、この国の名前となったのである。丹波国の綾部には土蜘蛛の逃走経路が残されていると、寅の章で述べた。そしてそこに、蛇をトーテムとする一族と、昆虫をトーテムとする一族の争いがあったのでは、と。この伝承もその痕跡かも知れない。あの土蜘蛛の化身と考えられる酒呑童子が棲んでいた、あの大江山の地名起源伝承ともなっているのは、そのことを示している。

話を戻そう。これら伝承には箱舟や起源神話は登場する。が、洪水に関しては何も語らないのだ。

注

(1)J・G・フレイザー『洪水伝説』国文社、一九七三、一五～三〇頁。
(2)アポロドーロス『ギリシア神話』岩波書店、一九五三、四〇～四一頁。
(3)フェリックス・ギラン『ギリシア神話』青土社、一九九一、三九頁。
(4)辻直四郎『ヴェーダ・アヴェスター』(世界古典文学全集3)、筑摩書房、一九六七、一三六～一三七頁。
(5)山際素男訳『マハーバーラタ　第二巻』三一書房、一九九二、二二八～二三八頁。
(6)吉田敦彦「洪水・始祖伝説―印欧を中心に」『日本伝説大系　別巻1』みずうみ書房、一九八九、四一四～四一五頁。
(7)伊藤清司『昔話　伝説の系譜―東アジアの比較説話学』第一書房、一九九一、六六～六八頁。
(8)君島久子『中国の神話―天地を分けた巨人』(世界の神話7)筑摩書房、一九八三、六二～八二頁。
(9)大林太良・吉田敦彦監修『日本神話事典』大和書房、一九七七、一四四～一四五頁。
(10)J・G・フレイザー「洪水物語の地理的分布」、注(1)、一七二～一七九頁。
(11)亀岡市編さん委員会編『新修亀岡市史　本文編第一巻』亀岡市、一九九五、九四頁。
(12)田中勝雄「地名起源伝説と動植物伝説―続南桑民譚雑録一―」『旅と伝説』第十年第九号、三元社、一九三六、七〇頁。
(13)田中勝雄「動植物と社寺に関する伝説―南桑民譚雑録三―」『旅と伝説』第九年第十二号、三元社、一九三六、四五～四六頁。
(14)田中勝雄「山水伝説―続南桑民譚雑録二―」『旅と伝説』第十年第十号、三元社、一九三七、四三頁。
(15)M・エリアーデ『永遠回帰の神話』未来社、一九六三、二九～三〇頁。
(16)M＝L・フォン・フランツ『世界創造の神話』人文書院、一九九〇、七～二八頁。
(17)亀岡市史編さん委員会編『新修亀岡市史　資料編第五巻』京都府亀岡市、一九九八、六二三頁。
(18)垣田五百次・坪井忠彦編『口丹波口碑集』郷土研究社、一九二五、五頁。

酉　日本の洪水神話

――失われた伝承

(1) 神の怒り

世界の洪水神話の最後の部分、つまり起源を語る神話、ここでは亀岡盆地の起源、は、あった。そして盆地の状況は湖状態で、神々は舟に乗っている。前章の表1の世界の洪水神話の比較で言えば、Ⅳの起源、そしてaの箱舟があった、と言えるだろう。この亀岡盆地の状況から、湖を、洪水が生じた結果、としてみるのであれば、Ⅱの洪水も神話伝承としては欠落しているが、地域の特性から言えば、あったと言えるのかも知れない。それはヨーロッパで、あるべきⅢの兄妹婚が、地域の宗教的世界観から欠落したのと同じように。であるなら洪水の原因となった、Ⅰの神の怒りは、この地域の伝承に見いだせないだろうか。

次にあげる一連の伝承は、弘法大師の伝承だが、Ⅰの神の怒りを思わせる。

往事、保津川の支流、犬飼川のほとりを弘法大師が通られて或る百姓家で飲み水を所望されたところが、その百姓家は之を断った。そこで大師は仕方無くすごすごとその家を立去られたが、それから以後と云うものは、犬飼川は水の不要な冬の時期には下流まで沢山水が流れて来るが、さて肝心な水の入要な夏の季節には一滴も流れて来ないと云う事である。そして之は大師の祟りだと云って今更乍ら懼れられて居る(1)。

神が姿を人間に変え、人々の所行を視察する。この件は、世界の洪水伝説にも見られる。先の世界の洪水神話比較で見た中国①の伝承には、「太古、天神が人類の心の善し悪しを試すために、神仙を下界に遣わした。そこで神仙は杖にすがる猫背姿の乞食に身をやつし、各地を遊行した」とある。この伝承は雲南省イ族のもので「阿晋多莫的故事」と呼ばれている。乞食姿に身をやつした神仙が、亀岡の弘法大師のように、家々を巡るのだが、だれも善を行えない。しかし、一人だけが乞食に恵む。そしてその男だけが神の怒りとしての洪水を免れ、船に乗り、生き残り、神婚し、人類の始祖となる。

この神仙はあちこちと家を訪ね、視察を行っているが、弘法大師も、亀岡のいくつかの場所を巡ったようだ。たとえば亀岡市吉川町吉田では、次のような伝承が語られている。

吉田村字穴川を流れている小川に沿って、昔或る時汚い僧が一人で歩いていたが、余り暑いので川岸に腰を下ろして体を休めた。丁度その時下の方で同じ様に腰を下ろして休んで居た内儀さんが、やれやれと云って川岸に跪き、ばちゃばちゃと菜っ葉を洗い始めた。すると前の旅僧も上の方で流れに手を入れて手拭を洗ひだした。それを見た内儀さんは驚いて、「こら乞食坊主。何を洗っているのか。彼方で洗へ」と怒り始めた。すると件の僧は何も言はずすたすたと立ち去って行き、内儀さんもぶつぶつ言い乍ら洗った菜っ葉を籠に入れて帰って行った。そして其の夜村人達に昼間の事を話すと、内の一人が、「此処の村へも弘法様がお出でになったと云ふ噂がある。その風体は一見乞食の様ではあるが、黒い衣を着た僧侶であるそうな。ひょっとしたら弘法様ではあるまいか」と言ったので、一同はたいそう驚いて互いに顔を見合わせた。それから以後この部落には清水が出なくなったと言い伝えられている(2)。

ここで弘法大師は、あの中国の神仙のように、汚い乞食姿で現れる。うわべだけではない、人々の本当の態度を見定めるためだったのだろうか。亀岡市曽我部町穴太にも次のような伝承が残っている。

曽我部村字穴太の川水を、弘法大師が諸国巡錫の折に一杯呉れと求められたのに、穴太の人々はいやだと言って断った。それ以来穴太の水が汚くなって了ったと(3)。

亀岡市千歳町にも次のような伝承がある。

千歳村の原といふ所は、昔は柿が毎年沢山なったそうだ。処が或る日の事、村人の一人が柿の木へ登って盛んに柿をもぎとって居た所へ、何処からともなく一人の旅僧がやって来て、その柿を一つ下さいと所望した。すると柿を採っていた男は渋柿ばかりだと嘘をついたが、旅僧は平気で、「そうですか。渋柿でも構ひません」と云って、その柿を一つ貰って行った。所がその旅僧は実は弘法大師で、それ以来原といふ所は毎年渋柿しかならなくなって了った(4)。

これら伝承地を図化したのが前章の図2であるが、すべて洪水があったと思われる、亀岡盆地の南部に位置している。最後の伝承を除けば、これら伝承は、神の怒りによって、洪水が起きたとしているのではなく、どちらかと言えば、水が無くなった、あるいは水が汚くなって使えなくなったとする、いわば、正反対の結末になっている。が、水に関わる罰であることは、同じだ。

ちなみに弘法大師とは、八世紀から九世紀に実在した、真言宗の開祖、空海のことである。日本民俗学では、この伝承を、本来はやはり、『常陸国風土記』や『備後国風土記逸文』にある神巡遊の神話であったものが、弘法大師の諸国巡錫の伝説へと仏教的に変容したもの、とみている(5)。であれば、亀岡盆地のこの伝承も、もとはオホクニヌシや美保津姫命（ミホツヒメ）の話であった可能性がある。なぜなら特に、『常陸国風土記』にある「神巡遊」の神話は、後述するようにオホクニヌシの魂であるオホモノヌシを信仰して日本を統一したとされる、ミマキイリヒコ（崇神天皇）の頃とされているからである(6)。つまりこの神を使って、新天地を開拓したとする起源神話が、有効であった時代と考えられるからである。これら伝承を「I神の怒り」、としてもいいだろう。

ところがこの弘法大師の伝承を、地元の人たちに聞くと、不可解だという。なぜなら、弘法大師を信仰しているのに、なぜ私たちに祟るのだと。さらに彼らは言う。弘法大師がこのような悪さをするはずがないと。がしかし、この彼らが不可解と思うこの伝承、もとは洪水神話の一要素としての「神巡遊」の神話だったと見たとき、はじめて筋が通るのである。彼らは現在この盆地に残った神々の子孫ということになるのだから、神に選ばれた人たちだったのである。この神道の話を、その価値を反転させて語ろうとしたのが、この仏教説話だったわけだ。水が大量に出る話を、出なくなった話に反転させたのも。

さて、これまで見てきたように、過去に洪水が多発した地域である亀岡盆地に残る断片的な伝承を、世界の洪水神話の構造（前章の表1）にそって見てきた。ここで見た弘法大師の伝承は、Ⅰの神の怒りに相当する。Ⅱの洪水については、テクストレベルではないが、状況的に洪水が多発する地域であり、伝承では水が盆地に溜まった状態を湖水と表現し、排水する神の話が残っている。Ⅱの洪水に関してもあった、と見ていいだろう。

そして盆地の起源が語られる。したがってⅣの起源も見いだせた。そしてその折りに、神々は舟に乗っている。aの箱舟もあったものとしていいだろう。あと話の筋として残るは、Ⅲの神婚（兄妹婚）のみである。この盆地を開拓したのは、これら伝承によると、ミホツヒメ、そしてオホクニヌシである。亀岡盆地の伝承群に、これら神々の婚姻を語るものは見いだせない。そこで『日本書紀』を見てみると、次のようなこの二神に関する神話が見いだせた。国譲りの場面である。

このとき帰順した首魁は大物主神と事代主神とである。この二はしらの神は八十万神を天高市に集めて、この神々をひきいて天にのぼり、その赤誠を披瀝された。時に高皇産霊尊は大物主神に、「もしおまえが国神を妻としたら、余はおまえにはなお余を疎んずる邪心があると思うだろう。そこで、いま余は余の女（むすめ）の三穂津姫をおまえにめあわせよう。だからおまえは八十万神をひきいて永久に皇孫をまもり奉るがよいぞ」と仰せられて地上に還り降下された(7)。

国譲り神話において、アマテラスに帰順した葦原中つ国の神として、オホモノヌシの名が上がり、帰順の印として司令神タカミムスヒノミコトの娘ミホツヒメを妻とする神話である。いわば敵対する一族同士の婚姻をめぐる同盟関係の成立であろうか。それはさておき、本書でも何度か述べたようにオホモノヌシとはオホクニヌシの魂であり、『日本書紀』では両神は同一であるとする。であるなら、この盆地を開拓した男神と女神が、Ⅲの神婚関係にあるわけだ。

さて、やはり日本の神話的伝承には洪水は見いだせないのだろうか。次の伝承は、この亀岡盆地の一連の起源神話の伝承ではないが、地名と質の良い稲の起源を語っている。

かつてこの付近一帯に大洪水があった折に、現在の曽我部村字穴太の地へ穂の出た稲が一本流れ着いて、それが桑の樹の幹に出来ていた洞穴の中に根を下ろした。所がやがてその稲から非常に質の良い米がとれたので、其後この地方一帯の農家はその種をとって自家の稲の種とした。それで桑田郡という地名が起こったのである。又洞穴に稲が生えていたと云うので、穴太という字の名もつけられた(8)。

この伝承においては、神々の名も出てこないし、壮大な盆地開拓の話も見いだせない。また良い稲の起源を語ってはいるが、天界から穀物が最初に届けられたような話でもない。つまり農耕の起源神話ともとれないのだ。しかしながら、洪水をきっかけに質の良い稲が流れつき、桑田郡や穴太(穴穂)の地名の起源が語られる。神代の話とは思えないが、記紀や風土記の神話に、地名の起源を語る伝承が多いことから、この伝承も神話的要素を断片的に残している、と言ってもいいのかも知れない。

このように、テクストとしての世界の洪水神話を比較するだけでなく、実際に洪水が多発する特定地域に伝承採集の軸を置き、そしてその伝承群を見渡し、その変容過程や伝承地を地図上で確認することによって、世界にある洪水神話と同じ構造を再構築できたのではないか。表1は、これら伝承群をつ

表1　亀岡盆地の伝承群と洪水神話の比較

亀岡盆地の伝承群	Ⅰ神の怒り＋Ⅱ洪水＋ａ箱舟　　　　＋Ⅲ神婚＋Ⅳ起源

申—表1　世界の洪水神話の比較を参照.

なぎ合わせて再構築した、亀岡盆地の洪水神話の構造である。前章の表1で見た、世界の洪水神話と、ほぼ同じ構造を持っていると言えるだろう。

(2) 奈良盆地の王権起源神話

日本神話には、世界の洪水神話に見られる要素としての話型が、いくつか伝承されていた。一つは、「兄妹婚始祖型」と言われるもので、イザナキ・イザナミによる国生み神話であることは、先に述べた。その他には、「生み損ない型」といわれる、その婚姻によって生まれた子が、生み損ないだったとされる話型である。これはヒルコの伝承で、次に生まれた淡路島も子に数えないとする伝承である。この話型は、中国にもある。さらに「占い型」が続く。その生み損ないの原因を天神が占う話型だ。この型は、前章で紹介したギリシア神話にも、別の伝承で、洪水後生き残った男女が神の意志を占う場面があり、似ている。それは次のような伝承である。

デウカリオーンとピュラーは、デルボイに行き、テミスに祈った。この女神は、「頭を覆い、ロープの腰紐をはずし、汝の最初の祖先の骨を汝の後ろへ投げよ」と答えた。デウカリオーンとピュラーは、最初驚いたが、ついに、この曖昧な命令の謎を解いた。彼らは、頭を覆って平原を歩き、大地から欠き取った石を肩越しに投げた—彼らは、自分たちが大地ガイアの子孫であり、岩は大地の骨に違いないと思ったからであった。

デウカリオーンの投げた石は男に変り、ピュラーの投げた石は女に変った（9）。

そして「柱巡り型」である。これはイザナキ・イザナミが逆方向に天の御柱を回った話である。中国でもほぼ同じ伝承があり、そこでは洪水が語られる。しかしこの日本の神話には、洪水が欠如している。しかし、国生みは海で行われた。それは、先の亀岡の伝承と似ている。洪水ではなく、その後の景観として、海あるいは湖が存在している、と知覚されているのだ。常に海に囲まれている、島国特有の環境知覚が、神話に反映されているのかも知れない。つまり、語るまでもない、と。

洪水神話は、同時に起源神話でもある。知覚地理学の視角から見つめたとき、そのことの方が実は興味深い。なぜなら、起源神話とは、結局は、そこに人々が住み始めた起源を伝承しているからである。かつて人々は、どのような土地を、開拓そして居住に価する環境だと知覚したのか、それを伺い知ることができるからである。つまり水が溜まったような状態の場所が開拓、居住に値する環境だと。洪水そのものではなく、洪水の結果に焦点が当てられていたのだ。

それでは、日本に最初の王権が誕生したとされる奈良盆地には、どのような盆地開拓、あるいは王権の起源神話が残されているのだろう。『日本書紀』『古事記』を通じて、日本を最初に統一した王としてあげられるのが、神武天皇と崇神天皇である。数多くの天皇のなかで「初国知らす天皇」の称号を得ているのは、この二人の王のみである。「初国知らす天皇」とは「日本を最初に統一した天皇」という意味である。つまり、そこにある神話は、王権の起源神話と言っても良いだろう。そしてより実在の地域に則してこれら神話を見るのであれば、崇神天皇の神話に焦点を当てることになろう。なぜなら日本古代史においては、神武は神話上の存在で、崇神は実在した可能性がある、とされているからである。

さて、崇神の日本統一の神話を紹介しよう。その神話は、大和に蔓延する疫病から始まる。『古事記』を見てみよう。

さて、この十継ぎ目のミマキイリヒコ（崇神天皇）の大君の御世に、ひどくおそろしい出来事が起こっての、疫病みがこの国に流れ広がり、今にも人びとが死に尽きてしまいそうになったのじゃった。それでの、なすべき手立ても使い果たした大君は、どうすればよいものやらと憂い嘆いての、神の教えを聞こうとして、くる日もくる日も真っ暗な殿の内に設えられた神牀にじっと座り続けておったのじゃが、そのいく日目かの夜更けになっての、大君がちとまどろんだすきに、オホモノヌシの大神が夢の中に顕れてきての、「これはわが御心であるぞ。この疫病みを鎮めるに、オホタタネコをもってわが前を祀らしめたならば、神の気は起こらず、国は安らかに平かになるであろう」と、こう告げたのじゃった(10)。

『古事記』だけでなく、『日本書紀』にも、崇神天皇の時代に、疫病が流行したとある。崇神はその解決策を得るべく、夢占いをする。当時の天皇は、北欧の王たちと同様に、シャーマン的性格を持ち合わせており、このようにしばしば夢占いをしている。その夢占いに出て来たのが、オホモノヌシであったのだ。オホモノヌシはオホタタネコを探し出し、私を祀れと命ずる。そこで崇神天皇は、四方に人を遣わして、このオホタタネコを河内の美努村に探し出し、その出生を確認したところ、寅—（2）で紹介した、苧環型といわれるイクタマヨリビメの神婚神話を語ったのであった。それで、オホタタネコがオオモノヌシの子孫、つまり神の御子であることが判明したのである。喜んだ崇神は、オホタタネコを神主にし、あの世界山、三輪山を祀った。そうすると、疫病は消え、国は安らかに平らかになったのであった。これはあのオホクニヌシの国作り神話の際に現れた、オホモノヌシの鎮座する場所と全く同じである。つまり同じ話を形を変えて繰り返しているのだ。

崇神はこれを見て、ただちにオホモノヌシを信仰し、その教えを全国に広めようと考える。『日本書紀』は、次のように伝える。

四月の甲午の朔己酉（十六日）に、夢の教えのとおりに、墨坂神・大坂神をお祭りになった。十年の秋七月の丙戌の朔己酉（二十四日）に、群卿に詔して、「人民を導く根本は、教化することである。いま、すでに天神地祇を敬って、災害はみな消えうせてしまった。しかし、遠方の国の人どもは、なお臣民となっていない。これは、まだ王化に慣れていないためであろう。そこで群卿を選んで、四方に遣わして、私の教えを知らしめよう」と仰せられた(11)。

崇神はこの後、北陸に大彦命、東海に武渟川別命、西海に吉備津彦命、丹波に丹波道主命、いわゆる四道将軍を派遣し、この神の祭祀を広く教化する。そして「もし教えを受けない者があれば、ただちに戦争を起こして討伐せよ」と命じたのだった。

しかしこの後、謀反がある。そこで諸将軍を引き止め、その対処にあたらせる。そしてこの戦の後、『日本書紀』では、その謀反を暴いた、天皇の姑であるヤマトトビモモソヒメとオホモノヌシとの神婚神話が語られる。これが寅―（1）で紹介した、あのプシケの神話と類似する箸墓の伝承である。

さて、再び出征した四道将軍たちは、十一年の夏四月の壬子の朔己卯（二十八日）に、夷賊を平定した旨、崇神に奏上する。『日本書紀』には、「この年、異俗の人が多く帰順し、国内は安らかとなった」とある。崇神はこの後、「人民の戸口を調査し」、税金の徴収をはじめる。『日本書紀』には、こうある。

これによって、天神地祇はともに柔和となり、風雨は時に順って、百穀は成熟した。家々には物が満ち足り、人々は満足して、天下は非常に平穏になった。そこで、天皇を誉め讃えて御肇国天皇（はつくにしらすすめらみこと）と申し上げた(12)。

『古事記』も言う。

そういうわけで、ミマキイリヒコ（崇神天皇）の御世を称えて、初めて国を統べたもうたミマキの大君と言うのじゃ(13)。

このように崇神はオホモノヌシの信仰と布教、そして軍事力で初めて国土を統一した王となったのである。つまりこの神話は、王権の起源を語っているということになる。そしてそのきっかけは「神の気」による疫病の蔓延であった。つまり世界の洪水神話の構造で言えば、Ⅰの神の怒り、となろう。そして疫病が起こり、亀岡盆地と同様に、ここでもオホモノヌシの神婚神話が語られる。今度の相手はイクタマヨリビメ、あるいはヤマトトビモモソヒメであった。やはり敵対する者同士の同盟関係を意味したのだろうか。そして王権の起源が語られる。この王権を日本古代史では「三輪の大王家」と呼ぶ。世界山の麓に誕生した王権ということだ。この神話の筋を表2のように示すことができる。

表２　崇神の王権起源神話と洪水神話の比較

崇神の王権起源神話	Ⅰ神の怒り＋Ⅱ疫病	＋Ⅲ神婚＋Ⅳ起源

申—表１　世界の洪水神話の比較を参照.

再び前章の表1の世界の洪水神話の比較と見合わせていただきたい。Ⅱの洪水という災害が、疫病という災害に置き換えられている他は、すべてが同じ構造となっているのがわかるだろう。これらを災害という括りにすれば、全く同じ、ということになる。先にも述べたが、日本は洪水そのものには関心を示さないで、その結果としての現象に注目した。洪水後、疫病が蔓延した、と考えれば同じことになろう。

実は、この奈良盆地も洪水が起こる環境なのだ。図1は奈良盆地の水系図だが、見てわかるとおり、大和川は多くの支流を集めて、亀ノ瀬峡谷を西へ流れ出る。奈良盆地の大和川の本、支流は、規模が似ていて、これらが盆地底で放射状に合流し、豪雨時には、ほぼ同時期に盆地底に河川水が集中する。そして亀岡盆地同様に、排水口が狭く、盆地底に水が溜まることになる[14]。

この王権起源神話で語られる神婚神話には二種類あったが、そのうちの一つであるヤマトトビモモソヒメの箸墓の伝承を、この盆地の排水の隠喩であるとする興味深い説がある。それはあのプシケ同様に、ヤマトトビモモソヒメが夜の闇には現れるが、まだ見ぬ夫を見ようとしたときのことである。ヤマトトビモモソヒメは夫が蛇であるのを知って驚き、声を上げてしまう。夫であるオホモノヌシは恥辱を感じ、空を舞って三輪山に隠れてしまう。そのショックでヒメは急にしゃがんだため、陰部を箸で突いて死んでしまう。

これは何を意味するのか。建築学者の上田篤はオホモノヌシが小さな蛇であったのを、小さな川の隠喩ととる。それは図1の盆地低地に流れ込む沢山の小さな川を意味していいる。そしてヤマトトビモモソヒメを、この盆地を覆っていた湖水の隠喩だとする。小さな川が隠れていなくなり、大きな湖が死んでいなくなる。つまりそれは盆地低地の排水を意味するのだと。陰部を突いて死ぬことの意味は、この盆地の水の唯一の排水口となる、大和川の亀ノ瀬（図1）を突いて水を出し、湖を殺害することであったと。ヤマトトビモモソヒメの死後、ヒメの墓、つまり箸墓が造営されるのだが、『日本書紀』には、「大坂山の石を運んで造る」とある。この大坂山の石とは、亀ノ瀬を掘削した石なのだと(15)。そういえば疫病の蔓延が収まったとき、崇神天皇はオオモノヌシのお告げの通り、墨坂に座す神に赤色の矛と盾を、大坂に座す神には黒色の矛と盾を、そして四方にある坂の尾根筋の神々と河の瀬の神々にも捧げ物をした、とある。盆地に水が出入りする河口部を祀ったのである。やはり洪水と排水が深く関わっているのだろう。

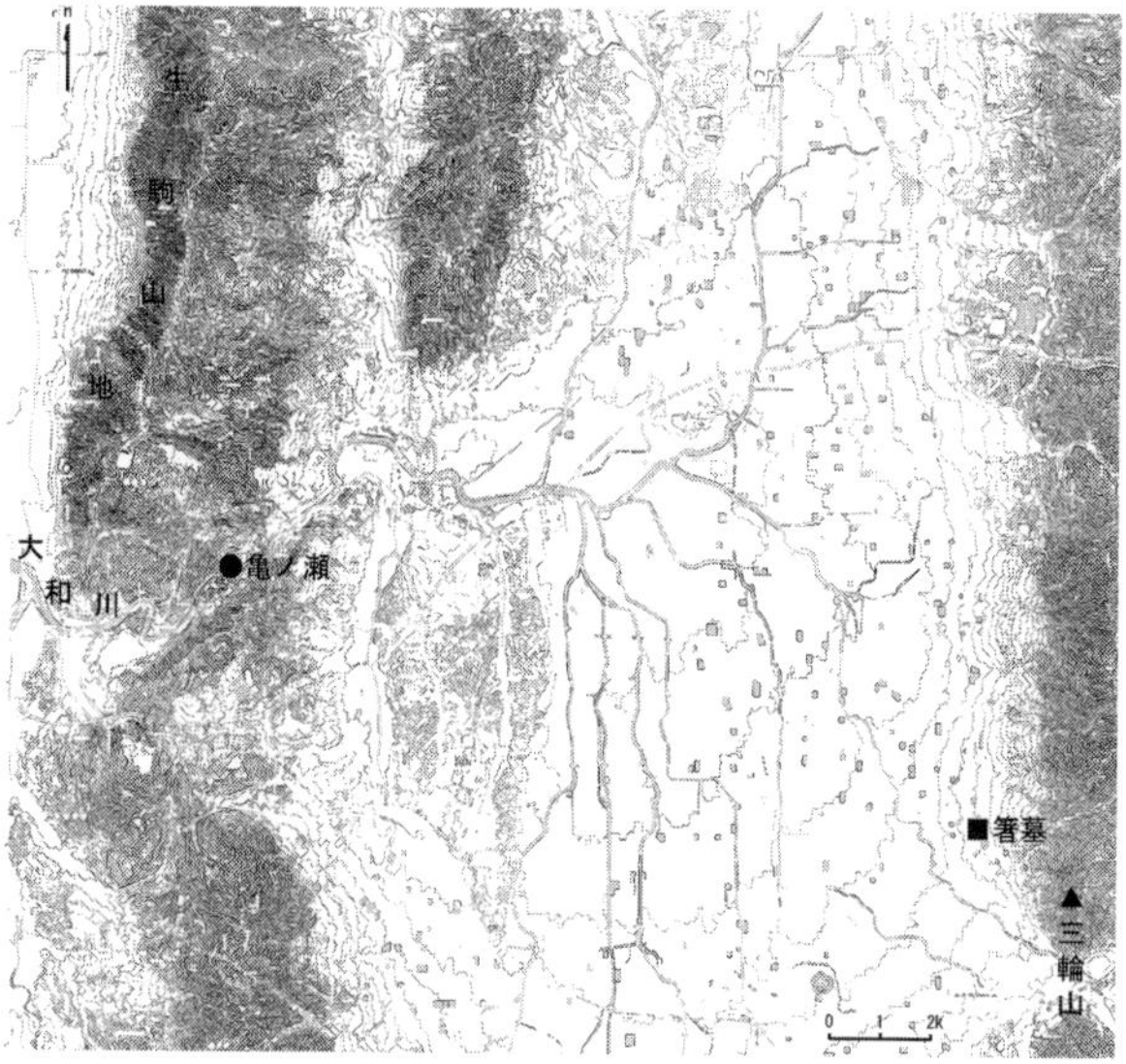

図1　奈良盆地の水系と伝承地

　奈良盆地も、このような解釈が成り立つ環境にあったのである。そして人々は、苧環型や箸墓の神話を通して環境を知覚し、次世代へとその知恵を伝承したのであった。

（3）滋賀県余呉湖の天人女房と鳥

もう一つ、地域に根ざした起源神話をあげてみよう。それは辰の（1）や（3）でも紹介した『近江国風土記』にある伊香連の始祖を語る、天人女房、いわゆる羽衣伝説である。見てみよう。

古老の伝へて曰へらく、近江の国伊香の郡。與胡の郷。伊香の小江。郷の南にあり。天の八女、倶に白鳥と為りて、天より降りて、江の南の津に浴みき。時に、伊香刀美、西の山にありて遙かに白鳥を見るに、其の形奇異し。因りて若し是れ神人かと疑ひて、往きて見るに、実に是れ神人なりき。ここに、伊香刀美、即て感愛を生して得還り去らず。窃かに白き犬を遣りて、天羽衣を盗み取らしむるに、弟の衣を得て隠しき。天女、乃ち知りて、其の兄七人は天上に飛び昇るに、其の弟一人は得飛び去らず。天路永く塞して、即ち地民と為りき。天女の浴みし浦を、今、神の浦と謂ふ、是なり。伊香刀美、天女の弟女と共に室家と為りて此処に居み、遂に男女を生みき。男二たり女二たりなり。兄の名は意美志留、弟の名は那志登美、女は伊是理比咩、次の名は奈是理比賣、此は伊香連等の先祖、是なり。後に母、即ち天羽衣捜し取り、着て天に昇りき。伊香刀美、独り空しき床を守りて、吟詠すること断まざりき(16)。

まずは辰の章「星座の伝承と古代都市」でのおさらいをしておこう。そこではこの天の八女を星の擬

表３　伊香連の始祖伝説と洪水神話の比較

伊香連の始祖伝説	＋ｂ鳥＋Ⅲ神婚＋Ⅳ起源

申―表１　世界の洪水神話の比較を参照.

人化ではないかと考えた。それは残された一人が北極星で、天に帰った七人が北斗七星だったのでは、と。そして北極星との間に産まれた子どもたちが、伊香連の祖、つまり中心軸となっていったのだと。そして今度は、長岡京の中心軸となったと考えられる竜王山（嬰児山）に注目し、冬至の日に竜王山上に朝日を望む場所として枚方の伊加賀本町をあげ、その近辺にも天人である鶴女房が天に帰還した丘がある点を指摘した。そしてその伊加賀とは伊香連の関連する場所ではないかと。

さて、この伝承は、滋賀県の余呉湖を舞台としている。天女と結婚した男のなした子らが、後に伊香連の始祖となる話である。日本では羽衣伝説として知られ、全国に分布している。つまりⅢの神婚、そしてⅣの始祖神話の要素を持つのであるが、Ⅰ神の怒りとⅡ洪水が欠如しているわけだ。

しかしこの伝承、前章表１の世界の洪水神話の比較で示した、中国②納西族「人類遷徙記」の洪水神話の後半部分に極めて似ている。中国の伝承では、洪水後生き残った男が、仙鶴になって舞い下りた天女に出逢い、その羽衣の下にかくれて、共に昇天し、結婚した後、農耕牧畜を天から持ち帰り、民族の始祖となる。白鳥と仙鶴、羽衣、始祖の部分は、もとは同じ伝承であったのではないか、と見紛うほど酷似している。そして中国の神話では、Ⅰの神の怒りとⅡの洪水が語られているのだった。そこが日本の伝承には欠落している。しかし、それは地域の特性として見るべきだろう。が、ここでは今までに登場しなかった、ｂ鳥が語られる。この鳥に何らかの重要な意味があるのではないか。そしてそれは、今までの議論に沿えば、星との関係性が指摘できそうだ。とりあえず、これを表3のように示すことができる。

実はこの伝承も亀岡の弘法大師の伝承と同様に、当事者にとっては不可解な話である。なぜなら天女の羽衣を盗んだ男、その男との無理な結婚、その後の妻の逃亡、そして始祖伝承。彼らにとって誇るべき名誉なはずの話が、そうとは思えないからだ。しかし、I・IIが欠如したために、不可解となったのだ、と考えれば、始祖神話として筋が通る。なぜなら、世界の洪水神話によれば、彼らは神に選ばれた民だったからだ。そう考えると日本の神話には、最初あったはずの洪水が、なぜか欠如しているのだ。欠如に意味があるのであれば、やはり伝承の舞台の自然環境をはじめとする、地域性にみる必要があるだろう。

余呉湖は現在も水をたたえているが、実はかつてはもっと広く、図2に示すように琵琶湖の近くまであったとされている。したがって図2の伊香具神社の前は、湖だった。その湖を排水して可耕地としたのが、伊香郡を開拓した伊香連だったのだ。

稲作は、中国大陸から朝鮮半島を経て、その技術を持つ集団と共に日本に渡ったのではないかと、考えられる。稲作は水田が必要で、水田は水をプールするための平坦地が必要となる。そのような場所は、もと湖沼で水を排水したような場所が適地となる。その排水には技術が必要なわけだが、それは稲作に熟練した集団によってなされたであろう。もちろん鉄器なども必要だったろう。あの周防大島屋代の天人降下伝承では、鉄器が語られている。また余呉湖には新羅崎神社があり、古代朝鮮の新羅との関連が指摘されている。つまり渡来系の集団によって余呉湖が排水され、開拓されたのではないかとの説が成り立つのだ。

このように、亀岡・奈良・余呉の三つの神話は、盆地の湖沼を排水する伝承ととらえることが可能である。つまり洪水の欠如は、神話の語られる自然環境と深く関わっていたのである。このような地域では、

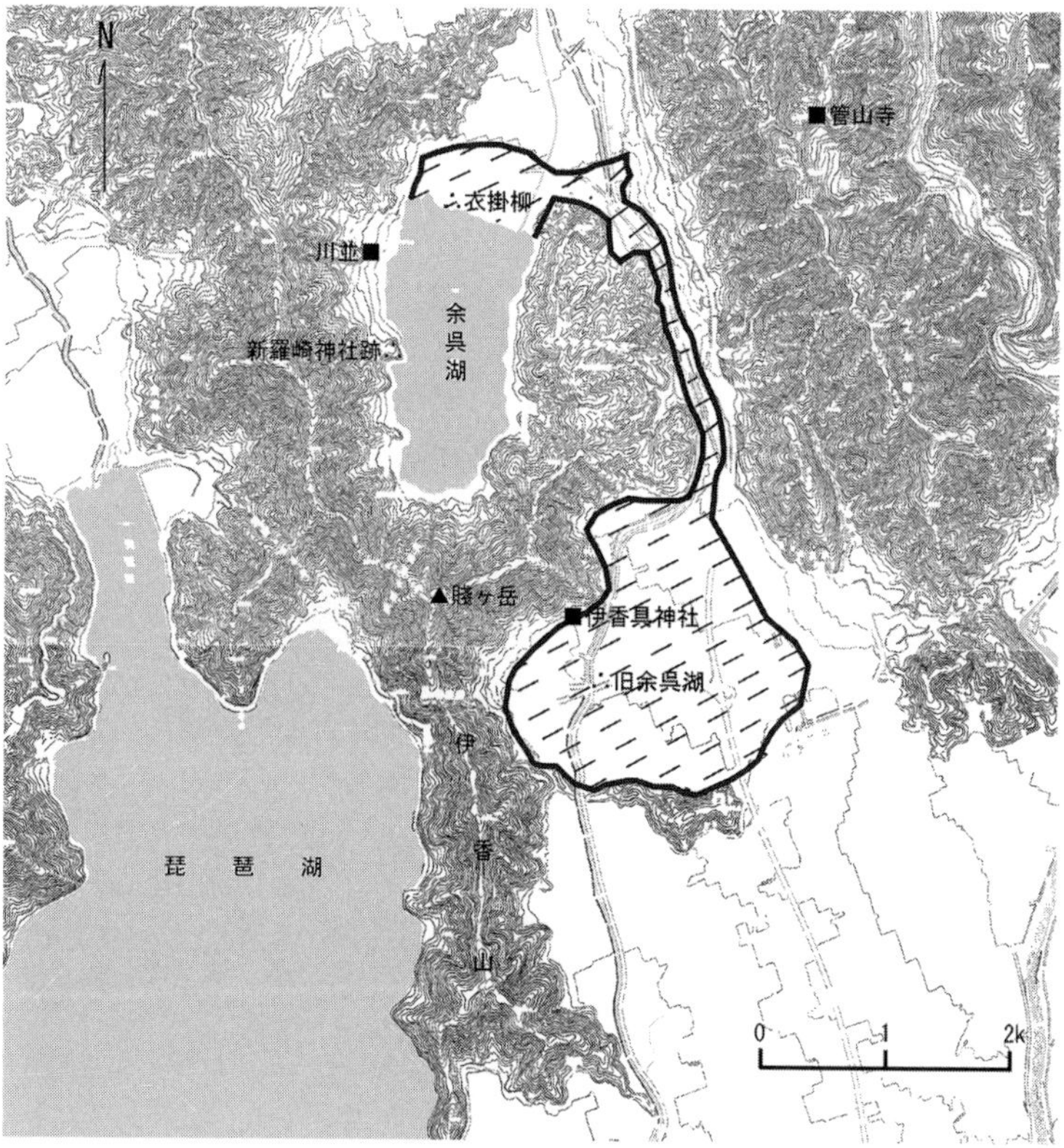

図 **2**　想定旧余呉湖と伝承地

むしろ伝承の力点は洪水の結果としてのその後の景観、つまり溜まった水を排水することにあった。特に稲作を行う地域では、排水は地域の開拓を意味するのだった。

　これらは世界神話の構造として、cの欠如された要素を設定することによって、見いだせた視角であろう。そしてその視角は、地域の人々の環境知覚という知覚地理学の災害研究にも合致したのであった。それにしても、これら洪水神話にとって、鳥の役割とは一体なんだったのだろう。

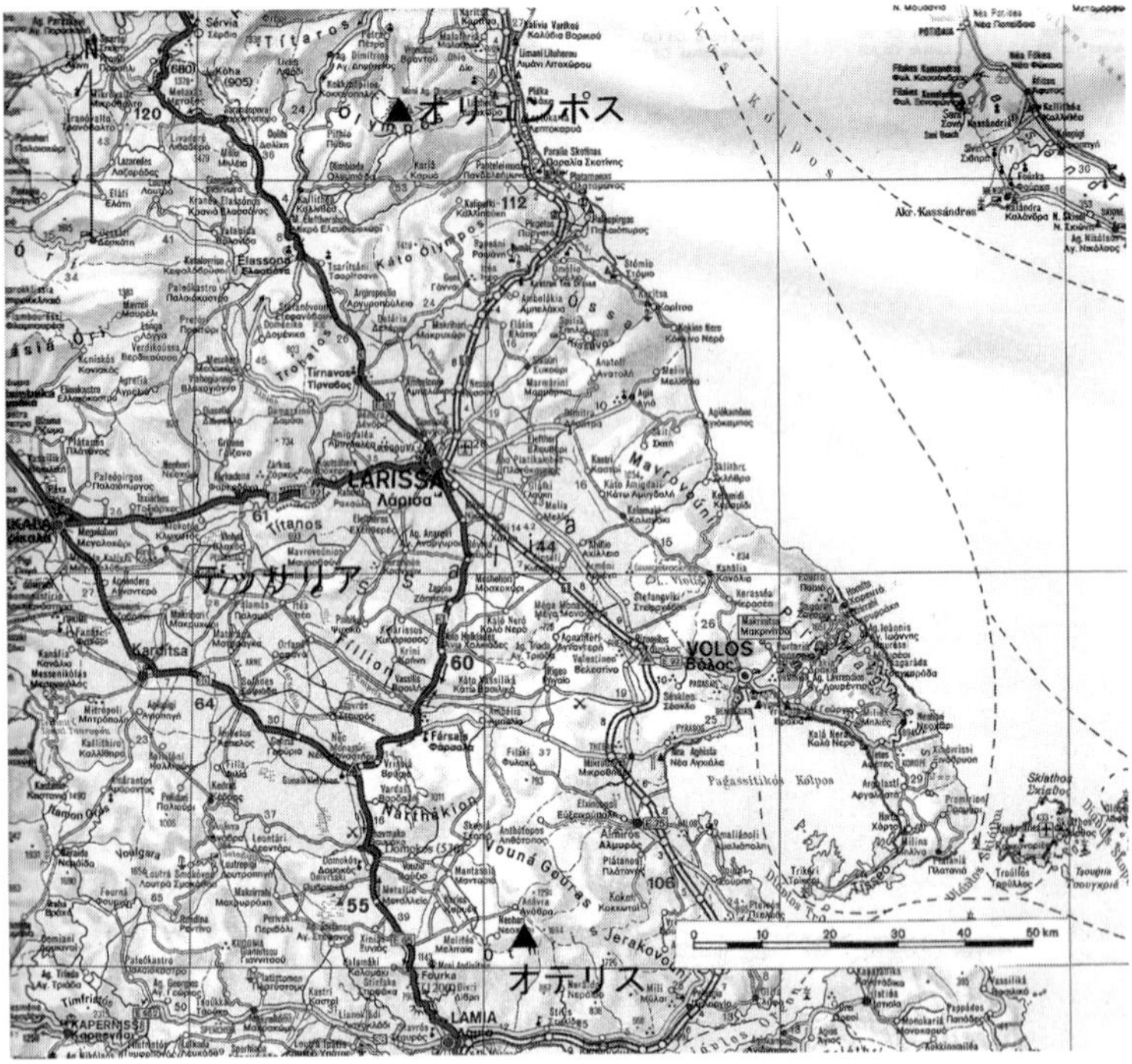

図3　ギリシアのテッサリア盆地と伝承地
原図は Geo Center の Euro Map, Greece, 1999.

実はギリシアの洪水神話も似たような盆地で伝承されていた。この神話の舞台となるのはテッサリア盆地である(図3)。この神話の紹介に際して、フレイザーは、歴史の父、ヘロドトスの伝承を引用する。大昔テッサリアは大きな湖か内海で、四方を、オリュンポスやオテリスなどの高山に囲まれており、堰き止められていた河水を排水すべき出口がなかった。その後、テッサリアの伝承によれば、地震を起こす海神ポセイドンが、テムペ峡谷を切り開いて、山々を貫く湖の出口を造り、水を排水したのだと。

亀岡盆地では、神婚関係に

ある、オホクニヌシとミホツヒメが、奈良盆地でも、同じく神婚関係にある、オホモノヌシとヤマトトビモモソヒメ（箸墓の伝承）が、余呉湖でも天女と男の間にできた子、伊香連が、盆地に溜まる湖を排水した。そしてそこを可耕地としたのである。フレイザーは、このような土地での、洪水神話を次のように言う。「このようにして湿と乾との交代を、つまり海のように青々と水をたたえた広い湖と黄ばんだ小麦の広い畠との交代を幾度もこうむった渓谷においては、大洪水があったという伝承を軽々しく無視することはできない。それどころか、あらゆることが組合わされて、洪水があったかもしれないという蓋然性を肯定する[17]」と。逆に日本においては、人々は洪水を常に経験し記憶していたが故に、神話から欠落したのかも知れない。

このようにギリシアの洪水神話も、私たちの神話と類似する自然環境にあったのだ。それだけではない。神が降臨するとされる聖なる山も存在する。奈良盆地では三輪山（図1）、亀岡盆地では明神岳あるいは黒柄山（申―図2）、余呉湖では賤ヶ岳を中心とする、伊香山（図2）、そしてテッサリアでは、あのオリュンポスが（図3）。

このように類似する神話には類似する景観要素が見いだせる。私は、三輪山の神婚神話について、日本全国に分布する伝承と景観の関係を指摘したことがある[18]。そこでは、①新しい土地の開拓、②新しい権力の樹立、に際し、古代人は神話に従って景観を見立てていたのではないか、という点を知覚地理学の立場から論じた。

ここでも同様の視点から、神話と景観の関係を論じることができる。稲作の技術を持つ集団は、先住民とは異なる価値観を持って、新しい土地に臨んだ。先住民たちが捨て去ったような湖沼のある湿地帯を、神から得た貴重な土地だと考えた。その判別方法は、もしかしたら、次のようなことだったかも知れない。

それは鳥が餌をついばめるような湖沼であると。メソポタミアの神話には「最後に鳥を放つと、そのときにはもう水が引いていたので、鳥は食べものを漁ってカアカア鳴き、泥の中を喜んで転げまわって、帰ってこなかった[19]」との伝承もある。そのような場所は水も浅く、土地は稲作向きの平坦地である。

世界の洪水神話を見ていると、先に指摘したように、鳥が常に重要な役割を演じていることに気づく。メソポタミアや『旧約聖書』では、箱舟で生き残った始祖が、鳥を放ち、その鳥が帰ってこないことで、水が引いたことを知る。そこで彼自身も、その土地に定着することを、決めるのだ。これは定着場所の選定要因だ、と考えてよい。インドの神話では、男はなぜか姉妹と雄鶏を箱舟に乗せている。納西族の「人類遷徙記」では、仙鶴が、余呉湖では白鳥が、その場所に降り立ち、男をそこへと誘う。そして夫婦となり、定着し、始祖となる。つまり鳥が定住の意志決定に重要な役割を演じているのだ。そのような場所は、水が浅く溜まった状態にある、未開拓の場所だったのだろう。

そのような水が溜まった状態を、洪水の後の景観と見立てたのかも知れない。このようなカオス状態の場所を、耕作地や集落といった、コスモスへと変えていった人々が、現在の諸地域を形作った、始祖だったのだ。このようにまとめると、災害知覚研究の疑問である、なぜ災害、ここでは洪水のある土地に、人々は住んでいるのか、という問いに、この神話群が答えてくれているのではないか。新しい技術を持った祖先たちは、あえてカオスと化した場所を選び、そこを開拓し、定着していったのだ。そのような行動を支えたのが、神話に基づく場所イメージだったのではないか。

最初にも述べたが、人々は、その時代時代の信ずる何かに、頼って生きるしかない。私たちから見れば荒唐無稽な神話も、彼らにとっては、真実だったのだ。現代の私たちの価値体系では、決して理解できない環境知覚を、神話とともに彼らは行っていたのだ。

注

(1) 田中勝雄「山水伝説―続南桑民譚雑録二―」『旅と伝説』第十年第十号、三元社、一九三七、四六頁。
(2) 同。
(3) 同。
(4) 田中勝雄「地名起源伝説と動植物伝説―続南桑民譚雑録一―」『旅と伝説』第十年第九号、三元社、一九三六、七七頁。
(5) 大塚民俗学会編『[縮刷版] 日本民俗事典』弘文堂、一九九二、二四九～二五〇頁。
(6)「常陸国風土記」、秋本吉郎校注『風土記』岩波書店、一九五八、三九～四〇頁。
(7) 井上光貞監訳『日本書紀　上』中央公論社、一九八七、一四四頁。
(8) 注(4)、六九頁。
(9) フェリックス・ギラン『ギリシア神話』青土社、一九九一、三九頁。
(10) 三浦祐之『口語訳　古事記［完全版］』文藝春秋、二〇〇二、一五七～一五八頁。
(11) 注(7)、二一七頁。
(12) 注(7)、二二二頁。
(13) 注(10)、一六四頁。
(14) 吉越昭久「奈良盆地の水系」、奈良地理学会編『大和を歩く』奈良新聞社、二〇〇〇、一六～一七頁。
(15) 上田篤『空間の演出力』筑摩書房、一九八五、一九五～二二一頁。
(16)「近江国風土記逸文」、秋本吉郎校注『風土記』岩波書店、一九五八、一五七～四五八頁。
(17) J・G・フレイザー『洪水伝説』国文社、一九七三、六〇頁。
(18) 佐々木高弘『民話の地理学』古今書院、二〇〇三、一四一～二〇七頁。
(19) 吉田敦彦「洪水・始祖伝説―印欧を中心に」『日本伝説大系　別巻1』みずうみ書房、一九八九、四一〇～四一一頁。

戌　平安京の神話空間
——疫病の神の登場

（1）六月晦大祓　——白峯社にて

二〇一三年六月三〇日、夕方の四時半頃だったろうか。私は京都の今出川通に面した白峯社にいた。この白峯社に立ち寄ったのは、この日の午後五時から行われる夏越大祓、平安時代の法令集『延喜式』で言うところの「六月晦大祓[1]」の祭事に参加しようと思いたったからだった。なぜならこの祭が、ここまで書き進めてきた神話世界の風景と深く結びついているのでは、と思ったからだ。五時前になると周辺に住む氏子たちが三々五々集まり始めた。そして大祓の祭事が始まった。神官たちとともに氏子たちが祝詞を一斉に唱える。

　高天原に神留り坐す　皇親カムロキ　カムロミの命以ちて　八百萬神等を神集へに集へ賜ひ…

祝詞が唱えられる前に、配布された紙には、この祝詞の文言を記した文字が、ところせましと躍っていた。その内容は、おおよそ次のようなものであった。

高天原に鎮まっておられるカムロキ・カムロミの皇親神が、八百万神たちをすっかりお集めになって十分審議をし、天皇に豊葦原瑞穂国の統治を命じられた。そして荒ぶる神々を平定し、さわがしくものを言っていた岩石や樹木や草の葉までを黙らせた後に、天の磐座を放ち、天皇を天降らせた。このように委任した大和国に立派な御殿を造るが、天皇はそこに住んで国を平安に治めるだろう。しかしその国に仕える官僚たちは誤ったり、罪を犯したりするだろう。これら数々の罪は、天つ罪と国つ罪があるが、それらは高天原から伝わった祭事と祝詞で祓うことができる。すると天つ神は天の岩戸を開いて、国つ神は高い山、低い山に登って祝詞を聞きとどけるであろう。そうすれば天下の罪はすべて無くなるであろう。これら罪を祓い清めると、山から勢いよく落下してくる、流れの早い川の瀬におられるセオリツヒメが、罪を川から大海原に流してしまうであろう。それを流れが会する渦におられるハヤアキツヒメが、流された罪を呑み込んでしまうだろう。次にそれを息を吹き出す戸口の所におられるイブキドヌシが根の国・底の国に吹き飛ばすであろう。そしてそれを根の国・底の国においでになるハヤサスラヒメが消え去ってしまうだろう(2)。

そして最後に、次のような文言で祝詞は終了した。

祓へ給ひ清め給ふ事を　天つ神　国つ神　八百萬神等共に　聞こし食せと白す。

祝詞が終わると、私たちは人の形に切られた紙片に息を吹きかけ、神官がそれを回収した。そして集

写真１　白峯社の六月大祓の茅の輪
佐々木撮影.

められた人形は木箱へ入れられ封がされた。そして神官は言った。これら紙片は、しかるべき川に流されるだろう、と。これら祭事が終了すると、今度は神官たちを先頭に氏子たちの茅の輪（写真１）くぐりが始まった。なぜ茅の輪なのだろう。その由来は『備後国風土記逸文』にあった。次のような神話である。

備後の国の風土記曰く。疫隅の国社の武塔の神が昔、神の巡行として、南の海の女神に求婚をする旅に出た。日が暮れたので、宿を得ようとした。そこに将来という二人の兄弟がいた。兄の蘇民将来は貧しく、弟の将来は富み栄え倉が百もあった。弟に武塔の神が宿を借りようとしたが貸してくれなかった。兄は心よく貸してくれてもてなしてもくれた。後にこの神は、南の海の女神との間にできた、八柱の神子を率いて帰還の途中に、再びこの地に立ち寄り「蘇民将来の子に報いたいが、どこに住んでいる」といって彼の家を訪問し、その子に「茅の輪を腰につけるように」と指示した。するとこの神は、茅の輪をつけた蘇民将来の娘のみを残して、あとの者たちを復讐のため皆殺しにしたのだった。そして言った。「私はスサノオの神だ。後の世に疫病があれば、蘇民将来の子孫と言って、茅の輪を腰につけたら助かるだろう」と[3]。

なんとも恐ろしい話だが、このために人々は茅の輪をくぐり、また茅の輪を買い求めていたのであった。しかしこの神話、どこかで聞いた話に似ている。神の巡行、そして神を接待する家と、そうでない家。そうでない家は消滅し、接待した家だけが残り、人間の祖となる。あの世界に伝承されている洪水神話の「神の怒り」の部分である。特に中国雲南省の「阿晋多莫的故事」に似ている。そして世界の神話では神の人への報復は、洪水による死滅であった。ここでは皆殺しとあるが、それは後の時代には疫病となるようだ。そういえば、洪水神話に似た構造をもつ崇神の王権起源神話（酉―表2）でも、つまり三輪山のある奈良盆地、大和国の場合も、ここにあるように疫病の蔓延による数多くの人の死であった。どうも日本神話では洪水は語られず、疫病がそれに代替するようだ。しかし先にも述べたように、地形的には洪水がある環境であった。

さて平安京ではどうだったのだろう。京都の祭といえばあの「祇園祭」であろう。いったい何の祭なのか。その祇園社の縁起を記した、『祇園牛頭天王縁起』を見てみよう。

須弥山の中腹に豊饒国という国があった。その国に、牛頭天王という牛の頭をして赤い角のある王子がいた。ところが、この姿を恐れて誰も后になってくれない。気晴らしに狩りに出たある時、山鳩が来て言った。龍宮の八海龍王の三女を嫁に定めよと。喜んだ牛頭天王は、龍宮へ行くことにする。途中日が暮れたので宿を探し、古単将来という長者の家を訪ねるが断られる。怒った牛頭天王は古単を蹴殺そうとするが、嫁取りという祝いの前なので我慢する。そして蘇民将来の家を訪ねる。するとその家は貧乏であったが、快くもてなしてくれた。喜んだ牛頭天王は、蘇民に宝物の牛玉を与える。そして龍宮を訪問し、姫の内裏を訪ねる。八年過ごし、八人の王子を産み本国に帰る途中、蘇民の家を訪問する。牛玉のお陰で家は立派になっている。次に古単の家を訪問する。すると古単の家では、相師を招いて占いを行っている。相師は言う。牛頭天王が、三日以内に古単将来をはじめ家来を蹴殺しに来ると。古単は、相師の助言で千人の大徳の法師を招き、大般若経を七日間昼夜をとわず読経して、この難をのがれようとした。すると六百巻の大般若経が高さ四十丈、六重の鉄の築地となり、箱は上の蓋となっていた。牛頭天王が眷属に探査させると、一人の法師が居眠りをしていたためにできた隙間があった。そこで牛頭天王の家来たちは、その窓から走り入り、古単の一族郎党をことごとく蹴殺したのだった。その際、蘇民は、正しい心を持つ古単の娘一人を助けてくれるように頼む。牛頭天王は赤い絹でつつんだ茅萱の輪と蘇民将来の子孫なりと記した札を持っていれば難を逃れることができると教え、この娘一人だけが助かる。このようにして今でも牛頭天王と八王子は、古単の一族を罰し、蘇民の一族を擁護しているのだ。であるから人々は牛頭天王を信仰し、守ってもらうべきなのだ(4)。

この牛頭天王を祭っているのが、祇園社、今の八坂神社なのである。そして現在も京都では、「祇園祭」が盛大に行われている。そして京都の人たちは、今でも蘇民將来の子孫を名乗っている。したがって、この現在は七月に行われる祇園祭も、六月晦大祓と同系統の祭なのである。

さて、この縁起も先の風土記とほぼ同じ話である。風土記で「南の海の女神」とあったのは、ここでは「龍宮の八海龍王の三女」のことで、茅の輪を所持して助かったのは、風土記では「蘇民將来の娘」であったのが、縁起では「正しい心を持つ古単將来の娘一人」ということになる。全体的に縁起の方が詳細であるが、ここまで述べてきた「世界の洪水神話の比較」（申—表1）から見て興味深いのは、山鳩の登場であろう。つまり世界の洪水神話の構造「b鳥」に相当するからである。ここでも牛頭天王を龍宮に導く重要な役割を演じている。

またこの縁起でも神の怒りの果ては、洪水ではない。ここでは蹴殺すという行為にいたる。しかし今でも蹴殺されるのか、というとそうではなかろう。やはり茅の輪くぐり、あるいは祇園祭と言えば、疫病から逃れることであろう。そして巡行した神である牛頭天王とは、インドの祇園精舎の守護神ゴーズとスサノオの習合と考えられ、やはり元はスサノオであったと考えられるのだ。

さてその舞台は、仏教の宇宙観で言うところの世界山、須弥山である。ここまで見てきた神話でも数多くの民族の世界山が舞台であった。そして神の怒りがある。洪水ではないが疫病という災害もあった。かろうじて鳥も見いだせた。箱舟はどうだろう。天降り神話で紹介したニギハヤヒ尊は、天の磐船に乗って天降り、河内国の哮が峰に鎮座している。先の祝詞では天孫降臨に際し、「天の磐座を放ち」とある。通常は天の磐座を立ち去って、と解釈されるようだが、これを天の磐座（舟）を放って、地上界に降り立った、と解釈するのなら、箱舟の要素もあったと言えよう。あるいは、ギリシアの洪水神話のように、神のアドバイスが箱舟の作成であったのなら、牛頭天王のアドバイス、「茅萱で輪を作れ」が箱舟に相当することになる。そういえばギリシアの箱舟は葦であった。腰に茅の輪をつけろとの助言は、それで水に浮くことができる、という意味だったのだろうか。

神婚に関しては、スサノオと南の海の女神との、あるいは牛頭天王と龍宮の八海龍王の三女との結婚が相当するだろう。起源についても、「今も蘇民将来の子孫」と名乗るわけだから、生き残った私たちの祖が蘇民将来ということになる。このようにこれら神話も、洪水神話の構造を持ち得るわけだが、問題はやはり洪水、つまり天から湧き出た水の欠落ということになる。しかしこれまで見てきたように、日本の神話における洪水の欠如は、ただ語られないだけで、舞台となる環境にはその条件が備わっていた。それは平安京のある京都盆地も同じである。では、なぜ神の怒りとして洪水が語られないのだろう。先の六月晦大祓の祝詞に、その秘密が隠されているかも知れない。

（2）平安京の大祓の場所

この大祓での、祝詞と茅の輪くぐりの由来は、確かにこれまで見てきた、世界の洪水神話の構造とよく似ている。これまでは、このような虚構としての神話世界の風景を、現実に存在する盆地の地形に見立てて考えてきたが、現実に存在した古代都市に見立てたとき、どのような現象が起こるのだろう。

まずは、この祝詞における神話世界の空間構造を押さえていこう。一つはアマテラスをはじめ天神の住む高天原と呼ばれる天界、オホクニヌシによって作られた葦原中つ国である地上界、そしてスサノオの支配する黄泉の国、あるいは根の国・底の国である地下世界。つまり宇宙を三つの世界に分割し、私たち人間世界の上方に神の世界、そして下方に死者の世界を想定する、垂直方向に世界を三つに分ける世界観である。ここではこの神話的世界観を、仮に垂直三区分の世界観と呼んでおこう。

この垂直三区分の神話的世界観という空想の空間概念が、平安京という実在する都市空間に寄り添うとき、様々な具体的場所をともなって、神話世界の風景が見え隠れする。その手がかりは、この大祓が行われた場所にある。『続日本後紀』や『日本文徳天皇実録』、『日本三代実録』などの、いわゆる平安時代前期に勅撰された歴史書によると、この儀礼の多くが建礼門・朱雀門・羅城門前で行われたようだ(5)。

さて、この三つの門とは、一体どのような神話世界の風景を隠し持っているのだろう。図1は平安京の都市プランを示したものだが、それによるとこれら三つの門は、それぞれ内裏・大内裏・都の南門に位置しているのがわかる。

内裏とは天皇の住居、そして大内裏とは内裏を含めた諸官庁のある区画、つまり政治の中心地、そして都とは平安京のことを意味する。ようするに平安京は、大きくはこの三つの世界に区分され、その三つの世界のそれぞれの南門で、この大祓の儀式が行われていたことになる。ということは、これら大祓の儀式は、それぞれの三世界にある罪や過ちを、それぞれの南門で祓う儀式だったのである。

どうして南門だったのだろう。それはすべての街道が、まずは平安京の南門である羅城門から発せられていたからである。建礼門、朱雀門、羅城門と、それぞれ区画の南門でケガレを祓うことで、都内部は徐々に清浄化していく、そしてそれを全国に張り巡らされた街道を通じて、外へ外へと追い祓おうというわけであろう。また「天子南面す」とあるように、平安京時代、南を正面と見ていたからであろう。つまり三つの区画の正門が南門だったということである。

そして私の参加した大祓同様、これら罪や過ち、あるいは疫病は、しかるべき川に流されたのであった。この流す場所も三区分されていたようだ。一つは洛中七瀬と呼ばれ、鴨川と高野川の合流点の川合から、二条大路までの各大路等の道と川との合流点で流した。もう一つは霊所七瀬といい、大内裏の南の耳敏川から、大井川（渡月橋）、西滝（鳴滝）、石影（大文字山）、松崎（上賀茂神社）、川合、東滝（白川）で流した。最後の一つは畿内七瀬で、現在の琵琶湖・瀬田川・宇治川・淀川・難波の海、などと推定されている(6)。そのなかでも、特に難波の海は、天皇の即位に際する清めの儀式、八十嶋祭の舞台となっており、最も重要な祓所であった。

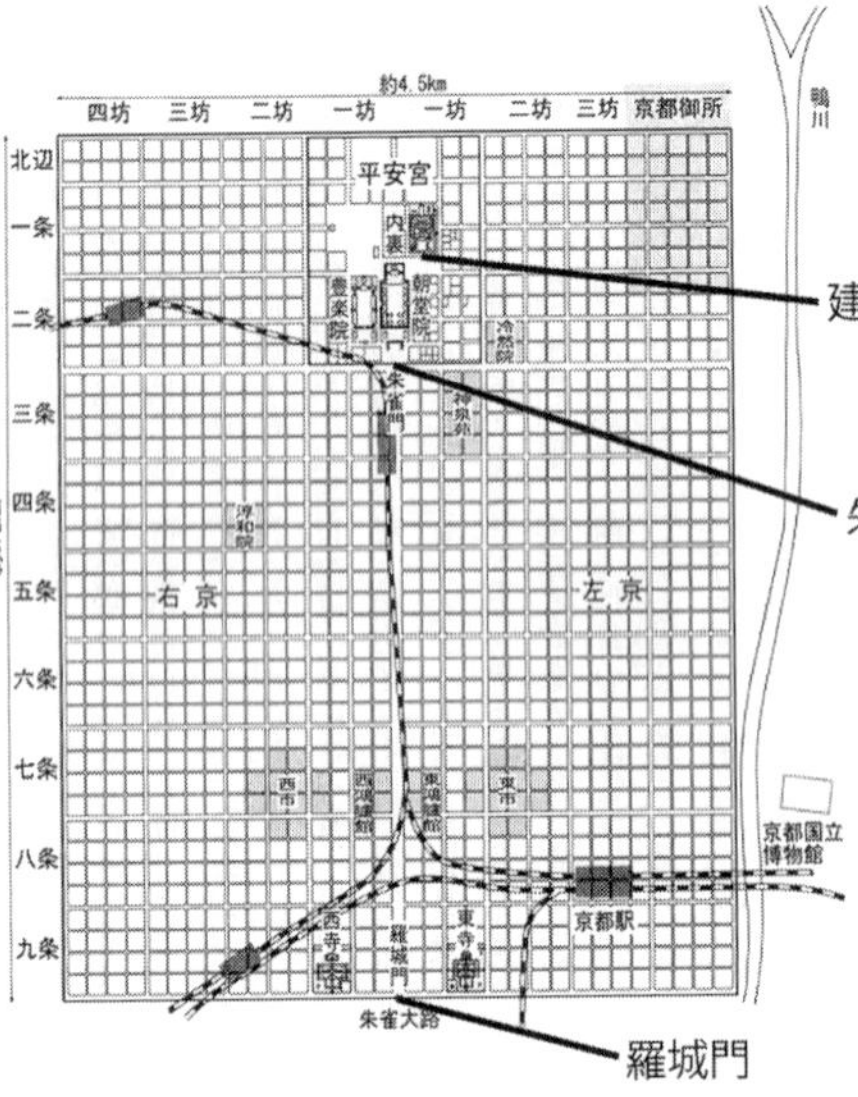

図 1　平安京と三つの南門

川尻秋生『平安京遷都』岩波書店, 2011, 29 頁に筆者加筆.

このように、ここでも平安京・山城国・畿内という三つの空間区分で、大祓の儀礼が構成されていることがわかる。そして祝詞にあるように「これら罪を祓い清めると、山から勢いよく落下してくる、流れの早い川の瀬におられるセオリツヒメが、罪を川から大海原に流してしまうであろう。それを流れが会する渦におられるハヤアキツヒメが、流された罪を呑み込んでしまうだろう。次にそれを息を吹き出す戸口の所におられるイブキドヌシが根の国・底の国に吹き飛ばすであろう。そしてそれを根の国・底の国においでになるハヤサスラヒメが消え去ってしまうだろう」と、天界から地上界、そして最後に地下世界、根の国・底の国へと、私たちの罪や過ち、疫病は流されるのであった。この祝詞では、それぞれの場面で、四柱の神がケガレを流す役割を演じている。ということは、神話的な三区分が遠方に向かうにしたがって、四つの空間区分が設定されていることになる。

このような垂直三区分の世界観の、四区分の世界観への移行を、どのように見ればいいのだろう。私は次のように考えている。このような三つに区分された神話的世界観が、現実的空間に添い始めると、ある変容を余儀なくされる。現実世界は地表面にある。垂直ではなく、どちらかといえば水平世界である。これも人類に普遍的な行動様式だが、私たちは地表面をある目的で区画する時、たとえば部屋を、あるいは家を建てる時、あるいは都市を建造する場合、三角形ではなく、四角形にする癖をもっている。それは、図1の平安京の平面プランを見ていただければわかるだろう。これが現実空間なのである。つまり内裏も、大内裏も、都も四角形なのだ。さらに都のある山城の国の境も四地点で示された。そして天皇の領土である畿内も、当初は四つの場所、あるいは四つの国で示されたのであった。ここではこの現実的空間を、水平四方向の世界観と呼んでおこう。

次に、最終的なケガレの終着点である、スサノオの管理する根の国・底の国は何処に設定されたのか。『延喜式』の「陰陽寮」には、「東方陸奥。西方遠値嘉。南方土佐。北方佐渡(7)」とある。つまり東は陸奥の、西は今の五島列島の、南は土佐の、北は佐渡の向こうに、根の国・底の国が設定されていたのである。ここでも現実の水平世界は四方向で示されている。そうなると私たちが頭のなかで考える三と、現実の四にずれが生じる。私はこのことを、三の空想世界と四の現実世界のずれ、と呼んでいる。ひょっとしたら、常日頃から私たちが感じている、理想と現実のずれも、ここから来ているのかも知れない。

ところが皮肉にも、この垂直三区分と水平四方向の齟齬が、この神話世界の風景をダイナミックな営みへと導くことになる。それは三の世界が欠落した部分を補うために、四の世界に追いつこうとするエネルギーであり、四の世界が余分な部分を削り落として、三の世界へと近づこうとするエネルギーでもあるのだ。それは文化人類学の交換概念にも似ているかも知れない。隣り合う外集団が、様々な交換を行うという人類独特の行動様式である。

人類はあえて自集団内に欠損状態を造り出すことによって、他集団との交換を行うという。たとえば、人類には近親婚の禁忌という普遍的な行動が見られる。自集団に生まれた女性を、外集団に嫁がせることで、あえて自集団に欠損状態を作り、その代わりにまた別の集団に生まれた女性をもらう。このようにして、他集団との有機的な同盟関係を次々と作り出すという考え方である。その関係が、さらに次々と連鎖していけば、密接で巨大な、ある特定の同盟関係が出来ることになる。そのような交換、もっと広く言えば他者、ここでは他地域や他の場所、あるいは様々な自然環境との密接な交流が生じるのだ。神話では兄妹、父娘の婚姻が見られるが、これは自己充足型で、ある意味、人類の理想なのかも知れない。しかし現実には、そうはいかない。他者と交流せざるを得ないのだ。国譲り神話において、オホモノヌシが国つ神の女ではなく、天つ神の娘をもらうことによって、天と地の同盟関係が成立するのも同じことであろう。

このように、この運動は三と四の、つまり欠損と充足の世界が隣り合うことによって初めて生じるのだろう。つまり神話的世界が現実的世界に寄り添う時期が必要なのである。いずれにしてもこの三と四の齟齬が、この二つの世界観を回転させるエネルギーの源となって、世界を循環させ始めるのである。つまりそれは、流された罪や過ち、疫病の、根の国・底の国からの逆流であった。ようするに神話世界である根の国・底の国に流されたはずの疫病の神が、今度は、それぞれ具体的に現実世界にある、東西南北の根の国・底の国を発して、全国に張り巡らされた実在の街道を、伝わり平安京を目指すこととなったのである。

その逆流する疫病の神を防ぐ儀式が、道饗祭であった。これはまさに、根の国・底の国からやってくる疫病の神を、道の神である八衢比古・八衢比売・久那斗の神が、要所要所で防ぐというものであったが、その内容は疫病の神を山海の珍味で接待して、機嫌良くお帰りいただく、というようなものであった。

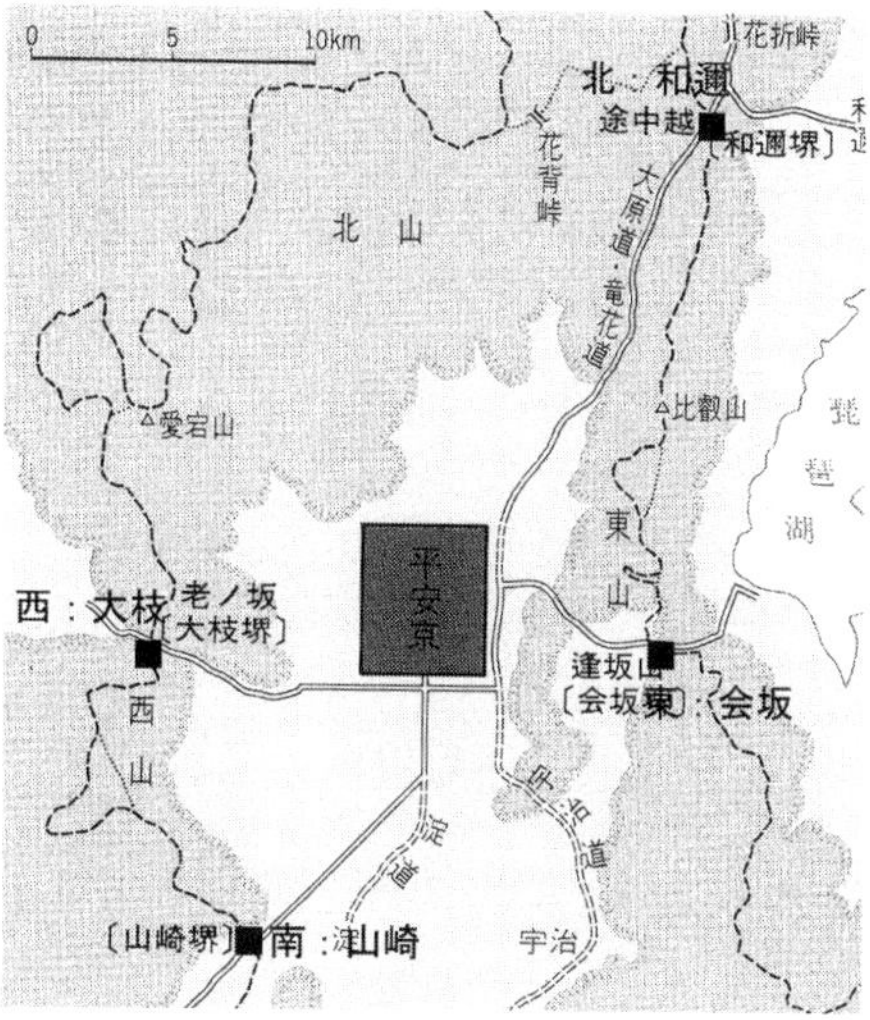

図 **2**　山城国の四つの境
足利健亮編『京都歴史アトラス』中央公論社, 1994, 28 頁に筆者加筆.

このように、エジプト、メソポタミアやギリシア、あるいはインドや中国の神々同様、日本の神々も私たちを守護することもあれば、死に至らせることもある、そのような両義性をもっていたのである。そしてこの道饗祭が行われた場所が、平安京のある山城国では、次の四つの境であった。北は和邇、現在の途中越、東は会坂、現在の逢坂山、南は山崎、西は大枝、現在の老ノ坂で、日本全国からの街道が、これら四箇所を通過するのであった(図2)。

(3) 疫病の神の登場

さて先に上げた大祓や道饗祭の儀礼が行われた場所に、疫病の神に関する神話的伝承が何らかの形で残されているのだろうか。もし残されているのであれば、まさに現実世界を舞台に神話世界が顔を覗かせる場所ということになろう。そしてそれこそが垂直三区分の神話的世界と、水平四方位の現実的世界の齟齬であり、それがゆえに生じた、人々の想像のエネルギーの発露と言えるだろう。

まずは道饗祭が行われたと考えられる、山城国の境界部を見てみよう。西の国境の大枝には、次のような伝承が残されている。

正暦（九九〇〜九九五年）の頃、京の都の姫君らが数多さらわれる事件が起こる。安倍晴明が占うと、丹波国大江山に鬼の国があり、そこの鬼たちの仕業だと判明する。そこで朝廷は摂津守源頼光と丹後守藤原保昌に鬼退治の勅命を下す。命をうけた頼光は石清水八幡宮に戦勝を祈願、日吉大社にも参詣する。そして配下の渡辺綱、坂田公時、碓井貞光、卜部季武ら四天王は、住吉社を詣で鬼退治の祈願をする。大江山に向かった一行は山中でこれら詣でた神々の化身の案内を受け、大江山の鬼の国に到着する。鬼の国の首領は酒呑童子であった。頼光ら一行は山伏の姿をしていたので、旅の山伏と見誤った酒呑童子は、彼らを鬼の宮殿に招き入れ、酒宴を催す。いずれ山伏たちを食おうとする鬼たちも加わり、田楽や仮装行列を披露する。神々の援助を得て、さらわれていた都の人たちを助け出した頼光たちは、刀を抜き酔い崩れた鬼たちを切り殺す。酒呑童子も首を落とされるが、その首は飛び頼光に食いつこうとする。が、渡辺綱と坂田金時がその目をくりぬき、ついに息絶える。頼光と四天王たちは、酒呑童子の首を土産に、意気揚々と都に凱旋するのであった(8)。

この伝承は、十四世紀の『大江山絵詞』に記された、酒呑童子という鬼を源頼光らが退治する有名な話である。歴史学者の高橋昌明は『酒呑童子の誕生』のなかで、この出来事が正暦年間とある点に注目し、『本朝世紀』や『日本紀略』に、この時期、平安京で疫病が流行し、多くの都人が死亡した点、そしてさかんに臨時の大祓が行われていた点などをあげ、この酒呑童子とは、疫病の隠喩であったのではないかとしている(9)。つまり都から姫君らが多くさらわれる事件とは、疫病の流行によって、数多の都人が、死者の国である根の国・底の国へとさらわれた、そのことを意味しているのだと。そしてその場所が、大江山、つまり山城国の西の国境である大枝であり、鬼が退治され首を埋められた場所も大枝、現在の老ノ坂にある酒呑童子の首塚であると。つまり図2にある山城国の西の境界、大枝に残された伝承が、後にこのように絵巻物になったのではないか。ちなみにこの国境は、畿内の国境でもある。

図3　渡辺綱らによって斬られた酒呑童子の首
小松和彦監修『妖怪絵巻』平凡社，2010，23頁より．

図3は、その絵巻に描かれた、渡辺綱らによってとどめを刺された酒呑童子の首であるが、目の上にさらに四つの目が描かれているのが示唆的である。まだ確証はないが、どうも疫病の神、あるいは鬼に関する数字が四の倍数のような気がしてならない。牛頭天王は八海龍王の娘をもらい、八年すごして八人の子をもうけているからである。貴船の奥にある鬼の国の王は、背丈が十六丈、顔は八つ、角は十六本だったと伝えられている。いずれも四の倍数だ。理想世界と違って、つらい現実空間は四の倍数で示されているのかも知れない。そしてこの場合、山城国の西の国境での伝承であるから、五島列島の向こうにある、根の国・底の国から来た疫病の神ということになる。

東の境界部に位置する三井寺にも、次のような疫病の神に関する伝承が残されている。

三井寺に智興内供という尊い僧がいた。この人が流行病を患って重態に陥った。安倍晴明に見てもらったところ、「これは前世の業によって決まっていることで、どうすることもできない。ただ弟子の誰かが、身代わりになると言うのなら病を移し替えることはできる」と言った。多くの弟子たちが居並んでいたが、皆伏し目がちになり、応える者はいなかった。そのとき、証空阿闍梨という年若い地位の低い弟子が、身代わりを名乗り出た。但し、年老いた母がいるので、最後の別れを告げてきたいと言う。その話を聞いて多くの弟子たちが泣いた。母を説得して帰ってきた証空阿闍梨に、智興の病を移す泰山府君の祭が晴明によって行われた。すると智興は元気になり、証空阿闍梨に病が移り始めた。病に罹った証空阿闍梨は一人、部屋で不動明王に向かって祈った。この師匠の身代わりになろうとする、弟子の姿を見た不動明王は、眼より血の涙を流して「汝は師にかわる。我は汝にかわろう」と言った。そのありがたい声は、証空阿闍利の骨を通り肝にしみた。「ああ恐れ多い」と合掌して念じていると、身体が楽になっていく。そしてその日の内に回復したのであった。その後、証空阿闍利は智興の最も信頼する弟子となった。

この話は有名な話で、様々な文献、たとえば『今昔物語集』(10)や『発心集』(11)などにも残っている。またこの話に関しても絵巻が残されている。この絵巻は『不動利益縁起絵巻』と言って、安倍晴明が泰山府君の祭を行っている場面が描かれている。図4の右で祭文を読んでいるのが安倍晴明で、その後ろにいるのが、安倍晴明が使役したとされる式神たちである。祭壇をはさんで向かい合っているのが疫病の神たちである。

図 4　『不動利益縁起絵巻』に描かれた安倍晴明と疫病の神たち
小松和彦監修『妖怪絵巻』平凡社, 2010, 29 頁より.

道饗祭とは、疫病をもたらす神たちに、御馳走して機嫌良く帰っていただく、そのような祭だが、たしかに祭壇の上には何やら食べ物のようなものが並べられているようにも見える。御幣が立てられているが、そもそも幣とは謝礼としての贈り物であるから、接待しているのだろう。それが山城国の東の境のすぐ外、さらにこの地も畿内と畿外の境である、逢坂山近くの三井寺で行われているのだから、やはり道饗祭とも言っていいだろう。そしてこの地は山城国の東の国境である。したがってこの疫病の神は陸奥国の向こうにある根の国・底の国から来たことになろう。ちなみにこの東の国境には、スサノオを祀る諸羽神社もある。

山城国の北の国境地帯には、鞍馬や貴船があり、そこには天狗の国や鬼の国があったとされている。これもまた疫病の神の、また別の姿であったのかも知れない。南の国境である山崎にはスサノオを祀った酒解神社が鎮座している。

このように鬼を疫病の神とみるのであれば、羅城門や朱雀門にも数多くの鬼が登場したことが知られている(12)。また建礼門のすぐ近く、紫宸殿や清涼殿に鵺なる怪鳥が出現した伝承もよく知られている。これらも疫病の神の変化した姿、と解釈できるのであれば、先に上げた山城国の四つの境、そして平安京の三区分された南の門、羅城門・朱雀門・建礼門のすべてに、疫病の神が登場する神話的伝承が存在していたことになる。これらは、まさに現実世界に神話的世界が見え隠れする場所と言えるだろう。

注

(1)『交替式・弘仁式・延喜式　前編』（新訂増補国史大系）吉川弘文館、一九七二、一六九～一七〇頁。
(2)青木紀元『祝詞全評訳―延喜式祝詞・中臣寿詞』右文書院、二〇〇〇、二四一～二四五頁を参照した。
(3)秋本吉郎校注『風土記』岩波書店、一九五八、四八八～四九〇頁。
(4)「祇園牛頭天皇縁起」『京都大学藏　むろまちものがたり』第四巻、臨川書店、二〇〇二、三六九～三七六頁。
(5)垂水稔『結界の構造』名著出版、一九九〇、二二五～二六四頁。
(6)伊藤喜良「中世における天皇の呪術的権威とは何か」『歴史評論』四三七、一九八六、三四～五三頁。
(7)『延喜式（中篇）』（新訂増補国史大系）吉川弘文館、一九七二、四四三頁。
(8)小松茂美編『土蜘蛛草紙・天狗草紙・大江山絵詞』（続日本の絵巻26）中央公論社、一九九三、二一～一一頁。
(9)高橋昌明『酒呑童子の誕生』中央公論社、一九九二、二一～六三頁。
(10)池上洵一編『今昔物語集　本朝部（中）』岩波書店、二〇〇一、一〇四～一〇七頁。
(11)三木紀人校注『方丈記　発心集』（新潮日本古典集成5）新潮社、一九七六、二四七～二五一頁。
(12)詳しくは、佐々木高弘著・小松和彦監修『京都妖界案内』大和書房、二〇一二を参照。

亥　永遠回帰の神話世界風景

——想像された欠損と充足

（1）ガンジス川の降下

神話世界の風景を、天界から湧き出た水が、世界軸を伝って地上へと流れ、人間世界を潤す、そのようにこの風景をここまでとらえてきた。それは天地創造の場面でも語られ、世界を壊滅に陥れる、洪水神話の場面でも語られてきた。その世界壊滅は、その後の展開を見れば、起源神話でもあった。その意味で、この神話世界の風景は、繰り返される風景でもあった。

天地創造においては、神々は天界から地上界の様子を見ながら、天地を開闢していく。日本の神話ではイザナキとイザナミがそのようにして、国土を生んでいった。それは国作り神話や国譲り神話、神武東征でも同じであった。崇神の日本統一においても、疫病の蔓延という災害があり、それを占うと、どうもオホモノヌシの怒りにもとづいていたようだった。この神の子孫をして、世界軸である三輪山を祀ることによって、オホモノヌシの怒りがおさまり、大和の国は平安を取り戻す。これも世界軸にそって怒りが降下し、祀ることによっておさまるのであるから、神話世界の風景と、同じ構図と言えよう。そして舞台となった奈良盆地を見れば、洪水の起こる地域であったのだから、なおさらであろう。そして崇神の日本統一と三輪の大王家の起源が語られる。

この世界軸、三輪山は国作り神話、国譲り神話、神武東征においても重要な役割を演じている。国作り神話ではオホモノヌシが三輪山に鎮座することによって、オホクニヌシの国作りが完成するし、国譲り神話では、三輪山に鎮座するオホモノヌシが天孫に帰順することによって、神武東征においては三輪山の麓に神武が落ち着くことによって、神々の作業が完遂する。

亀岡盆地においては、神々が集った場所が黒柄岳（申―図2）と伝えられ、そこで神々は盆地の開拓について相談する。

この赤い波の打ち寄せる湖を大国主命が諸国御巡幸のみぎり、ご覧遊ばれて、これを平野にして民福を授けんと、今の樫田村黒柄岳に、八百万の神達を御集めになり、ご相談の結果、樫田村の氏神、樫船明神が樫の木で船を御造りになり、亀岡上矢田の鍬山明神が鍬を作られ、この船に、この鍬を持って数多の神様が御乗込みになって、篠村山本の山麓を切り開かれたため、水は今の保津の山峡を伝って、嵐山の方に流れ、ここに立派な平野が出現した。命はこの平野に桑の木を植えられた。よって桑田の名が起ったのである。そしてそれ等の神々を、この水の流れ出た峡の両側に祭ったのが、俗に沓神として足痛を祈る篠村山本の桑田神社と、保津村岩尾の請田神社とである。桑田神社はもと請田大明神と称し、請田神社は昔は松尾神社と謂った(1)。

ここでも神の巡行が語られる。また明神岳（申―図2）とする伝承もある。

明神ヶ岳　郡の東南部に位し、高さ五二三・五米で、大昔口丹波が湖水であった頃に、大国主命が多くの神々をこの山の頂に集められ、篠村の山本と保津村の請田との間を切り開いて湖を平野にし、町や村を造へやうと相談された処だそうである(2)。

そしてこれら世界山の近くには、神々が乗った舟がある。それは世界の洪水神話も同じだった。ニシル山、ヒマラヤ山、パルナッソス山、アララテ山など。やはり天地創造と洪水神話は、同じ神話世界の風景を有しているのだ。先の牛頭天王の縁起では仏教の世界山、須弥山があげられている。したがって牛頭天王は仏教系の神で、神道のスサノオとどこかで習合したと考えられている。

この繰り返される神話世界の風景は、私たちに一体、どのようなメッセージを伝えようとしているのだろう。それを読み解く鍵が、やはり仏教の祖国インドの、ヒンドゥー神話『ラーマーヤナ』の「ガンジス川の降下」に語られているように思える。要約してみよう。

昔、アヨーディヤー国のサガラ王の二人の妃に、王家を永続させる一人の息子と、六万人の美しい息子がいた。ヒマラヤ山とヴィンディヤ山の谷間で、サガラ王が祭典を執行しようとしたとき、インドラ神が羅刹女の姿で現れ、祭式用の馬を盗んだ。サガラ王は六万人の息子に、大地を掘り返して馬を奪い返すよう命じた。六万人の王子たちがあらゆる大地を掘り返したことで、多くの動物たちが殺されてしまう。大地の女神の夫であるクリシュナ神の怒りによって、六万人の王子たちは灰の塊にされてしまう。残った一人の息子の、そのまた息子が、六万の叔父たちの水供養を思い立ち、ガンジス川の天界からの降下を願う。その後、何万年もかかってサガラ王から五代目のバギーラタ王が苦行を重ね、ついにヒマラヤの娘ガンジス川が降下する。シヴァ神は頭でガンジス川を支え、その流れをピンドゥサラ湖に向けて放出した。そこから七つの流れが生じ、地上を東西に流れ始めた。七番目の流れはバギーラタ王の車の後ろを流れた。王は聖なる車にのり、ガンジスを先行した。ガンジス川が天空から流れ落ちるのを見た神々は驚嘆し、次々と見に集り、よってその周りは光り輝いた。地上に住む者たちは「シヴァ神の身体から流れ落ちた水は罪を清めてくれる」と、その水で沐浴した。呪詛で天上から地上へ落ちた天人たちは、そこで水垢離をすると、彼らの罪は消滅した。そして天人たちは再び天空に帰った。バギーラタ王が進む道は、偉大なガンジスの進む道となった。大海に達したガンジスは、地下界に入って行った。そしてあの灰にされた叔父たちも清められ天界に昇った。これによってガンジスはトリパタガー（三道を進む女）と言われる。バギーラタ王は水供養を行い自らも清浄となり、自身の都城へと入り、再び国を統治した。そして人々の苦悩はなくなり、富みにも恵まれ、心配事はなくなった（3）。

これはまさに神話世界の風景と言ってよい。天界のガンジスの水が世界軸ヒマラヤから、さらにシヴァ神を伝って下降し、地上界を潤す。そしてその流れはあらゆる罪を清め、地下世界へと侵入し、あの六万人の息子をも浄化し天界へと帰す。ガンジスは、垂直三区分の神話的世界にまたがる、トリパタガー（三道を進む女）なのだ。いままでの神話世界の風景と異なるのは、墜落した神々や人々の天界への帰還である。ガンジスの水は地上界を潤すだけでなく、神々、人々をも浄化する役割を演じていたのである。

世界の洪水神話も、同じように天界から水が下降した。そして罪深き人々を消滅させ、賢者だけを残し、再び人類を再生させた。また洪水を起こした神々も、二度と人類を消滅させないと誓っている。結論としては同じなのではないか。天地創造と同じ神話世界の風景が、この場合、繰り返された、と言っていいだろう。それに対して、ガンジスは一度の降下によって、天界・地上界・地下界を循環させているのだ。天界からの聖なる水は、地上界の汚れを浄化し、人々の罪を消滅させてくれるようだ。

このガンジスの降下という、壮大な神話世界の風景は、バギーラタ王をも浄化させ、彼が都城に帰還することによって、国は平安になる。日本の都城においても、このような神話世界の風景が計画されていたのだろうか。その名の通り平安を求めた都城、平安京に戻ろう。

実は平安京にも浄化のシステムがあった。先に紹介した『延喜式』「神祇八　祝詞」によると、六月と十二月の晦日に天皇、そして百官人が集まって、犯した様々な罪を祓い清める、「大祓」の儀式があった。その際に、となえられた祝詞の内容はすでに示した。現在でもこの祝詞、六月晦日と大晦日に各地の神社で唱えられている。この祓いの祝詞には、明らかにここまで述べてきたような、神話世界の風景がある。そこで描かれた神々の会議は、あの世界の神話の、大洪水の前の会議にも似ているし、亀岡盆地の黒柄山や明神岳における、神々の排水を企てた会議にも似ている。そして茅の輪くぐりの由来が、まさにあの洪水神話で出て来た、神の巡行とその結果としての怒りである点も先に示した。そして選ばれた者だけが生き残り、現在もこの儀式がとり行わているのだ。

しかし洪水が欠如する。その点もすでに指摘した。ところが、この『延喜式』の祝詞の後半を見ると、あのガンジス降下の神話世界の風景にあるような、ヒマラヤ、ガンジス川、都城、浄化といった関係が見いだせる。それは祝詞を聞き届けた天にいる神や、高い山や低い山にもいる国つ神が、その高い場所から一気に水流で大海原、あるいは根の国・底の国まで、ケガレを流してしまう場面である。これは平安京にもガンジスの降下に似た、神話世界の風景があったことを示しているのではないか。

（2）帰還した神々

私たちの祖先は、平安な世界は秩序だっている、と考えた。その思考が碁盤目状の整然とした区画を、混沌とした自然世界に生じせしめた。それが都城である。天皇をはじめ貴族たちは、この整然と秩序だった空間に住むことによって平安を得ようとした。ところがこの論法は、逆に都城を一歩出た世界に、無秩序で不穏な空間を生み出すことになる。したがってこの都城は、つねに外部に混沌世界を抱え込むこととなった。その混沌世界の住人を、疫病の神あるいは鬼と見なした私たちの祖先は、この外部世界から侵入しようとする彼らを、この都城の様々な入口・出口で塞ごうとした。ここに神話的世界の垂直三区分の世界観と、現実的世界の水平四方向の世界観の齟齬がある。それは、神話世界の風景の現実世界への寄り添いから生まれた、欠如を補う、あるいは余剰を削る、人々のエネルギーの発露、と言い換えてもいいだろう。

世界の古代都市は、城壁を高くすることで物理的に外敵を防いだ。が、日本は壁を造らず、あえて神話的な防衛を選んだ。神々を祀ると同時に、限りなくその仲間に近い、疫病の神や鬼たちをも祀ったのである。それは、次のような神話的世界観があったからだ。高天原にいる神々は、天皇に葦原中つ国の統治をまかせたが、それでも朝廷に仕える官僚たちは、過ったり罪を犯したりしてしまう。ところが天・地、そして地下世界の神々さえにも、祝詞をとなえれば、高天原、そして中つ国の山々にいる神々が、それら罪悪を四方に流し、地下世界、根の国・底の国の管理者スサノオが受け取り、神々が浄化してくれる、あるいは消滅してくれる、そう考えた。

ところが人間の罪や過ち、あるいは疫病などは一向に無くならない。ということは、一旦流された罪や疫病は、逆流しているのではないか。であるなら、疫病の神や鬼たちは、この地下世界から、再び地上界の道を伝って都城へ向かってくる、そうとも考えた。そこで要所要所で、彼らを山海の珍味でもてなし、機嫌良く帰っていただこう、そのように祀った。道饗祭である。平安時代の都は山城国にあったので、東は逢坂、西は大枝、南は山崎、北は和邇、つまり四方の街道が通る国境で祀った。今でもこれら場所には、スサノオやその化身である牛頭天王を祀る神社が、その痕跡として残る。

さて、それでもすり抜けてやってくる疫病の神や鬼たちがいた。四方からの街道は、すべて都城の南門である羅城門に結節している。そのため羅城門でも祓った。さらにそこをすり抜けた連中は、朱雀門を、そして天皇の座す内裏の建礼門を目指した。したがってこれら大内裏、内裏の二つの南門でも祓った。

このように、疫病の神や鬼の侵入を防ぐ重層的なシステムがあったのだが、それはどちらかと言うと、接待に近いものであった。であるなら宴会のように、疫病の神や鬼たちは、そこに招待されたことになる。恐らくこのようなことから、平安京においての、彼ら神々の出没地は、羅城門・朱雀門・建礼門に集中することになる。

このようにして根の国・底の国に流された罪は、疫病の神や鬼として再び都に現れる、そのような循環思想となった。ところがこの世界観、東西南北の四方だけでなく、上・中・下という垂直的世界をも取り込みはじめる。その要因は、何度も言うようだが、垂直三区分の世界観と水平四方向の世界観の齟齬から生じたエネルギーが大きい。

世界には、洪水神話が共通してある。天界の神々が、墜落した人間に罰を与えるために大洪水を起こし、人々を懲らしめたという神話である。この天界から降下する大量の水は、罪を地下世界に流すと同時に、地上界をも浄化する。ここでも浄化された罪人たちは地上界へ、あるいは天界へと戻される。ここにも循環思想を認めることができる。

この空想世界を平安京の実在空間に当てはめると、もう一つの疫病の神や鬼たちの出没地が見えてくる。平安時代になると、天界を北極星だと見なした。だから藤原京で都城の中央にあった内裏が、その後北に移動する（卯―図5）。であるなら平安京の北の山々に、天界が想定されることになる。そしてこの循環思想が有効であったのなら、鬼たちは北から水流に乗って、平安京を目指すことになる。

北からの水流の平安京への入り口は、大内裏の東が一条戻橋、西が大将軍社であった。その源流は、東北が貴船・鞍馬、西北は長坂・愛宕山である。神話の垂直世界では、山は天界へ通じていた。貴船には鬼の国が、鞍馬には天狗の内裏が、長坂には付喪神の棲み家が、愛宕山には天狗と化した崇徳院がいた、と伝えられている。これらを模式図化したのが図1である。

ここではこれら水流に乗って北の山々から帰還した、疫病の神々たちを見てみよう。帰還した神のなかで、地上世界の人々に対して怒りを持ち、災害を起こそうとした、神々の事例が二つある。一つは次のような伝承となっている。それは『太平記』巻第二七の「運景未来記の事」にある。

出羽国の羽黒山に運景という山伏がいた。この山伏が諸国修行を終え、都に上り、今熊野神社に居住して名所旧跡を訪ね歩いていた。貞和五（一三四九）年六月二〇日の事だった。嵯峨野の天龍寺を訪れようと、かつて大内裏のあった辺りを歩いていると、六十歳位の山伏が「そなたはどこへ行くのだ」と声をかけてきた。天龍寺に行く旨答えると、もっとすばらしい霊地があると

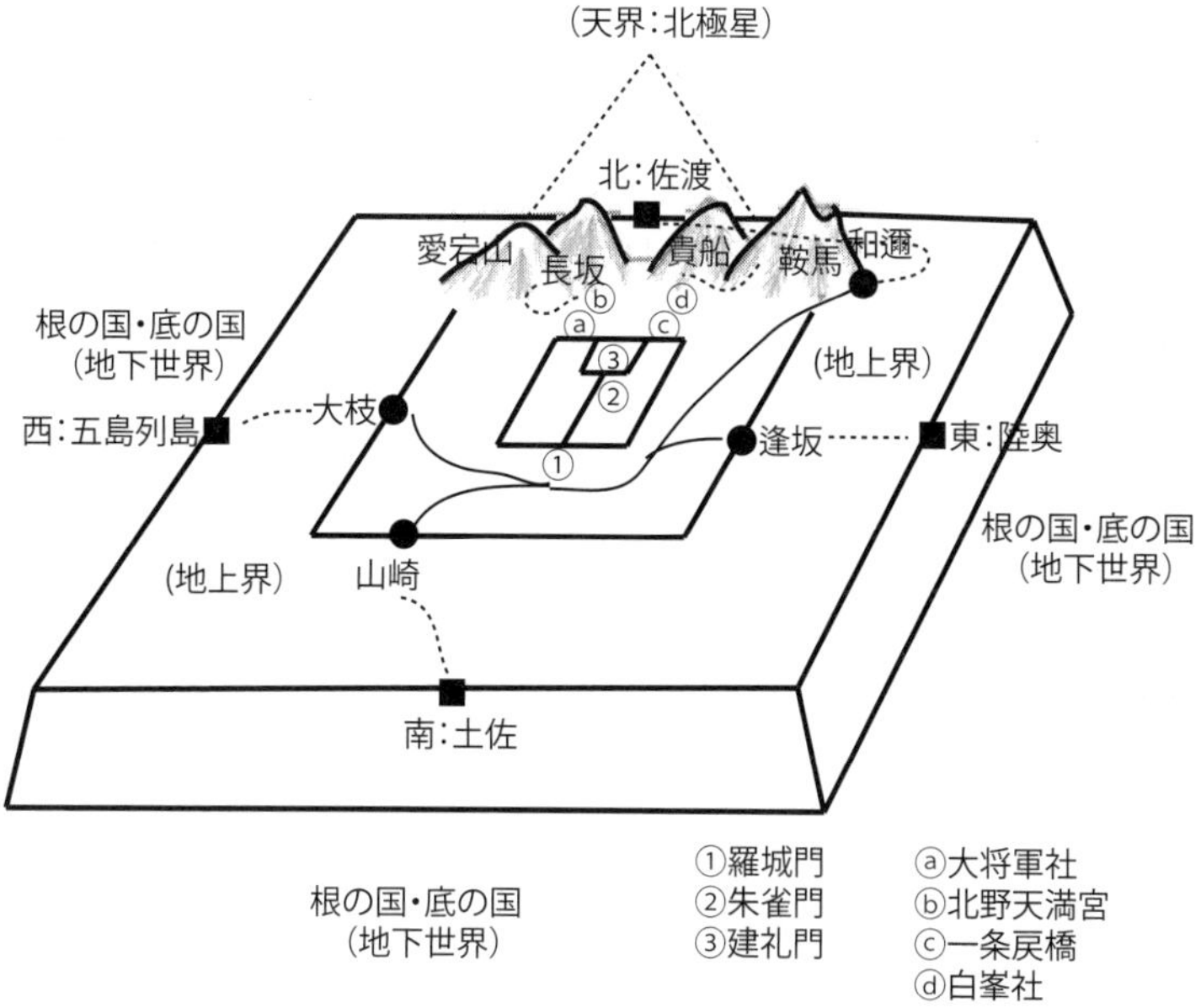

図1　平安京の神話的世界観と疫病の神の循環
佐々木作図.

言って、愛宕山に連れて行かれた。まことに仏閣が立派で身の毛がよだつ程だった。このままここで修行をしたいと思っていると、例の山伏が「ここまで来た想い出に、聖なる秘所を見せてさしあげよう」と言って、今度は本堂の後にある座主の坊（月輪寺）へと運景を誘う。そこへ行ってみると、多くの貴僧・高僧が座っている。なかには衣冠束帯に、笏を持っている人もいる。恐ろしくなって、板張りの縁でうずくまって見ると、さらに御座を二畳敷きに重ね、その上に大いなる金の鳶の翼を広げて着座している人がいる。その右には、背丈が八尺くらいの大男が、大きな弓と矢を持って控えている。左の一座には、龍などの模様を刺繍した、天皇の礼服を着て、金の笏を持った人が居並んでいる。例の山伏に「どのよ

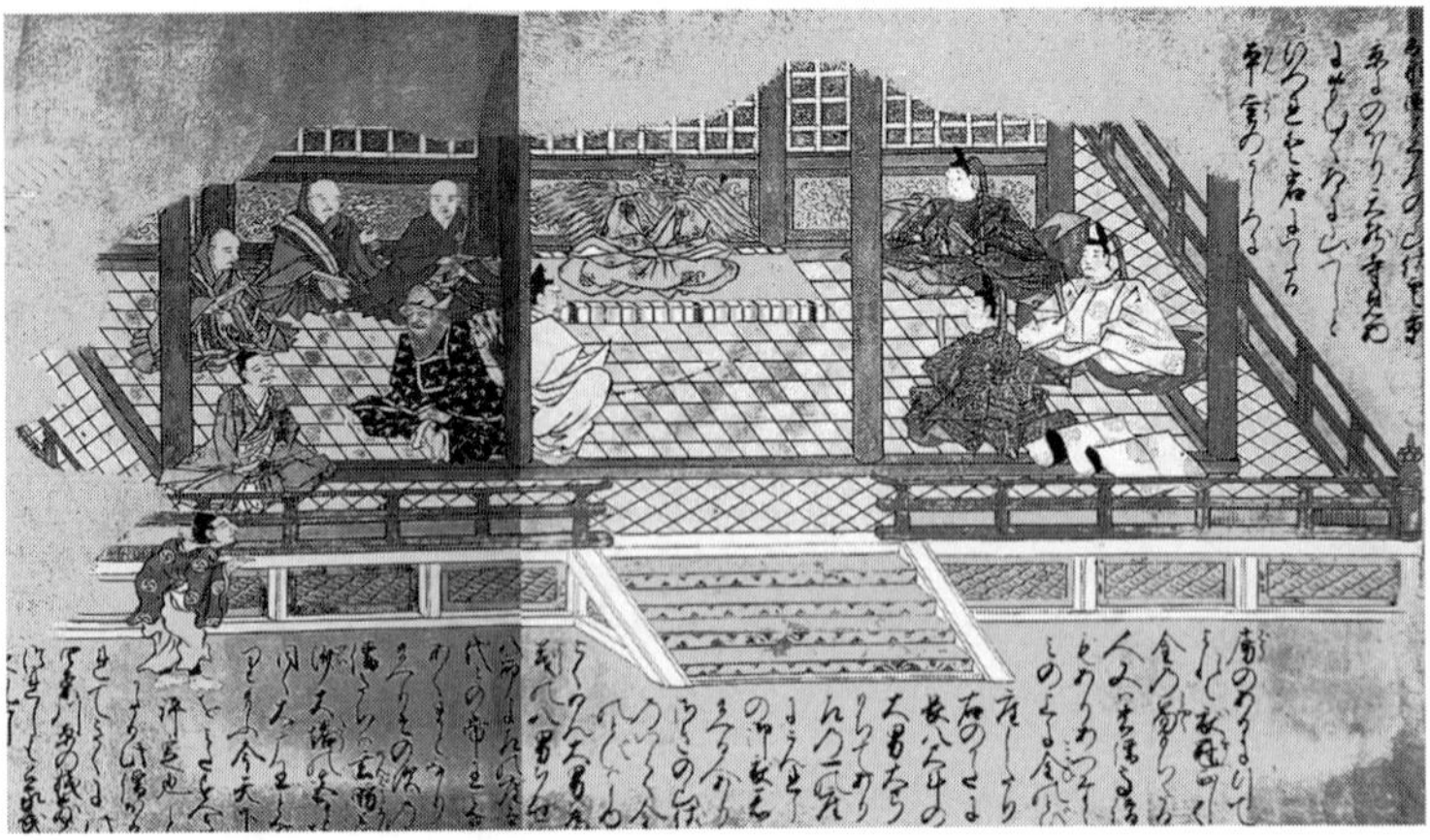

図 2　『太平記絵巻』に描かれた天狗となった崇徳院
埼玉県立博物館編・発『特別展図録　太平記絵巻の世界』, 1996, 61 頁「⑪運景未来記事（27）」より.

うなお座敷ですか」と恐る恐る聞くと、山伏は言った。「上座なる金の鳶こそ、崇徳院におわします。そばの大男は為朝です。左の座におわしますは淳仁天皇、井上皇后、後鳥羽院、後醍醐院、彼らは悪魔王の棟梁なのです。その次の僧侶たちは、玄昉、真済、寛朝、慈恵、頼豪、仁海、尊雲等の高僧たちです。彼らは同じく大魔王となって、今ここに集まり天下を乱す相談をしているところです」と言った(4)。

場所は愛宕山（図1）である。この山は先の大枝と同じく、山城国と同時に畿内の国境に位置する。そこで崇徳院、あの保元の乱で破れ流された元天皇が帰還し、地上界を乱す会議を行っている場面である。そこに居並ぶのは、歴代の不運な死を遂げた天皇、武士、そして僧侶たちだ。そしてここで言う悪魔王の棟梁の首座にいる崇徳院は、もう半分は天狗になりつつあった。大きな金の鳶の翼を広げ、人間の姿で着座している。図2は『太平記絵巻』に描かれた、まさにこの場面である。中央に座すのが天狗と化した崇徳院。弓をもって控えるのが源為朝である。そして右に居並ぶのが流刑にあった歴代の天皇たち。左が僧侶たちである。彼らは悪魔王の棟梁になったとあるが、それは天狗のことだったのだ。神話的風景で言えば、彼らは流され、根の国・底の国へと送られ、浄化され、天界へと帰還し、さらに国つ神となり愛宕山に鎮座していることになる。

同じく流され帰還したもう一人は、言わずと知れた菅原道真である。彼は北野天満宮に祀られている（図1のⓑ）。ちなみに崇徳院は、徳川家から朝廷に大政奉還されたおりに、図1のⓓに祀られている。明治になってである。なぜか。その理由は、崇徳院が亡くなる時、次のような誓いを立てたと伝えられているからだ。それは「日本国の大悪魔となって天皇一族を倒し、それ以外の支配者を立てる」というもので、自らの舌の先を食いちぎり、その血でお経の奥に誓いの書状を書いた、とされる。その後は髪も剃らず、爪も切らず生きたまま天狗の姿になり、長寛二（一一六四）年に四六歳で崩御し、遺体を焼くと煙は都を指してたなびいた、のだと。そしてその後、崇徳院の誓い通り、天皇の政権が武士にとって代わられた。そのような伝承があったために、今度は逆に、武士の政権が天皇に返還される幕末に、明治天皇によって一八六八年、崇徳天皇の御霊を京都へ帰還させ、白峯社（戌—写真1）を創建したのであった。私は、その白峯社の六月晦大祓に参加していたのだった。

（3）神話世界の風景の意味

図1で、この両者を祀る社の位置を見ると、大内裏を中心に左右対称の位置にあることに気づく。それを拡大したのが図3である。なぜ彼らは、根の国・底の国から帰還し、この位置に祀られたのか。図

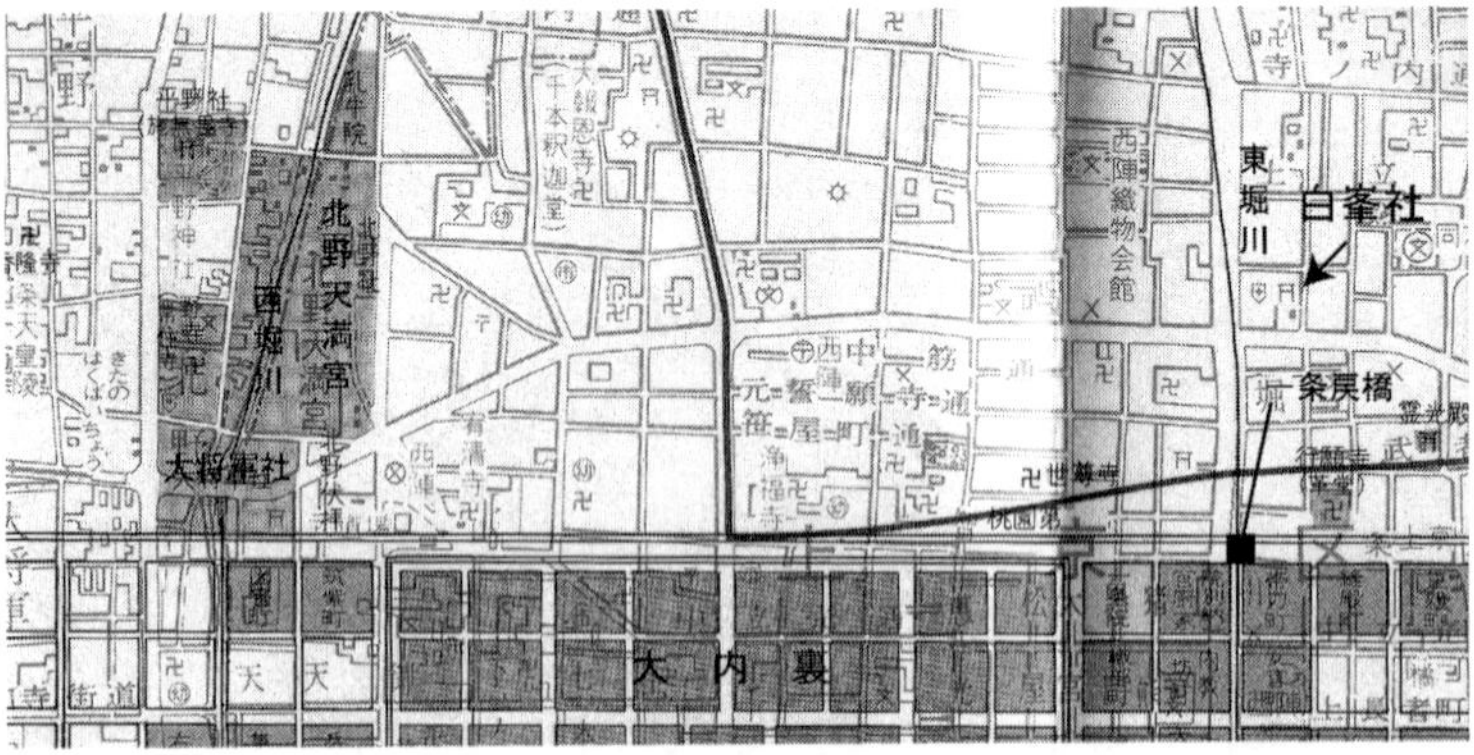

図3　大内裏を中心に左右対称に位置する一条戻橋・白峯社と北野天満宮・大将軍社

林家辰三郎編『京都の歴史１』京都市史編さん所，1970，付図に佐々木加筆.

3を見ると、両者の位置に、ある共通点があることがわかる。それは北野天満宮のすぐ脇を西堀川が、同じく白峯社のすぐ脇を東堀川が流れている点である。これら河川は計画的に都市プランのなかに組み込まれた人工的な河川である。それは都に水をもたらすためのものである。ところが、これら水流の源を辿ってみると興味深い場所に行き着く。西堀川は現在の紙屋川で、その源流は長坂（図1）の方面へと向かう。東堀川を遡ると、鞍馬そして貴船へと向かう。室町時代に記された『付喪神記』によると魂を得た道具の神、付喪神たちは、長坂に本拠を置き、時折都人を襲ったという[5]。また鞍馬寺や貴船神社の奥には、天狗の内裏や鬼の国があった、と伝えられている。彼らも時折、都人を襲った。襲ったというのは、おそらく疫病を意味したのだろう。であるなら、彼らもまた疫病の神ということになる。前章で示した安倍晴明の三井寺における泰山府君の祭の図に描かれた疫病の神のなかに、道具の形をした神がいる。付喪神である。彼らが水流を伝ってやって来るのであれば、それをくい止める場所は、この二点しかあるまい。

そしてこの二箇所には、もう一つの神話的伝承が見えている。それは図1のⓐ大将軍社とⓒ一条戻橋である。図3で見てもわかるとおり、両者は、東西堀川から侵入しようとする疫病の神から、都を守る役割を演じている。大将軍社は星を祀っていた。これら星の神話は、すでに卯・辰の章で述べたとおりである。北極星に喩えられる天皇を取り囲むように守護するのが、星々の役割である。

この地は、秀吉の時代になると、京都の町の西の外壁が構築されることになる。いわゆる御土居である。日本の都市に、物理的な城壁が築かれなかった点は、先にも指摘したが、これは例外である。そしてこの御土居は戦の敵からだけでなく、紙屋川の洪水からも京都の町を守る目的があったのである。つまりこの紙屋川は、洪水を引き起こす川であったのだ。そしてその上流である長坂に、やはり疫病の神の変形であろうと思われる、付喪神たちが本拠を構えていたのであった。

では一条戻橋はどのような場所であったのか。ここにも様々な神話的伝承が残されている。一つ紹介しよう。次のような話が『平家物語』に残っている。

渡辺綱が源頼光の使いで一条大宮へ行く。夜も遅かったので、馬に乗り鬚切という源氏の宝刀を持って行った。一条堀川の戻橋で二十歳くらいの美しい女が一人で歩いている。女は綱を見て「夜もおそくて恐ろしいのでお送りいただけますでしょうか」とすがるように言った。綱は女を馬に乗せてやった。女は「私の家は都の外ですが、送ってくれますでしょうか」と。綱は「お送りしましょう」と答えると、女は突如、鬼へと姿を変え、「わが行く所は愛宕山ぞ」と言うやいなや、綱のもとどりをつかんで西北に向かって飛翔し始める。綱は少しも動じず、宝刀鬚切を抜き鬼の手を切った。と綱は、そのまま北野天満宮の回廊に落ちた。まだもとどりをつかんだままの切断

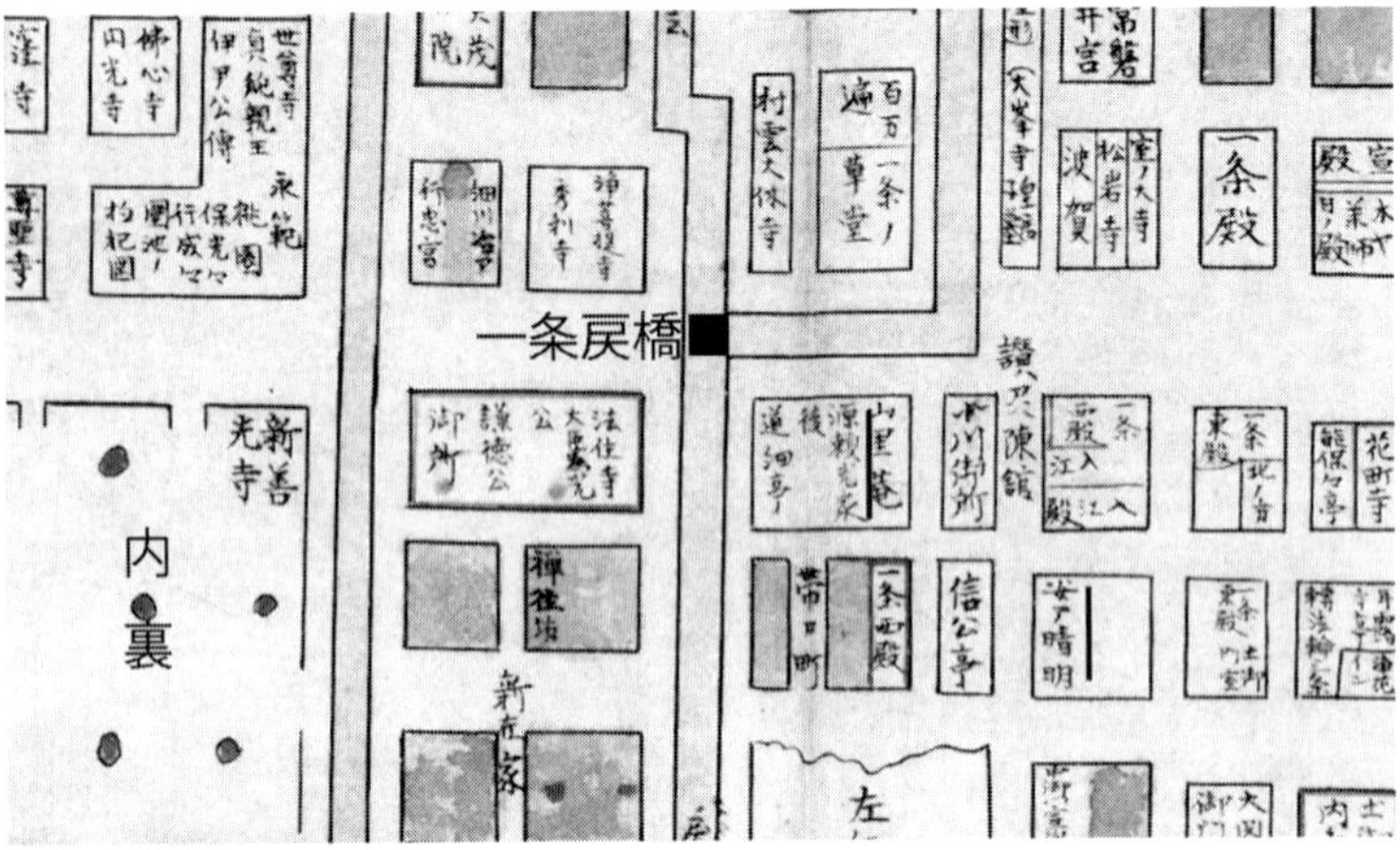

図 4　「中古京師内外地図」に見る源頼光と安倍晴明宅
国際日本文化研究センター所蔵に筆者加筆.

されたその手をみると、女の手ではなく、色が黒く、毛がごわごわと渦巻いた鬼の手だった。これを安倍晴明に見てもらったところ、七日間家に籠もって、仁王教を読経せよ、と言われた(6)。

この伝承には、三人の重要人物が登場している。一人は鎌倉期から足利、徳川と江戸時代に至るまで武門源氏の祖と仰がれた源満仲の長男である源頼光、もう一人も陰陽道の祖と仰がれた安倍晴明。彼らはそれぞれの分野の神話的人物と言ってもよいだろう。江戸時代に復原された平安時代の地図『中古京師内外地図』には、二人とも一条戻橋のすぐ南に居を構えている（図4）。大将軍社と同じく、この水流から都を守護する位置と言ってよいだろう。では三人目の渡辺綱とは何者なのか。実は綱も渡辺党の祖とされる神話的人物で、この一党は、淀川の難波の海に近い渡辺の津を本拠としていた。この地は先の大祓の際にケガレを流す、畿内七瀬で最も重要とされた祓所で、彼らは天皇の八十嶋祭にも従事していた、大祓の際の武士側の専門家たちなのだ。彼らはこの渡辺の津で、平安京のケガレが難波の海に流されたことを確認する役割も有していたという。彼らの子孫は現在、坐摩神社の宮司、曾根崎露天神の社家となっている。

渡辺の津とは、現在の天神橋と天満橋の中間辺りとされているが、であるならさらに興味深い点が浮上する。ここにも菅原道真を祀る天満宮があり、その夏祭りの天神祭りでは、茅の輪が飾られるからである。そして彼ら一党は十一世紀から、天皇の住む清涼殿を警護する滝口の武士へとなっていく。滝口の武士の呼び名は、清涼殿東庭北東の「滝口」と呼ばれる御溝水の落ち口の、その近くにある渡り廊下を詰め所としていたことからくる。なぜ水流の滝口に彼らが控えなければならなかったのか。それはやはり、北の山から流れ来る水流に疫病の神や鬼がいる、と考えられていたからだろう。そしてそれは一度、根の国・底の国に流されたケガレが浄化し、天界に帰還し、再度天界における神の怒りとして、地上界に戻ってくるという、神話的世界観があったからではないか。そしてその神話的世界観が、実在する古代都市に寄り添うとき、いくつかの具体的な場所に、時には豊穣や幸運の神として、そして時には疫病の神として、あるいはそれら神の怒りを鎮めるための神として、その素顔を覗かせていたのであった。

写真1は、宮城県村田町姥ケ懐の集落の、北の山から流れ入る水流の滝口と、その滝口に祀られた不動明王である。一条戻橋や清涼殿の滝口にも、このような不動明王が祀られていたのかも知れない。不動明王はあの安倍晴明が行った、師匠の病を弟子にうつす泰山府君の祭の物語でも、その弟子にうつった病を治す役割として登場していた。実は、この姥ケ懐の集落のほとんどの家が渡辺姓なのである。そして彼らは、渡辺綱の子孫を名乗っている。本来は北の山から疫病の神が流れてくるのだが、その滝口で不動明王を祀ることによって浄化あるいは、守護神に変えていたのだ。つまり洪水を清め、つまりマ

写真1　宮城県村田町姥ケ懐の
滝口に祀られた不動明王
佐々木撮影.

イナスをプラスに転じているのである。このような世界観が、日本の神話から洪水を削除することになったのではないか。そのことによって、洪水後に発生した疫病がクローズアップされた。あるいは亀岡盆地の弘法大師の巡行では、神の怒りとして渇水が語られていた。洪水に慣れ、あるいは治水に長けた日本においては、むしろ洪水よりも渇水の方が恐怖だったのだろうか。

　さて、このような、私たちから見たら荒唐無稽な神話伝承に、そして神話世界の風景に、一体どのような意味があったのだろう。前章で述べた、神話的な垂直三区分の世界観と、現実的な水平四方向の世界観の齟齬に、この問題を解く鍵があるように思えてならない。このような荒唐無稽な神話は、地球上のどの民族も持っている。そしてそれは単に物語だけでなく、かならず風景をも語りこんでいる。そしてその風景は、昔話と違って、語り手たちの周囲に実在する山や川、谷や丘、樹や草花であったりする。あるいは天に輝く星や、空を舞う昆虫、地を這う蛇も語りこまれる。

　私は、神の棲む明るく清浄な天界・人の生活する現実的な地上界・暗く陰鬱な死者の地下世界、という空想的で神話的な垂直三区分の世界観が、ある意味、私たちの理想とする循環世界なのだと思う。正しく生きれば、いつかは天界に迎えられるし、悪しく生きれば、地下世界に墜落するに違いない。ただし、神に許しを請い、ケガレを祓えば、再び天界へ戻れるし、地上界へも帰還できる。実のところ、これが理想とする循環世界なのだろう。しかし現実はそうはいかない。なぜなら水平四方向の世界だからだ。いわゆる理想と現実の齟齬がここに生じる。そしてこの齟齬が、私たちの理想世界と現実世界を、密接に結びつけるきっかけとなるのだ。たとえば、根の国・底の国は、私たちの空想世界にしかあり得ないが、それを私たちは現実世界に設定することとなる。すると水平四方向の果て、東は陸奥・北は佐渡・西は五島・南は土佐の沖となる。もしこのような空想世界を私たちが抱かなかったなら、古代の平安京を中心とした、日本列島の空間認識は生まれなかったに違いない。これはある意味、架空の、果ての世界を想像したことによる、私たちの領土認識の誕生なのである。本来、訪ねることもないような遠方を、日常生活において視野に入れることはないし、認識もしないであろう。それが、日常の行いから、根の国・底の国を想像することによって、この列島の当時の果てが認識の世界に呼び起こされているわけだ。それは平安京という都市の、周辺の山や川をはじめとする自然環境も同じように呼び起こされたであろう。このような神話世界の風景が、私たちの周囲にある自然環境を、意味世界そして認識の世界へと取り込むきっかけとなったのである。先に述べたように、星も昆虫も動物も含めてである。

エデンの園という神話世界の風景があったから、ヨーロッパの人々をして大航海時代へと導き、新大陸への移住、そして現在の北米がある。天界があり、そこに神々がいると信じていたから、宇宙開発があった。それは地下世界も同じだろう。そう考えたとき、私たち人類と自然環境の関係を、いい意味でも悪い意味でも促進させたのは、本書で紹介してきた神話世界の風景だったのだ。そしてこの人と人、人と場所、人と自然を密接に結びつけ、循環させる神話世界の風景は、おそらく永遠に続くのだろう。

注

（1）垣田五百次・坪井忠彦編『口丹波口碑集』郷土研究社、一九二五、六頁。
（2）田中勝雄「山水伝説―続南桑民譚雑録二」『旅と伝説』第十年十号、三元社、一九三七、三七頁。
（3）中村了昭訳『新訳ラーマーヤナ１』平凡社、二〇一二、一八七～二〇九頁。
（4）山下宏明校注『太平記　四』（新潮日本古典集成二七）新潮社、一九八五、二三〇～二四三頁。
（5）田中貴子訳「現代語訳『付喪神記』（国立国会図書館本）」『図説百鬼夜行絵巻をよむ』河出書房新社、一九九九、三四～四五頁。
（6）水原一校注『平家物語（下）』（新潮日本古典集成四七）新潮社、一九八一、二六七～二七七頁。

あとがき

再び、イザナキとイザナミの国生み神話である。オノゴロ島に天降ったイザナキは、妹のイザナミに向かって次のように言う。

「お前の体はいかにできているのか」。すると、答えて、「わたしの体は、成り成りして、成り合わないところがひとところあります」と、イザナミは言うた。それを聞いたイザナキは、「わが身は、成り成りして、成り余っているところがひとところある。そこで、このわが身の成り余っているところを、お前の成り合わないところに刺しふさいで、国土を生み成そうと思う。生むこと、いかに」と問うたのじゃ。するとイザナミは、「それは、とても楽しそう」とお答えになったのじゃった。それでイザナキは、「それならば、われとお前と、この天の御柱を行きめぐり、逢ったところで、ミトノマグハヒをなそうぞ」とおっしゃったのじゃった。

（三浦祐之『口語訳　古事記［完全版］』文藝春秋）

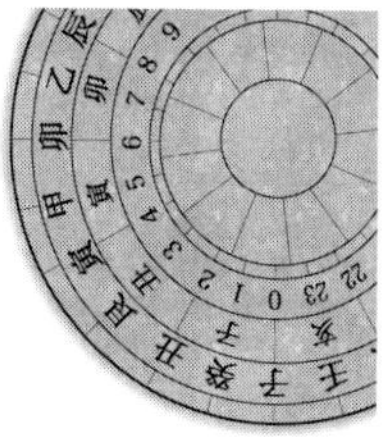

はしがきで述べたように、ミトとはすばらしい場所のことで、マグハヒは性交を意味する。こうやって私たちの国土が、生み出されていく。これらは本書で紹介した、世界の洪水神話に見られる話型、「兄妹婚始祖型」、そしてその後に続く「生み損ない型」、「占い型」、「柱巡り型」へとつづく場面である。

実は、中国の洪水神話でも同様の展開がある。それは大昔、すさまじい雷とともに、大雨になったときのことである。

このままでは洪水になる、と思った一人の勇敢な男が雷を捕らえ、檻の中に入れる。男が留守の間、雷は男の子どもである、小さな兄と妹を騙して逃げ出す。雷はこのとき、この二人に自らの歯を抜いて与え、土の中に植えよと命じて、天に去る。しばらくすると、大雨がふり大洪水となった。土に埋めた雷の歯は、たちまち芽を出し、大きな瓢箪となり、兄妹はその中に隠れ、難を逃れる。生き残った兄は、結婚し子孫を残そうと、妹に提案する。が、妹は拒否する。兄が何度も頼むと、妹は「それでは、わたしを追いかけてください。もし、つかまったら、結婚しましょう」と言った。兄は大きな木のまわりを、ぐるぐると廻って、妹を追いかけたが、つかまらなかった。そこで向きを変え反対に木のまわりを行くと、ついに妹をつかまえることが出来た。こうして二人は結婚し、子どもが生まれたが、手足が無く、人間ではなく肉の塊だった。二人はその塊を細かく切って包み、天のはしごを登って、神に知らせようとした。ところが天界に近づいたとき、風が吹き、落としてしまう。肉片は地上にばらまかれ、その一

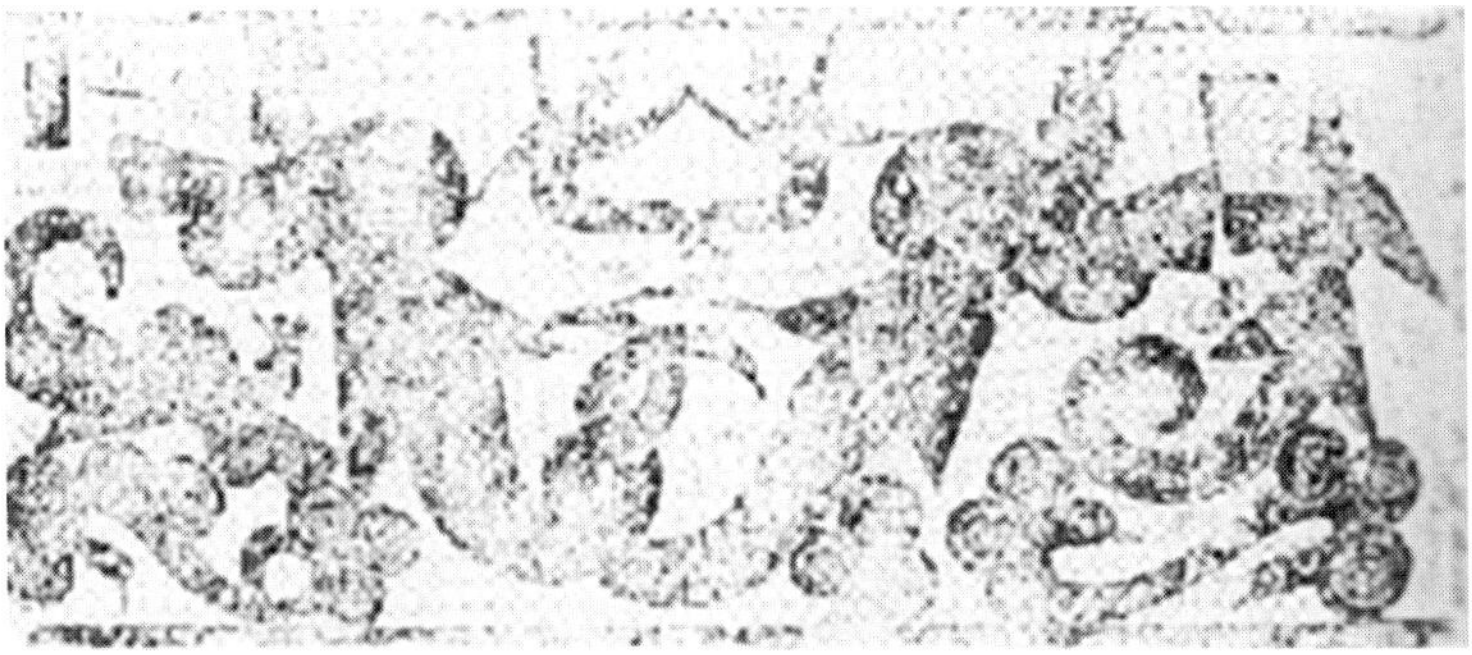

漢代の石刻に描かれた伏義と女媧
『中国神話・伝説大事典』大修館書店，1999 年，599 頁より．

つひとつが人間となった。
（君島久子『中国の神話—天地を分けた巨人』筑摩書房）。

これはミャオ族の神話であるが、この兄と妹が、中国における人類の始祖として知られる、伏羲と女媧であった、と言う伝承が各地にあるようだ（聞一多『中国神話』東洋文庫四九七、平凡社）。そしてこの伏羲と女媧が、蛇体だったのである。図は、東漢武梁祠石室に描かれた、伏羲と女媧の壁画である。確かに二人とも、尾が蛇であることがわかる。そしてその尾の部分が、マグハヒているようである。このように中国において、少なくとも漢の時代（紀元前二〇〇年頃〜紀元後二五〇年頃）には、この蛇が人類の始祖である、との神話が民間信仰として成立していたようだ（宮本一夫『神話から歴史へ—神話時代夏王朝』講談社）。

さてこの日本の国生み神話と中国の洪水神話は極めて似ているが、重要な違いがある。それは本書で何度も述べてきたように、日本神話における洪水の欠如である。その欠如の理由も、いくつか提案してきた。それはさておき、逆に中国の神話になくて、日本の神話にだけ語られている部分がある。それは日本神話にあるイザナキとイザナミの身体上の違いに関する件りである。それはイザナキにあって、イザナミにない身体的特徴に関する言及である。一方にはあって、一方には欠如している。充足と欠損の隣接関係と抽象化できないか。この充足と欠損の隣接関係が新たな世界を創造していくことになる。つまり国生みである。

私は本書の最後で、垂直三区分の世界観と水平四方向の世界観の、つまり三という欠損と、四という充足の隣接が、新たな、人と人、人と場所、人と自然、との関係を創造していくのではないか、と人類学の交換概念を使いながら論じてみたが、この神話は、まさにそのことをみごとに具現してくれている。人類はあえて自集団の女性を外集団に嫁がせて欠損状態をつくり、その欠損を充足させるために他集団と結合する。彼らは兄と妹であるが、その後の神話は天つ神と国つ神、神と人、人と動物などの、外集団あるいは自然とのマグハヒとなっている。つまり次のように考えられないか。日本神話の場合、あえて洪水の語りを欠損させることによって、洪水という人と自然の対立関係を取り除き、むしろ人と自然の密接なつながり、人と自然の循環関係を強調し、そして推し進めていたのではなかったか。その真意が、この男女の身体的特徴にまで言及する、日本神話の特性だったのでは、と。

最後にもう一つ。それは、ミトノマグハヒの、ミト、である。この自と他を結合させるマグハヒは、すばらしい場所で達成されなければならないのだ。つまり人と自然が結ばれる、適切な場所の選定にまで言及する、それが私たちの神話なのだ。そのようなすばらしい場所は、御柱があることが一つの条件であるようだ。その御柱とは、まさに本書が扱ってきた世界の柱、つまり世界軸を意味している。そしてそれらは、現実世界では世界樹や世界山となるのだ。これら神話は、人と場所の関係の重要性をも、語りこんでくれていた、そう見ていいだろう。この充足と欠損の隣接関係は、人と自然が出会う、すばらしい場所をも生み出していたのだ。

さて本書は、私がこれまで書きためてきた、神話に関する以下の既発表論文に、ある箇所ではそのまま、またある箇所ではかなり大幅な加筆を行い、構成されている。これらは、章や節ごとに入り組んでいるので、それら論文を発表順に列挙しておこう。なお、戌と亥の章は今回書き下ろした。

①「伝承された洪水とその後の景観―カオスからコスモスへ」『京都歴史災害研究』第三号（立命館大学COE推進機構・立命館大学歴史都市防災研究センター・京都歴史災害研究会）、二〇〇五、二一～三二頁。

②「神話世界の風景―信濃の川・山、ウプサラの樹」『日本文化の人類学／異文化の民俗学』小松和彦還暦記念論集刊行会編、法藏館、二〇〇八、二四七～二六五頁。

③「北欧神話とデンマークのヴァイキング遺跡」『月刊地理』五五巻六号、古今書院、二〇一〇、五六～六四頁。

④「神話に描かれた虫たち」『怪』三三号、角川書店、二〇一一、三八～四一頁。

⑤「土蜘蛛はいずこ？」『子どもの文化』二〇一一―七＋八、子どもの文化研究所、二〇一一、一三二～一四一頁。

⑥「民話の歴史地理学」『月刊地球』三三巻一一号（総特集「野外の学としての地理学の

軌跡と展望―四半世紀を振り返って―）、海洋出版、二〇一一、六九一～六九五頁。
⑦「蛇とのまぐはひ」『怪』三五号、角川書店、二〇一二、二七八～二七九頁。
⑧「星座の伝承と古代都市」『怪』三六号、角川書店、二〇一二、二七四～二七七頁。
⑨「多田源氏と丹波国の妖怪伝承―サムライの精神的レトリックの誕生」『人間文化研究』第三〇号、京都学園大学人間文化学会、二〇一三、五一～七七頁。
⑩「怪異・妖怪の出没地を歩く―神話的世界観と古地図・絵図から見えてくる、京の魔界」『月刊京都』通巻七四五号、白川書院、二〇一三、一四～一八頁。

今回も古今書院の関 秀明氏に大変御世話になった。古今書院からの出版はこれで三冊目であるが、本書の出版を機に、これまでの『民話の地理学』『怪異の風景学』と合わせて、シリーズ化されることになった。シリーズ名は「妖怪文化の民俗地理」である。神々と妖怪が紙一重、表裏一体の存在であることから、このようなシリーズ名となった。シリーズ化にあたって、三冊ともひなた未夢氏にすばらしいデザイン画を描いてもらった。最後に謝意を表したい。なお本研究の一部は、平成23～26年度科学研究費補助金（基盤研究c）「都市空間における神話的特性の変容過程に関する歴史地理学的研究（課題番号23520969）」（研究代表者：佐々木高弘）を使用した。

二〇一四年七月

佐々木 高弘

な行

は行

た行

か行

さ行

索　引

著者紹介

佐々木 高弘　（ささき たかひろ）

京都学園大学人間文化学部歴史民俗学専攻教授.
1959年兵庫県生まれ. 大阪大学大学院博士課程中退. 歴史・文化地理学専攻.
主な著書：単著『民話の地理学』,『怪異の風景学』（以上, シリーズ妖怪文化の民俗地理, 古今書院),『京都妖界案内』（大和書房). 共著『妖怪学の基礎知識』（角川学芸出版),『記憶する民俗社会』（人文書院),『妖怪 怪異の民俗学２』（河出書房新社),『日本人の異界観』『妖怪文化研究の最前線』『妖怪文化の伝統と創造』（以上, せりか書房）など.

	シリーズ 妖怪文化の民俗地理 3
書　名	神話の風景
コード	ISBN978-4-7722-8509-4　C3339
発行日	2014（平成26）年10月2日　初版第1刷発行
著　者	**佐々木 高弘**
	Copyright ©2014 Takahiro SASAKI
装　丁	ひなた未夢
発行者	株式会社 古今書院　橋本寿資
印刷所	株式会社 理想社
製本所	株式会社 理想社
発行所	古今書院
	〒101-0062　東京都千代田区神田駿河台2-10
電　話	03-3291-2757
FAX	03-3233-0303
振　替	00100-8-35340
ﾎｰﾑﾍﾟｰｼﾞ	http://www.kokon.co.jp/ 検印省略・Printed in Japan